여성
독립
운동가
열전

근대한국학 대중 총서 04

여성독립운동가 열전

초판 1쇄 인쇄 2021년 6월 21일
초판 1쇄 발행 2021년 6월 30일

–

엮은이 연세대학교 근대한국학연구소 인문한국플러스(HK+) 사업단 지역인문학센터
펴낸이 이방원
편 집 송원빈·김명희·안효희·윤원진·정조연·정우경·최선희
디자인 손경화·박혜옥·양혜진   **영 업** 최성수

–

펴낸곳 세창출판사
　　　　신고번호 제1990-000013호   **주소** 03736 서울시 서대문구 경기대로 58 경기빌딩 602호
　　　　전화 02-723-8660   **팩스** 02-720-4579   **이메일** edit@sechangpub.co.kr   **홈페이지** http://www.sechangpub.co.kr
　　　　블로그 blog.naver.com/scpc1992   **페이스북** fb.me/Sechangofficial   **인스타그램** @sechang_official

–

ISBN 979-11-6684-033-3 94910
　　　　978-89-8411-962-8 (세트)

_ 이 책은 2017년 정부(교육부)의 재원으로 한국연구재단의 지원을 받아 수행된 연구임(NRF-2017S1A6A3A01079581)

근대한국학 대중 총서 04

여성
독립
운동가
열전

연세대학교 근대한국학연구소
HK+ 사업단 지역인문학센터

세창출판사

발간사

인간은 언제부턴가 현상의 이유를 알고 싶어 하는 물음, 즉 '왜'라는 질문을 하기 시작했다. 어떤 철학자는 이 질문과 더불어 비로소 인간이 된다고 한다. 자연스럽게 경험되는 현상을 그 이유(reason)부터 알고자 하는 것, 그것이 곧 이성(reason)의 활동이고 학문의 길이다. 이유가 곧 이성인 까닭이다. '존재하는 모든 것에는 충분한 이유가 있다(충족이유율)'는 학문의 원칙은, 따라서 '존재는 이성의 발현'이라는 말이며, '학문에의 충동이 인간의 본성을 이룬다'는 말이기도 하다. 최초의 철학자들이 자연의 변화 이유를 알고 싶어 했었는데, 이내 그 모든 물음의 중심에 인간이 있음을 알게 된다. 소크라테스의 "네 자신을 알라"는 말은 물음의 방향이 외부에서 내부로 이행되었음을, 인간에게 가장 중요한 물음이자 답하기 어려운 물음이 인간 자신에 대한 물음임을 천명한다.

자연과학이 인간에 대한 물음에 간접적으로 관여한다면 인문학(Humanities)은 인간을 그 자체로 탐구하고자 한다. 자연과학의 엄청난 성장은 인문학 역시 자연과학적이어야 한다는 환상을 심어 주었다. 대상을 객체로 탐구하는, 그래서 객체성(객관성)을 생명으로 하는 과학은, 주체성과 상호주체성으로 특징지어지는 인간의 세계뿐만 아니라 인간 역시 객체화한다. 인간이 사물, 즉 객체가 되는 순간이며, 사람들은 이를 인간성 상실이라고 말한다.

우리는 다시 묻는다. 나는 누구이며 인간은 무엇인가? 이 물음은 사물화된 인간에 대한 반성을 담고 있다. 인간이 이처럼 소외된 데는 객체화의 원인이라는 이유가 있을 것이다. 그것을 찾고자 인문학이 다시 소환된다. 자신의 가치를 객관적 지표에서 찾으려 동분서주했던 대중들 역시 사물화된 자신의 모습에 불안해한다. 인간은 객관적 기술이 가능한 객체라기보다 서사적 존재이고, 항상적 본질을 반복적으로 구현하는 동물이라기보다 현재의 자신을 끊임없이 초월하고자 하는 실존적, 역사적 존재이다. 인간에게서는 실존이 본질을 앞선다. 문학과 예술, 역사, 그리고 철학이 사물화된 세계에서 호명된 이유이다.

한국연구재단은 이러한 사명에 응답하는 프로그램들을 내놓았다. 그것들 중에서도 "인문한국(HK, HK+)" 프로그램은 이 문제에 가장 직접적으로 대면한다. 여전히 성과, 즉 일종의 객체성에 의존하는 측면이 있기는 하지만 인문학자들의 연구활동과 대중들의 인문의식 고양에 획기적인 프로그램으로 자리 잡았다.

연세대학교 근대한국학연구소는 2017년 11월부터 한국연구재단으로부터 "근대한국학의 지적기반 성찰과 21세기 한국학의 전망"이라는 어젠다로 인문한국플러스(HK+) 사업을 수주하여 수행하고 있다. 사업단 내 지역인문학센터는 연구성과 및 인문학 일반의 대중적 확산에 주력하고 있다. 센터는 강연과 시민학교, 청소년 캠프 및 온라인 강좌 등을 통해 전환기 근대 한국의 역동적인 지적 흐름들에 대한 연구소의 연구성과들을 시민들과 공유하고 있다. 출간되는 대중 총서 역시 근대한국의 역사, 문학, 철학 등을 인물별, 텍스트별, 주제별, 분야별로 대중에게 보다 폭넓게 다가가기 위해 기획되었다. 이 시리즈들을 통해 나와 우리, 즉 인간에 대한 물음에 함께하기를 기대한다.

연세대학교 근대한국학연구소
인문한국플러스(HK⁺) 사업단 지역인문학센터

머리말

"역사는 그 시대를 통찰하는 눈이 필요하다."

역사의 배면(背面)에 유기되어 있는 민중의 역사 곳곳은 아직도 연구가 필요하고 관심이 필요하다. 세계인의 절반이 여성이라지만 한국 역사에서 여성의 존재는 희미했다. 돌이켜 보면 한국 여성의 역사도 민중의 역사 범주에 있었다. 과거 7대 국난과 일제강점기를 거치며 국가가 위기에 봉착했을 때마다 지혜를 발휘한 건 여성들이었다. 비록 전통적 유교사회의 통념 속에서 그 존재감이 확연히 드러나지 않았지만, 여성은 '구국'의 지를 실천하는 배면동지(背面同志)였다.

19세기에 한국 여성은 제도와 사회, 편견의 울타리, 그리고 '안사람'의 범주 속에서 자유의지와 행동을 제한당했다. 칠거지악과 삼종지도의 그늘에 있었던 그 여성들이 '작은 반란'을 일으켰다. 그것은 '자기해방'의 주장이 아니라 '구국운동' 때문이었다. '구국의 필요성'을 인식하고 스스로 실천하는 변화에 걸음을 내디딘 여성들. 늘 자신보다는 자녀, 남편, 가문, 공동체를 앞세웠던 여성들이 세상을 향해 소리친 이유, 그 역사의 이유를 우리는 알아야 한다.

연세대학교 근대한국학연구소와 함께 발간하는 『여성독립운동가 열전』에서 다루어지는 여성독립운동가 11인은 '구국'을 위해 변화한 한국 여성들의 모습이다. 사회의 통념에 가려 희생과 배려의 존재였던 한국 여성들이 자유와 정의를 위해 자발적으로 목숨을 걸고 독립운동에 뛰어들었던 이유가 11인의 일생을 통해 소개된다. 평범한 소녀, 꿈꾸는 여학생, 우리의 어머니들은 '조국독립'을 위해 목숨을 걸고 태극기를 들었고, 적진에서 총을 들었다. 또한 일제의 잔악한 고문으로 손가락 장애를 입고서도 보란 듯이 의사가 된 여성, 여성의 변화를 외치며 근대여학교를 설립한 여성, 미국과 러시아, 만주에서 끊임없이 독립운동을 외쳤던 그 역사가 이들의 일생에 담겨 있다.

역사란 무엇인가. 이 기본 명제와 같은, 역사를 향한 물음을 이제는 스스로에게 던져야 할 시점이다. 왜 그녀들이 독립운동에 뛰어들었고, 일생을 독립을 위해 헌신했는가를 물어보고 알아 나가야 한다. 당연히 독립운동 뒷바라지의 주인공이었을 것이라는 막연한 생각보다 시대의 경계를 넘어 인간으로서 그 시대 여성의 삶과 이야기를 진지하게 바라볼 때, 한국 독립운동 역사의 진리에 더 가까워질 수 있다고 생각한다. 이제는 역사의 전면에서 한국 여성의 치열하고도 찬란했던 역사의 순간들을 마주해야 할 시점이다.

그 관심이 학자들의 통찰하는 눈을 통해 연구로 이어지고, 학생들의 순수한 눈을 통해 기억되어야 한다. 대한민국 국민으로서 역사의 진실을 진정으로 대하는 마음의 문이 열릴 때, 어두웠던 일제강점의 역사가, 세상을 밝혀 주는 정의의 역사로 다시 태어날 수 있을 것이다. 잊힌, 이름 모를 한국 여성독립운동가를 기리며.

한국여성독립운동연구소 소장
심옥주

차례

윤희순,
최초의 여성의병장으로
시대의 경계를 넘다

심옥주
한국여성독립운동연구소 소장

윤희순(尹熙順, 1860-1935)
—
우리나라 최초의 여성의병 지도자

1. 여성, 역사의 소리에 귀 기울이고, 시대를 향해 소리치다

지금으로부터 150년 전, 여성들은 어떤 삶을 살았을까. 우리는 바쁜 삶에 지쳐, 역사의 소리에 귀 기울이지 않는 것은 아닐까. 시대와 역사가 품고 있는 여성의 이야기는 우리 선열의 삶이고 우리의 이야기이다.

우리가 역사의 소리에 귀 기울여야 하는 이유, 그것은 역사가 뿜어내는 아우라가 시대의 경계를 넘어 가슴으로 전달되는 파장을 느낄 때가 있기 때문이다. 현대인의 지친 일상 속에서도 순수한 일화가 가슴에 녹아 있듯이 우리 역사는 우리 정신에 녹아 있는 그 무엇이다. 역사적으로 우리나라는 지리적 또는 정치적 환경에 의해 잦은 외부의 침략을 받았고 저항을 통해서 고난을 견뎌 냈다. 그래서 '국난극복'의 역사는 선열들이 견뎌 내었던 고난의 세월을 말해 준다. 누군가 역사는 소리 없이 흐른다고 말하지만 역사의 순간순간은 고난이 점철되어 있다. 그리고 우리는 위기 극복의 동력이 된 존귀한 인물을 만날 수 있다. 희망의 불씨를 일으킨 그들은 거대한 불꽃을 일으키거나 스스로 작은 불씨가 되어 희망의 동력이 되곤 하는데, 여성은 스스로 희망의 불씨를 틔우고 피워 낸 존재였다. 특히 일제강점기 목숨을 걸고 투쟁한 여성독립운동가 이야기는 더욱 공감할 수 있을 것이다.

'여성독립운동가'라고 하면 일반적으로 '3.1 만세운동'과 그 시기에 활약했던 여성에 주목한다. 우리가 마주하는 역사의 폭을 넓게 바라볼 때, 여성은 3.1 만세운동 이전부터 활약했다. 국난극복의 역사 속에 여성도 함께 있었지만 그들의 존재를 확인하기는 자료가 부족하고 관심으로부터 멀어져 있다. '독립정신'이란 무엇인가. 독립을 이루기 위한 숱한 노력의 역사 속에 독립정신은 발현되었고 실천되었다. 의병정신이 독립정신으로, 그리고 군인정신으로 이어져 우리의 삶 속에 스며들었듯이. 그러면 3.1 만세운동 활동으로 주목받은 여성독립운동가의 독립정신은 어디부터 주목해야 하나. 필자는 앞서 언급한 독립정신의 맥으로 연결된 의병정신에 주목하고 필연적으로 활동한 한말 최초 여성의병단체를 이끈 '윤희순'을 주목한다.

2. 조선 선비의 아내 '윤희순'

희끗한 머리, 깔끔하게 쪽진 단정한 머리에 은빛 비녀를 꽂고 단아하면서도 강직한 모습을 하고 있는 그녀.

한말 일본제국주의에 저항한 민족운동은 대부분 남성에 의해 주도되었던 데 반해, 여성의병장으로 의병운동과 독립운동을 한 여성이 있다.

윤희순은 1860년 유학자였던 해주 윤씨 윤익상과 평해 황씨 사이의 장녀로 태어났다. 윤희순의 조부 윤기성은 황해도사를 지냈고 13대조인 윤희평은 자헌대부 공조판서를 역임하고 해양군에 봉해진 유학자 집안이었다. 부친 윤익상이 화서학파의 중앙 김평묵의 제자가 되면서 고흥 류씨(유씨) 가문과 친분이 쌓였는데 그 인연으로 윤희순은 16세가 되던 1875년, 강원도 춘천의 유홍석 장남 유제원과 혼인을 했다. 두 집안의 인연은 윤희순이 의병운동을 하게 된 배경이었으며, 세부적으로는 성장기의 영향과 시댁 집안의 영향을 함께 주목할 수 있다.

윤희순의 성장기는 가정 환경의 변화와 긴박했던 사회 환경의 변동과 연관된다. 윤희순은 태어난 지 이레 만에 모친이 돌아가시고, 성장기에 돌봐 주었던 계모마저 그가 아홉 살이 되던 해 세상을 여의었다. 남달랐던 윤희순의 어린 시절은 그녀로 하여금 삶과 죽음을 경계를 생각하는 어린이로 성장하게 했고, 주체적인 자아를 빨리 형성할 수 있었다.[1] 불우했던 유년 시절과 달리 밝은 성격과 긍정적인 사고로 형제간에도 우애 있게 지내며 집안을 챙기는 장녀였던 윤희순. 그의 눈빛이 빛을 발하며 세상을 향하게 된 데는 해주 윤씨 집안과 고흥 류씨 집안의 긴밀한 교류가 있었다. 두 집안은 가풍과 학풍이 유사하여 교류가 잦았고, 이것이 윤희순의 혼인으로 이어진 데다 시대변화를 직시할 줄 아는 여성으로 성장하는 데 영향을 주었기 때문이다. 다시 말해서 윤희순의 의병 활동의 필요성을 인식하고 실천하게 된 데는 두 집안의 영향이 컸다.

---

1   심옥주(2013), 『윤희순 평전』, 한국여성독립운동연구소, 52쪽.

___ 윤희순의 소장품인
은비녀와 은장도

19세기 말, 제국주의 열강의 침략에 대응하고 반봉건·반침략 투쟁을 앞세우는 위정척사운동의 진원지는 바로 윤희순의 시댁이었다.

윤희순의 남편 유제원은 화서학파 유중교 선생을 모시고 학(學)·덕(德)·의(義)를 학문적 기초로 수행한 학자였다. 시아버지 유홍석은 최초의 의병가사인 「고병정가사(古兵丁歌辭)」를 제작한 의기 있는 학자였고, 시백부 유인석은 위정척사운동과 의병운동을 주도한 인물로 13도 의군도총재를 지낸 강직한 인물이었다. 국가관이 투철하고 나라를 걱정한 학자들 속에서 집안 살림을 꾸렸던 윤희순은 특히 위정척사운동에서 의병운동의 진원지에서 있었던 시댁의 영향을 받을 수밖에 없었다. 더 이상 윤희순에게 '국가'는 막연한 존재가 아니었다. 19세기 말, 국내는 제국주의 열강의 침략에 대응하고 반봉건·반침략을 앞세우는 위정척사 계열과 서양 선진문물에 대해 적극 수용하려는 개화파 계열로 나누어져 있었다. 성리학적 질서를 지키고, 외세의 침략을 물리치고자 한 운동이 바로 위정척사운동이며, 윤희순은 그 진원지인 시댁에 있었다. 이항로를 비롯한 김평묵, 최익현, 유인석 등의 유학자들은 외세의 침략과 개화에 반대하여 상소 운동을 전개했고 국가위기를 수호하겠다는 저항의식은 1895년 을미의병과 1907년 정미의병으로 이어졌다. 역사학자 박은식은 의병에 대해 『독립운동지혈사』에서 다음과 같이 언급했다.

"의병은 민군이다. 국가가 위급할 때에 즉시 의로써 분기하여 조정의
징발령을 기다리지 않고 종군하여 성내어 적대하는 자이다."

의병운동은 외세에 대한 단순한 저항적 차원을 넘어 일본 침략에 항거
하는 구국의지가 발휘된 생존권을 위한 저항이었다. 그 시기 국내에서
는 봉건제도의 모순과 갈등이 표면화되면서 내부개혁의 요구가 부각되
고 있었고, 외세침략에 대한 자주의식이 중요한 문제로 대두되면서 저항
운동은 을미의병으로 이어졌다. 1895년, 그해는 일본의 조선에 대한 지
배 야욕이 표면화되고 제국주의 열강의 조선에 대한 관심이 고조되면서
조선이 제국주의 열강의 각축장으로 변하던 시기였다. 그런 시기에 일
본 자객에 의해 조선의 국모가 시해되는 참담한 사건이 일어났다. 조선
주재 일본공사 미우라 고로[三浦梧樓]의 주도로 경복궁으로 난입한 일본 자
객들은 조선의 국모를 무참히 시해했다. 역사의 파란을 일으킨 국모 시
해 사건, 을미사변은 삼정문란과 부정부패로 흉흉했던 민심의 울분을 불
러일으켰다. 국모가 시해당하는 침통한 사건과 이어진 국모 폐위 조치에
지식인들은 상소를 올리며 일제의 만행을 묵과하지 않았다.

그해 11월에 전국적인 단발령이 시행되자. 지식인과 민중은 기본적인
예(禮)를 무시한 일제의 행위에 분노를 쏟아냈다. 국가와 민족을 보위해
야 한다는 취지에서 유생들을 중심으로 의병운동이 일어나기 시작했다.
춘천, 강릉, 안동, 진주 등에서 의병운동이 일어 전국적으로 확산되었다.
특히 윤희순의 활동 지역인 강원도 춘천은 화서 이항로의 학통을 이은
유인석과 유중교, 이소응 등 척사론자들이 중심을 이루고 있었다. 시아

버지 유홍석도 위정척사 계열의 의병장으로 제천과 춘천 지역에서 의병 활동에 나섰다. 춘천 유림은 이소응을 의병대장으로 추대하고 의병을 일으켰는데, 제천과 춘천 지역에서 유홍석과 함께 유제원도 대장 이소응을 도와 의병에서 참모 역할을 했다.[2] 의(義)를 행할 줄 아는 선비정신을 갖춘 실천인을 마주하는 삶은 생각도 행동도 변화시키기 마련이다. 윤희순은 의병에 출정하는 시아버지와 남편을 마주하며 함께 의병에 출정하겠다고 뜻을 밝혔다. 이에 시아버지가 만류하자, 혼자 남아 매일 무사안일 기도를 하고 인근에서 의병 뒷바라지를 했다. 당시의 상황에 대한 유홍석의 언설을 다음과 같은 『외당집(畏堂集)』은 기록하고 있다.[3]

> "공이 군사를 일으켜 나아가 싸우실 때, 사당에 절하고 맞자부 윤씨에게 경계하시기를, '오늘 가는 길은 죽을지 살지 알 수 없으니 너는 마땅히 먼저 아들을 잘 가르쳐 끝까지 변하지 말고 광복의 날을 기다리도록 하라….'"

윤희순은 나라가 위급한 상황에서 안사람들이 어떤 행동을 해야 하는가에 대해 생각했다. 먼저 안사람들에게 상황을 알리고 가까운 이들을 모아서 여성도 의병 활동에 나서자고 알렸다. 윤희순의 취지는 의병가사와 격문으로 표현되어 알려졌다. 인근에 의병가사를 배포함으로써 국가

---

2 이구용(1999), 「춘천의병의항일투쟁」, 『춘천항일독립운동사』, 춘천문화원, 41-46쪽.
3 『畏堂集』(1995); 박한설 편저(1995), 『증보 외당선생삼세록』, 애국선열윤희순의사기념사업추진
   위원회.

위기에 대해 여성들도 인식하도록 알렸다. 그 시발점에 윤희순의 격문 「왜놈 대장 보거라」는 일제에 대한 강력한 저항의 표현이라고 할 수 있다. 윤희순은 '조선 선비의 아내 윤희순'이라는 자신의 이름을 밝히고 경고성 문구로 강력한 의지를 표현하며 당당히 일본군 대장에게 훈계했다.

> … 아무리 유순한 백성이라 한들 가만히 보고만 있을 줄 알았단 말이냐. 절대로 우리 임금님을 괴롭히지 말라. 만약 너희 놈들이 우리 임금님, 우리 안사람네들을 괴롭히면 우리 조선의 안사람들도 가만히 보고만 있을 줄 아느냐. 우리 안사람도 의병을 할 것이다. 더욱이 우리의 민비를 살해하고도 너희 놈들이 살아서 가기를 바랄쏘냐. 이 마적때 오랑캐야. 좋은 말로 할 때 용서를 빌고 가거라 […] 우리 후대 후손들이 너희 놈들 잡고 너희 정치를 보지 않을 것이다 […] 좋은 말로 달랠 적에 너희 나라로 가거라. 대장놈들아. 우리 조선 안사람이 경고한다.
>
> — 조선 선비의 아내 윤희순

윤희순이 쓴 격문을 비롯한 의병가사는 일본에 대한 경고와 국가 위기 상황을 대하는 여성에 대한 훈계가 일축된 강건한 어조로 표현되었다. 「왜놈 대장 보거라」 격문은 집안에 머물렀던 여성이 강한 경고성 문구를 작성하고 구국의지를 밝혔다는 점에서 다소 충격적이다. 격문 사건 이후 윤희순은 여성들과 소통하고 구국운동을 시도하는 여성의병단체를 만들었는데 이때부터 여성들은 지역 풀뿌리 조직을 기반으로 독립운동을 시작한 것이다.

3. 적에게 쏘아 올린 붓의 힘, 「안사람 의병가」

아무리 남녀가 유별한들 나라없이 소용 있나.

우리도 나가 의병하러 나가보세. 의병대를 도와주세.

— 의병가사 「안사람 의병가」 중

을미의병은 을미년 유학 지식인을 중심으로 항일구국운동이 전개되면서 점차 민중운동으로 확산되었다. 시아버지와 남편이 적진에서 목숨을 걸고 싸우고 있다는 소식에 "유씨네부터 앞장서야 한다"며 집안 여성들과 마을 여성에게 알렸다. 급박한 시대 상황과 의병 활동 소식을 전하면서 붓끝에 구국의지를 담아 의병가사를 저작하기 시작했다. 오직 쓰러져 가는 나라를 생각하며 붓끝에 구국의지만을 눌러 담고 의병에게, 안사람에게 그 뜻을 전하기 시작한 윤희순. 그는 의병가사와 경고문, 서간문 가사, 「해주 윤씨 일생록」 등 16편의 글을 저작했는데, 의병가사에는 그 시대를 지배했던 이데올로기를 파악하고 조국의 상황을 걱정하는 애국심과 항일의지가 담겨 있다. 의병가사를 통해서 의병 활동의 변화를 시기별·상황별로 반영하고 글로써 표현했다. 윤희순의 의병가사는 「왜놈 대장 보거라」, 「병정노래」, 「왜놈 앞잡이들아」, 「방어장」, 「안사람 의병가」, 「안사람 의병가 노래」 등이 있는데, 특히 「방어장」과 같은 의병가사는 의병의 정당성과 조국수호의 당위성을 강조하여 민심을 단결시키는 내용을 간결하게 담고 있다.

우리 조선 청년들아 의병하러 나가보세. 의병하여 나라찾자. 왜놈들
은 강성한데 우리나라 없이 어이살며 어느 곳에서 산단 말인가. 원수
같은 왜놈들을 몰아내어 우리집을 지켜가세. 우리 임금 세도없어 왜놈
들이 강성하니, 빨리나와 의병하고 의병하여 애국하고 충신되자. 우리
조선사람 농락하며 안사람 농락하고 민비를 살해하니 우린들 살 수 있
나. 빨리나와 의병하세. 우리도 뭉치면 무슨 일인 듯 못할쏘냐….

— 의병가사 「방어장」 중

누구나 따라 부르기 쉽게, 누구나 그 시대에 공감하는 의병가사로 저
작된 윤희순의 의병가사는 노래로 불리도록 유도되었다. 윤희순이 저작
한 의병가사는 다음 면의 표와 같다.[4]

의병운동은 조선의 여인들을 변화시켰다. 시대상황을 공감했던 민중
의 울분은 윤희순의 의병가사를 통해서 입에서 입으로 전달되어 잠재된
여성구국의지를 피어나게 했다. 윤희순 집안 친척이 주고받은 편지글에
는 적극적인 의병 활동을 묘사하였는데, '더 이상 집안에서 안사람 역할
을 하던 이가 아니었다'라고 언급했다.[5]

---

4 연구자가 다음의 자료를 토대로 도표로 재구성. 박한설 편저(1995), 같은 책, 255-320쪽; 원영
환 외(2005), 『윤희순 의사 항일독립투쟁사』, 춘천시; 의암학회(2008), 『윤희순 의사 자료집』,
의암학회, 290-303쪽; 심옥주(2011), 『윤희순 연구』, 정언, 79-81쪽.

5 박한설 편저(2016), 「윤씨실록 - 행장」, 『증보 외당선생삼세록』, 애국선열윤희순여사기념사업
추진위원회, 298쪽.

윤희순의 의병가사와 기록물

	가사제목	주요 내용	특징	시기
1	안사람 의병가	남녀의 구별 없는 구국의지를 실천하기를 안사람들에게 권고.	국가의 존망 앞에 남녀의 구분 없는 실천을 강조, 여성의 역할(안사람)을 부각시킴.	을미 의병기 (1895)
2	안사람 의병가 노래	여성들도 의병 활동을 도와 나라 찾기 운동을 하자는 내용.	여성의 역할과 활동의 필요성을 강조함.	을미 의병기 (추정)
3	애달픈 노래	의병을 진압하는 관군의병에 참여하는 의병의 안타까운 현실을 토로.	존왕사상을 나타낸 표현을 썼으며, 민족이 처한 안타까운 현실을 '자기', '남'이라는 표현으로 씀.	을미 의병기 (1895)
4	방어장	나라의 장래를 이끌 청년을 일깨우고 의병 출정으로 '애국·충정'을 다지고 지켜야 함을 강조.	의병 활동의 정당성을 강조하고 의로운 의병 활동에 참여하라고 독려함.	을미 의병기 (1895)
5	병정의 노래	의병 활동을 대장부의 도리이자 의로운 행동으로 강조, 관군의 탄압과 일본의 침략을 개탄.	척왜의식을 강조하고 일본침략의 부당함을 이야기형식의 글로 표현함.	을미 의병기 (1896)
6	의병 군가1	나라=임금=조상의 표현을 통하여 의병활동의 정당성을 피력, 침략의 부당함을 강조.	가사 4음보를 기본으로 한 부르기 쉬운 형식으로 분위기를 고조시키는 '-만세' 표현을 씀.	정미 의병기 (추정)
7	의병 군가2	의병이 국가의 군대임을 강조하여 사기를 북돋기 위한 표현, 나라를 되찾는 것이 바로 행복임을 강조.	조선의병을 의기청년(義氣靑年)으로 표현하여 구국의식을 고취함.	정미 의병기 (추정)
8	병정가	'원수 같은 왜놈들아'라는 표현에서 일본 침략에 대한 저항이 극에 달한 상황임을 알 수 있으며 후대에까지 항전하겠다는 의지를 표현.	노래 형식으로 항전의식을 극적으로 표현함('너희 놈들을 잡아다가 살을 갈고 뼈를 갈아 조상님께 분을 푸세').	정미 의병기 (추정)
9	왜놈 대장 보거라	조선 안사람으로서 왜놈 대장에게 보내는 경고문으로 백성으로서 격한 심정을 담아 경고.	국가의 긴급한 상황에 대해 임금의 백성으로서 강력한 경고와 안사람의 각오를 담음.	을미 의병기 (추정)

10	오랑캐들아 경고한다	일본 침략의 부당성과 침략에 대해 강력히 경고.	'조선 선비의 아내 윤희순'의 표현으로 당당히 자신을 밝혀 침략의 부당함을 강력히 규탄함.	정미 의병기 (추정)
11	왜놈 앞잡이들아	의병을 진압하는 관군과 의병에 참여하는 의병의 안타까운 현실을 표현.	존왕사상을 나타낸 표현을 썼으며, 민족의 처한 안타까운 현실을 '자기' 또는 '남'이라는 표현을 씀.	을미 의병기 (1896)
12	금수들아 바라보거라	왜놈 앞잡이 노릇을 하는 사람에 훈계하며 조국의 현실을 개탄.	'불쌍하고 애달프다'라는 표현에 왜놈앞잡이와 조국의 현실을 함축적으로 표현했으며 마음을 바꿀 것을 당부하며 설득함.	을미 의병기 (1895)
13	신세타령	해외 독립 활동의 어려운 현실에서 자신-나라-백성의 나라 잃은 참담한 현실을 가사 형식으로 표현.	절박한 나라와 자신의 신세를 표현인 감상적인 글.	국외 (1923)
14	숙모 전상서	국가의 현실에 분한 마음을 가지고 의병 참여에 대한 자신의 의지를 밝힌 안부 편지.	개인의 이익보다 국가의 당면한 현실을 더욱 우선시하고 존경하는 시아버지의 행보에 자신도 동참하겠다는 뜻을 밝힌 서간문 형식의 글.	을미 의병기 (1895)
15	재종지와 장 서방님에게 올림	국권 침탈 이후 만주 생활에서 시아버지와 이들이 죽음을 맞이한 상황에서 자신의 참담한 심정을 표현.	만주 생활 중에 지은 서간문.	국외 (1935)
16	해주 윤씨 일생록	자신의 전기문 형식. 혼인부터 의병 활동, 한일병합 등 국내와 해외 독립 활동의 어려운 여정을 회고, 후손들에게 충효와 삶의 교훈을 기록.	자서전, 산문 형식으로 쓴 일생록.	국외 (1935)

저녁이고 낮이나 밤낮없이 소를 하는 데 부르는 소리가 왜놈들이 들으면 죽을 노래 소리마나 하니 걱정이로소이다. 실성한 사람 같사옵고 하더니 이제는 아이들까지 그러하면 젊은 청년, 새댁까지 부르고 하니 걱정이 태산이로소이다.

— 윤희순의 숙모가 류중교 후손의 집에 보낸 편지글 중에서

윤희순의 의병가사는 1895년부터 1935년 사이에 저작된 것으로 추정된다. 을미의병과 정미의병, 국외 독립 활동에 이르기까지 저작된 의병가사는 친필이 낱장으로 모여 절첩(折帖) 형태로 이어 붙어서 보기 쉽게 기록되어 있다. 윤희순의 의병가사집은 순한글 가사집으로 2019년 5월 등록문화재 제750호로 지정되었다.

1907년 6월, 고종은 네덜란드 헤이그에서 열린 '만국평화회의'에서 일본 침략의 부당성을 대외에 알리기 위해 밀사를 파견했다. 하지만 조선은 외교권이 없다는 이유로 참가가 거부되어 이준 열사는 자결로서 열강의 전횡에 항의했다. 이 사건으로 일본은 고종을 강제 퇴위시키고 순종을 즉위시켜 조선병합을 촉진하는 기회를 마련했다. 또한『정미 7조약』을 강제로 체결하여 조선의 실질적인 통치를 시작한다. 그해 8월에 군대 해산을 단행하자, 이어 저항은 전국적인 의병항쟁으로 확산되어 정미의병이 일어났다. 을미의병과 달리 정미의병은 지식인뿐만 아니라 군인, 평민 등으로 참여계층이나 주도층이 확대되었다. 정미의병은 1907년부터 1909년까지 일본군과 전투하여 전사한 의병의 수가 16,700여 명에 달했고 부상 의병수는 36,770명에 이르렀다.[6]

1907년 8월 시아버지 유홍석은 유영석, 유제곤, 박선명, 박화지 등 600여 명과 함께 춘천 진병산과 의암소, 가평 주길리 등지에서 일본군과 치열한 전투를 벌였다. 윤희순도 강원도 춘천 지역 여성 30여 명과 함께 '안사람의병단체'를 조직했다. 군자금과 탄약이 부족하자 윤희순은 자금을 모으기 시작했는데 춘천 지역 부녀자 76명이 군자금 355냥(兩) 8전(錢) 5복(卜)을 모아서 의병활동을 지원하였다. 당시의 군자금 모금 명단을 살펴보면, 대부분 부녀자였으며 명단에는 지원 금액과 군수물자 품목 등이 기록되어 있다.[7] 춘천 가정리 여의내골 주산에서 조직된 안사람의병들은 놋쇠와 구리를 구입하고 무기와 탄약을 제조·공급하며 의병 현장에 함께했다.[8] 정미의병에서 윤희순의 활동은 남장을 하고 정보수집을 하거나 군자금 모금 활동, 군사훈련 참가, 병기 제작, 화약 제조 훈련 참가, 부상자 치료, 군수품 전달 등 활발했다.[9] 윤희순이 군사훈련에 참여했던 장소는 현재 강원의병의 유적지로 보존되어 있다.

여성의병의 활동을 살펴보면, 놋쇠와 소피적을 얻어 화약 등 무기를 제조하여 600여 명에 달하는 전투의병을 지원한 기록이 있다. 이들은 전투의병과 함께 물자를 조달하였고 탄약과 무기, 식량 등 군수품을 보급

---

6 金義煥(1972), 「군대강제해산과 의병항쟁」, 『韓國近代史研究論集』, 서울성진문화사, 448쪽.

7 박한설 편저(2016), 「윤씨실록 – 행장」, 같은 책; 『윤씨실록』에 기록되어 있으며 2010년 국제학술대회에서 확인되었다. 강대덕(2010), 「윤희순 의사의 민족의식과 항일의병운동」, 『춘천국제학술대회 〈윤희순의사의 국내외 항일투쟁과 사상적 조명〉 자료집』, 애국지사윤희순기념사업회, 32쪽.

8 의암학회(2008), 같은 책, 101쪽.

9 박한설 편저(2016), 「윤씨실록 – 행장」, 같은 책, 298쪽.

했다. 현장에서 부상자를 치료하면서 노약자와 아이들을 돌보았다. 이처럼 열악한 환경 속에서 여성의병들은 남성과 동등하게 군사훈련을 받고 의병 상황을 전달받았다. 여성의병단체의 구성원은 화서학파 유생 부인과 선비 아내가 다수였고 민간인도 포함되었다. 화서학파 남편과 함께 의병 활동에 나선 여성들도 '배우면 선비가 되고 선비가 되면 국가와 민족을 위해 헌신해야 한다'는 구국의식을 가진 이들이었다. 지역에 큰 영향을 주었던 화서학파의 「화서학맥도」에 등재된 700여 명의 인물 중에서 유일한 여성 윤희순이 포함된 것도 선비정신의 범주에서 의미를 둔 것이다.[10]

정미의병은 1910년까지 14만 2천여 명이 참가했고 전국에서 치열한 전투가 벌어졌다. 수많은 이들이 목숨을 잃었고 나라 없는 설움을 달래야만 했다. 의병항쟁이 지속되자, 상황은 악화되어 갔다. 무기는 부족했고 체계적인 군사훈련은 할 수 없었으며, 열악한 환경은 삶을 피폐하게 만들었다. 끝없는 저항에 일제는 살육전술과 초토전술을 병행하여 의병항쟁을 무력화했다. 그리고 1910년 8월 국권은 상실되었다. 국외 항일투쟁지에서 국권 회복을 위해 투쟁하겠다는 의지로 의병장들은 만주와 러시아로 망명했고 의병군을 독립군으로 전환시키기 시작했다.[11] 윤희순 일가도 망명길에 올랐다.

---

10 화서학파, 「화서학맥도」; 심옥주(2013), 같은 책, 60-62쪽.
11 조동걸 외(1981), 『일제하 식민지시대의 민족운동』, 풀빛, 253-254쪽.

4. 만주 노학당(老學堂) 교장 윤희순, 조선독립단과 가족부대를 조직하다

"윤 교장이 배워 준 반일·애국 노래는 힘과 용기를 주었다. 내 기억 속에는 '아리랑'이란 노래를 자주 듣곤 했다…."

윤희순을 포함한 의병가족 40-50여 가구는 압록강을 건너 천신만고 끝에 중국 홍경현 평정산 일대에 도착했다. 평정산 자락의 척박한 불모의 땅에서 황무지를 개간하고 인근의 난천자 물을 끌어들여 농사를 짓기 시작했다. 억척같이 일군 조선인 마을을 중국인은 '고려구(高麗溝)'라고 불렀다. 이곳에서 윤희순의 시아버지인 유홍석과 남편 유제원, 시동생, 시백부 유인석의 의병과 사우들이 독립운동 준비를 시작했다. 윤희순은 의암 유인석의 활동을 지켜보며 독립군 군대의 양성과 교육 사업이 시급하다고 생각했다. 머나먼 타국에서 나라 없는 설움을 안고 독립의 불씨를 틔워야 했던 의병 가족은 청천벽력 같은 현실과 마주해야 했다. 13도의 군도총재 유인석의 죽음은 큰 충격이었다. 유인석은 1911년 5월 블라디보스토크 신한촌에서 조직된 '권업회'의 이범윤, 홍범도 등과 같이 남도파를 주도하며 압록강과 두만강 인접 지역에서 활발하게 독립운동을 이끈 지도자였다. 그 시기 환인현의 '신민회'에서는 남만주 통화지구를 반일 활동 기지로 선정하고 대규모 한인들을 이주시키고 있었다. 윤희순은 답사를 가거나 틈틈이 한인들을 이동시키는 과정에 연락처를 안내하는

일을 담당했다. 활발한 독립운동을 위한 주요 교류지에서 활동 기반을 구축해 가던 와중에 유인석의 죽음은 큰 충격이 아닐 수 없었다.

더욱이 유인석은 윤희순의 시백부이자 시아버지 유홍석과 형제지간이었기 때문에 윤희순의 의병운동에 유인석의 영향도 컸다. 유인석의 장례 소식에 타국에 흩어져 있던 의병 가족과 제자, 문인들이 다시 만나 시국을 논의하고 독립운동을 위한 교류의 문을 다시 열게 된다.

당시 북간도 일대에는 중국에서 독립운동의 터전을 잡고 독립군을 양성하기 위한 민족학교가 설립되고 있었다. 1916년까지 북간도 일대에 설립된 민족학교는 158개교에 달하고 학생 수도 3,900여 명에 이르렀다. 남만주 지구의 환인현에도 의병 가족과 중국인의 관심으로 학교를 설립했는데, 바로 1912년 환인현 일면성에 세워진, 교장 윤희순이 이끄는 '노학당'이다. 노학당은 의병정신을 잇고 애국인재를 양성하겠다는 윤희순의 의지가 반영된 곳이다. 환인 지역에 거주하는 한국인, 중국인으로부터 조력한 운영자금으로 노학당이 세워졌다. 비록 작은 규모였지만 교실과 운동장, 식당, 기숙사 등 시설을 갖추었고, 학교의 창립 목적을 분명히 했다. 당시 윤희순의 활동은 중국인들의 증언을 통해서 생생히 기억되고 있다. 윤희순의 애국의지에 공감한 중국인 손홍령과는 계속 연락을 하면서 도움을 받았다. 중국의 사첨자, 호로두구, 횡도천 등을 다니며 반일연설을 하는 여교장 윤희순에 대한 기억이 그들에게는 깊이 남아 있는 것이다.

> "한국사람들은 자기 나라를 일본 놈에게 빼앗기고 중국으로 망명해 와서 죽을 고생을 다하며 황무지를 개간하고 농사를 지어 겨우 살아가면서 항일을 위하여 모금도 하러 다닌다. 한국인들은 무슨 일이나 하겠다면 꼭 하고 일을 시작하면은 끝장을 보고야 마는 성격이 있다. 이를 악물고 일하는 사람이 바로 한국인이며 목숨을 걸고 일본 놈과 싸우는 사람이 바로 한국인이다. 한국인들은 단합정신이 얼마나 강한지 중국인들은 비기지 못한다. 윤 교장은 진짜 여장부다⋯."
>
> ― 김양·이영훈, 「환인현 오리전자 협피구 일대 윤희순 반일투쟁답사기」 중

노학당의 창립 목적은 '문화지식이 있고 애국정신으로 국권회복을 위하여 목숨을 바쳐 싸울 수 있는 항일인재 양성'이었다. 노학당의 기본 정신은 '항일', '애국', '분발', '향상'으로 조국의 현실과 미래지향성을 담아 독립운동을 지향하는 청년을 양성하는 데 있었다. 이처럼 노학당은 의병정신이 묻어 있고 상실되지 않은 조국애가 다시 일어선 결실이었다. 학교 설립 이후 노학당에는 투철한 항일의식을 가진 독립운동가가 다수 배출되어 '대한독립단'을 비롯하여 주목받는 독립운동가로 성장했다. 타국

의 열악한 환경 속에 항일자금 모금 활동을 하며 민족정신의 맥을 이어 갔지만 일본의 감시와 탄압이 더욱 심해지면서 노학당은 그 주요 대상이 되었다. 조국독립의 일념으로 교육의 열정을 키웠던 '노학당'은 1915년 일제의 항의로 결국 폐교되고 말았다. 노학당은 폐교 직전까지 학교 운영과 독립자금 모금을 이어 나가 항일인재 양성의 불씨를 끄지 않았다. 그 자리에는 윤희순의 항일정신을 기리기 위해 세운 공적비와 노학당 표석이 우뚝 서 있다.

1913년 12월, 윤희순의 정신적인 지주였던 시아버지 유홍석의 죽음은 윤희순에게 큰 상실감을 안겨 주었다. 의병 활동과 독립운동을 하면서 윤희순을 이끌어 주고 함께했던 시아버지의 죽음에 이어 1915년 10월 남편 유제원도 독립운동을 하다가 화병으로 세상을 떠났다. 윤희순은 그 당시의 참담했던 심정을 「해주 윤씨 일생록」에서 다음과 같이 표현하였다.

우리는 중국 땅에서 목숨을 걸고 일본 놈과 싸울 것입니다. 일본 놈과 싸우기 위해 […] "우리가 이역만리 타국에 와서 살더라도 광복이 오기를 기다렸다가 우리나라 고향 선영 근처에 가서 살라"고 당부를 하시고, 중국인과 여러 선비와 조선 사람들이 많이 모여 큰 뜻을 이루려고 하시며 운동을 각처에서 하시더니, 뜻을 못 이루고 73세에 별세를 하시니 만리타국에서 얼마나 서러웠는지 말로 다 어이하리요….

— 「해주 윤씨 일생록」, 『윤씨실록』 중

5. 「해주 윤씨 일생록」, 독립운동의 기억이 글로 남다

저는 천하에 무서울 것이 없습니다.
천 번을 넘어지면 만 번을 일어서겠습니다.

— 윤희순의 항일연설 중

윤희순의 국외 독립운동의 시작이 '노학당'이었다면, 본격적인 독립투쟁은 '조선독립단' 조직과 조선독립단 학교, '가족부대', 그리고 한중 연합 활동일 것이다. 노학당 폐교 이후, 윤희순은 무순 포가둔으로 활동 지역을 옮겼다. 새로운 거점을 마련하여 항일투쟁으로 전환하기 위해서였다. 1919년 3.1 만세운동 이후 서북간도와 연해주는 일제의 토벌작전이 시작되면서 그 피해가 한인에게로 이어졌다. 1920년 5월 13일부터 8월 18일까지 일본군은 '중일합동수색'을 명목으로 독립운동가와 독립운동가 가족, 독립군을 수색하여 무차별로 사살했다. 훈춘, 연길, 화룡, 왕청, 동녕 등으로 이어진 한인참변의 실상을 우리는 정확히 알 수 없다. 같은 해 10월과 11월의 일본 측 통계 기록에 의하면 3,664명이 피살, 민가 3,520동, 학교 59개교, 교회당 19개소, 곡물 59,970섬 등이 소실된 것으로 나타났다. 일본은 간도 일대에 2만여 명의 부대를 동원하여 한인들을 찾아내고 교회당에 가둔 뒤 불을 질렀다. 교회당 밖으로 뛰어나오는 이들은 총과 창으로 사정없이 죽였고, 학교와 교회당, 민가에도 불을 질렀다. 이런 횡포에 독립운동가들은 무장투쟁세력을 조직했고 일본에 대항하는 연합부대 활동을 도모한 것이다. 그 과정에서 윤희순도 조선독립단과 가족부대를 결성했는데, 조선독립단은 만주와 몽골 등지에 흩어져 있던 의병 동지를 찾아서 의병정신을 이어 간 새로운 독립운동 단체였다. 타지에서 독립운동을 이어 가기 위해서는 중국인과 한중연합투쟁이 필요하며, 의병정신을 계승해 나가야 한다는 굳은 의지를 윤희순은 「의병군가」와 「안사람 의병가」로 표현했다.

> 나라없이 살수 없네 나라살려 살아보세.
> 임금없이 살 수 없네 임금살려 살아보세.
> 조상없이 살수 없네 조상살려 살아보세.
> 살수 없다 한탄말고 나라찾아 살아보세.
> 전진하여 왜놈잡자. 만세만세 왜놈잡기 의병만세.
>
> ― 「의병군가 1」, 『윤씨실록』

윤희순은 만주와 몽골, 중원 일대에서 흩어진 의병 가족을 찾아서 애국지사 180여 명의 '조선독립단'을 조직했다. 윤희순, 음성국, 음성진, 유돈상, 이호용, 장인도, 이동만, 김병렬, 장경호, 윤병국, 최기미, 김인수, 유석현, 신덕형 등이 참여했으며 한중 애국지사가 함께했다. '조선독립단'은 무순과 환인, 홍경, 심양, 관전, 봉성, 법고, 강평, 창무 등지에서 한중 간 대의명분을 내걸고 활발한 항일 활동을 이어 나갔다.[12] '조선독립단'에 이어 1926년 무순에서 '조선독립단 학교'를 설립한 윤희순은 항일 인재를 양성하여 무순 포가돈을 활동 본거지로 삼고자 한 것이다. 독립 투쟁을 위한 군자금 모금 활동과 병기 구입 등 항일 투쟁에 총력을 기울이던 윤희순은 항일연설에 나섰다. 윤희순은 안타까운 조국의 현실을 피력하고 중국인에게 일본에 대항하는 연합 투쟁이 필요하다고 호소했다.

> 우리는 중국 땅에서 목숨을 걸고 일본 놈과 싸울 것입니다. 일본 놈과
> 싸우기 위해서는 식량이 필요하고 군사훈련을 할 수 있는 땅이 필요하
> 며, 당신들과 연합 투쟁이 필요합니다….
>
> — 윤희순의 항일연설 중

윤희순 일가와 유돈상, 음성국 등이 중심이 된 '조선독립단'과 '조선독립단 학교'는 일본의 탄압을 피해 비밀리에 활동하고 있었다. 윤희순 일가는 유돈상과 함께 당시 '조선인민회' 회장직을 맡았던 음성국, 음성진과 긴밀한 교류를 이어 갔다. 윤희순 일가는 반일무장단체와 비밀리에 연락을 주고받으며 '조선혁명군'을 이끌던 양세봉과 연합 투쟁에 나섰

---

12 박한설 편저(2016), 「윤씨실록 – 행장」, 같은 책, 491~492쪽.

다. "남을 가르치려면 내가 먼저 실력이 있어야 하고 내 집안부터 실행해야 한다"는 실천을 앞세웠던 윤희순은 집안 친척을 중심으로 '가족부대'를 구성했다. 가족부대 구성원들은 통신연락 업무, 모금 활동, 정보수집, 군사훈련 등의 활동을 했는데, 주로 집안과 음씨 집안 일가친척들이 주요 구성원이었다.[13] 이처럼 윤희순 일가의 활동들은 일제의 탄압을 뚫고 독립운동을 이어 가겠다는 결연의 의지를 반영하고 있다. 동시에 윤희순 일가는 늘 일본 경찰의 주요 감시 대상으로 주목받았기 때문에 불안한 생활을 이어 갈 수밖에 없었다.

1935년 6월 12일 저녁, 윤희순의 장남 유돈상은 무순의 '조선독립단 학교'에서 강의를 마치고 용봉 신둔으로 가고 있었다. 그때 잠복하고 있던 일본 경찰에 체포되어 무순감옥(무순전범관리소)으로 끌려가서 고문을 당하기 시작했다. 불을 달군 쇠꼬챙이가 살을 파고 들고, 거꾸로 매달린 그의 코로 고춧가룻물이 쏟아졌다. 정신을 잃으면 다시 살점을 도려내는 고문이 연속되었다. 그 소식을 들은 윤희순은 아들 유돈상을 살리기 위해 해결책을 찾아보았지만 어떠한 연락도 취할 수가 없었다. 한 달이 지난 7월 19일에 윤희순은 일본 경찰로부터 아들을 데려가라는 통지문을 전해 받았다. 아들이 있는 중국 요녕성 무순시에 위치한 무순감옥은 제2차 세계대전 당시 전범을 수용하던 곳으로, 일제강점기 독립운동가들이 투옥되어 숱한 고문과 옥고를 치른 곳이다.

무순감옥의 문이 열리고, 윤희순은 아들의 모습과 마주했다. 피투성

---

13 심옥주(2013), 같은 책, 188쪽; (2011), 같은 책, 114쪽.

___ 무순감옥 입구와 내부

이가 되어 얼굴조차 알아볼 수 없었던 유돈상은 무순감옥을 나온 뒤 몇 걸음을 옮기지 못하고 숨을 거두고 말았다. 시백부 유인석, 시아버지 유홍석, 남편 유제원에 이은 장남 유돈상의 죽음은 세상이 독립을 향한 믿음을 저버리는 것과도 같았다. 윤희순의 품에 안겨 숨을 거둔 유돈상을 보며, 평생 조국을 앞세우며 자신의 아들조차 조국의 아들로 강인하게 키웠던 어머니 윤희순은 그제서야 현실에 몸서리치며 눈물을 쏟았다. 아들 유돈상이 세상을 떠난 지 한 달 뒤 1935년 8월 29일, 윤희순은 떨리는 손으로 자신의 일생을 돌아보며 후손들에게 글을 남기기 위해 붓을 들었다. 주마등처럼 스쳐 가는 자신의 지난날들을 떠올리며, 떨리는 손으로 한자 한자씩 적어 내려간 윤희순. 수많은 이들이 목숨을 잃었고 또 목숨을 바쳐 독립운동을 하고 있는 현실에서 윤희순은 후손과 조국을 향한 마음을 「해주 윤씨 일생록」에 담았다.

타국에서 당당히 연설대에 올라섰던 윤희순, 그가 쏟아낸 연설을 기억하는 중국인들은 결연한 의지로 연설을 했던 '윤 교장'으로 그를 기억하고 있다.

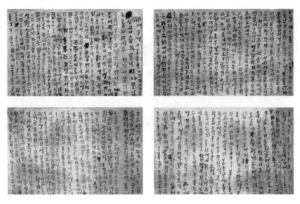

… 저는 천하에 무서울 것이 없습니다. 천 번을 넘어지면 만 번을 일어
서겠습니다. 한민족의 원수를 갚고 우리 가족의 원수를 갚고 한국의
국권을 찾기 위해 지금 목숨을 내걸고 싸우겠습니다….

조선 여인의 독립을 염원했던 소리는 많은 이들의 가슴속으로 파고들
었을 것이다. 일제강점기 우리 민족에게 '독립'은 희망이고 미래였다. 생
(生)과 사(死)의 갈림길에서 오직 독립을 외쳤던 그들을 우리는 '독립운동
가'라고 부른다. 집안 4대에 걸쳐 독립정신을 계승하는 대들보 역할을 자
처했던 독립운동가 윤희순. 그의 「해주 윤씨 일생록」에는 혼신을 담아
독립운동에 투신한 삶의 무게와 고뇌가 고스란히 묻어 있다.

나의 일생 기록 글을 줄거리만 적어 보노라. 시집을 와 보니 시아버님
은 홀로 계시고 […] 이렇게 기구하게 살자니 죽어지면 좋겠는데 죽자

하니 광복이 빨리 와서 자손들이 조선에 가서 잘 사는 것을 보고 싶어 차마 죽을 수도 없고 죽어지지도 않고 하여 원수로다. [⋯] 천민이라도 내 집을 찾아오면 반가이 맞아 주고 반가이 보내 주어라. [⋯] 매사는 자신 알아서 흐르는 시대를 따라 옳은 도리가 무엇인가를 생각하여 살아가길 바란다. 충효정신을 잊어서는 안 되느니라.

— 윤씨 할미가 자손들에게 보내는 말이니라

우리는 선열들이 피와 땀, 목숨을 바쳐 지켜 내고 되찾은 이 나라를 사랑하고 있는가. 혹여 역사를 잊고 있지는 않은가. 고귀한 역사의 한 자락에 오직 '조국 독립'만을 외치며 숨죽이고 살았던 일생의 기록이 여전히 숨 쉬고 있다는 것을 기억해야 할 것이다. 2002년 8월 1일 '환인현조선족역사연구회'와 '환인현 보락보진 인민정부'에서 노학당 창립 90주년을 맞아 윤희순의 기념비를 세웠다. 중국의 지방정부와 중국인들, 중국 조선족과 독립운동가 후손의 손으로 비석이 세워졌다. 그리고 1994년 10월 11일 윤희순의 유해가 한국으로 봉환되면서 윤희순의 묘가 있었던 해성시 묘관군에 기념비가 남았다. 환인현의 기념비 앞뒷면에는 아래와 같은 내용이 적혀 있다.

___ 중국 해성시 묘관군 묘와 기념비

___ 강원 춘천 소재 윤희순 상

윤희순 비석의 앞면 표기

桓人縣東昌學校分校 환인현 동창학교 분교

老學堂舊址 노학당 옛터

培養反日人才搖藍 반일 인재를 양성하던 요람

윤희순 비석의 뒷면 표기

노학당 창립자 윤희순 약력

윤희순(여, 1860-1935)은 조선 여성항일계몽운동의 선구자이고 항일의병운동의 조직자의 한 사람이다. 1911년, 가족을 데리고 조선을 떠나 중국 료녕성 환인현 대아하(大雅河)강변 취리두로 이사왔다. 1912년 이회영, 우병렬, 도원훈(한족), 채인산(여), 손홍령(한족)의 지지와 찬조하에 동창학교 분교 - 노학당을 창립하고 교장직을 맡았다. 김경도, 박종수, 이정헌, 마덕창 등 50여 명의 반일 애국자들을 양성하였다. 일제의 정치간섭으로 할 수 없이 1915년 폐교하였다. 윤여사는 중국에서 25년을 하루와 같이 료녕성의 환인, 무순, 신빈, 심양, 관전, 해성 등 지역으로 바쁘게 뛰어다니면서 중국 여러 민족과 광범한 여성들에게 반일선전을 하고 동원하고 조직하는 데 탁월한 공헌을 하였다. 윤희순 여사는 1935년에 아들 유돈상이 무순에서 일본 제국주의에게 피살되자 비통을 참지 못하여 1935년 8월 1일 해성시 묘관군에서 서거하였다. 향년 76세였다. 노학당 창립 90주년을 맞이하여 윤희순의 항일정신을 널리 선전하기 위하여 공적비를 세워 기념한다.

조선족역사연구회 요녕성 환인만족자치현
보락보진 인민정부

남자현,
일본 총독 암살을 위해 총을 들다

박영하
서울대학교 인성교육연구센터 선임연구원

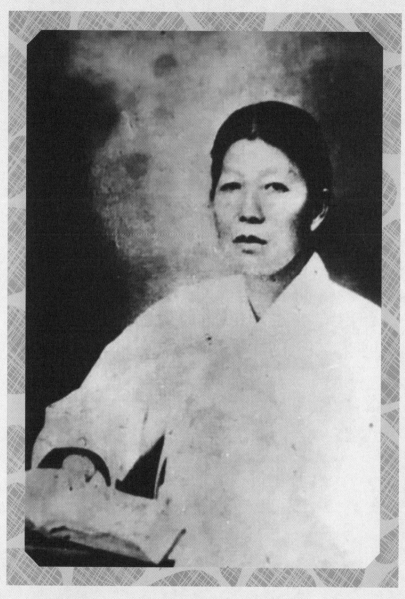

남자현(南慈賢, 1872-1933)
—
조선 총독을 향해 총을 든 독립군의 어머니

1. 들어가는 말

　세계 어느 나라든지 여성은 그 나라 인구의 절반을 차지하는 인격체로서 존중받아 마땅함에도 불구하고 왕조, 영웅, 남성, 지도자 중심의 인간관, 역사관이 지배하는 사회에서 남성과 동등한 인격체로 대우받거나 주목받지 못했다. 기껏해야 시대적 영웅이나 지도자로 활약한 남성의 어머니, 부인, 연인, 딸로 인식되어 왔다. 그러나 인권의식이 성장하고 사회민주화와 그에 따른 남녀평등의식이 확산됨에 따라 역사 인물 연구의 관점이나 평가에도 커다란 변화가 생기고 있다.

　독립운동가 남자현은 2015년 개봉하여 불과 20일 만에 천만 관객을 모아 화제가 된 영화 〈암살〉에서 독립군 저격수로 나오는 주인공 안옥윤(전지현 분)의 모티브가 된 인물이다. 2018년에 방영한 TV 드라마 〈미스터 선샤인〉의 주인공 고애신(김태리 분)도 남자현을 연상케 한다. 위 영화와 드라마를 계기로 그동안 여성독립운동가는 유관순 열사만 있는 줄로 알았던 대중 사이에 '우리가 알아야 할 여성독립운동가들이 유관순 말고도 많구나!' 하는 인식이 점점 확산되고 있다.

다행히 3.1 만세운동 100주년 기념의 해인 2019년을 전후로 정부의 제도적 노력과, 일부 연구자들 및 독립운동가 유족과 후손들의 협력으로 여성독립운동가에 관한 소중한 역사와 기록들이 활발하게 발굴되고 세상에도 그 진상이 알려지게 되었다.

최근에는 영화뿐만 아니라, TV 다큐 방송이나 개인 유튜버들의 영상물로도 여성독립운동가의 삶이 꾸준히 소개되고 있다. 특히 이 글의 주인공인 남자현은 2017년 8.15 경축사에서 문재인 대통령이 호명한 6명의 독립운동가(이태준, 김용관, 나운규, 장덕준, 남자현, 이상룡)에 포함될 만큼 우리 독립운동사에 큰 발자취를 남긴 주요 인물이다.[1] 그리고 독립운동가들 사이에서는 '만주독립군의 어머니', '여자 안중근', '날아다니는 여장군', '세 손가락 여장군' 등으로 불릴 만큼 걸출한 여성독립운동가였다. 이 글에서는 남자현의 출생부터 임종까지의 삶을 시간 흐름 순으로 살펴보고자 한다. 이 글이 남자현의 숭고하고 거룩한 삶을 이해하는 데 도움되길 바란다.

2. 출생

남자현의 조상은 대대로 경북 안동시 일직면 송리에서 살았다고 한다. 그런데 1837년경에 발생한 전염병과 흉년을 피해서 조부 남종대가

---

1 『연합뉴스』(2017.08.15.).

_____ 경북 영양군 석보면 지경리 394번지 일대에 조성된 남자현의 생가(ⓒ 박영하)

영양군 입암면 흥구리로 이주하여 1-2년 동안 살다가 원래 살던 일직면 송리로 돌아갔다가 그후 조부 사망 후인 1883년경에 부친 남정한이 좌해 (左海) 이수영에게 학문을 배우기 위해 영양군 석보면 지경리로 이주하면서 당시 11살인 남자현도 아버지를 따라 지경리에서 살게 되었다.[2]

남자현의 출생지와 관련하여 경북 영양군 석보면 지경리 주민들은 지

---

2 이영재(2019), 「南慈賢의 독립운동 前史」, 『한국독립운동사연구』 68, 한국독립운동사연구소, 6쪽.

경리를 출생지로 증언하는 반면, 안동 지역에 거주한 영양 남씨 집안의 후손인 남재근은 남자현의 생가가 안동시 일직면 송리2리라고 주장한 바 있다.[3] 다만 「국가보훈처 공훈자료전시관의 독립유공자 공적조서」에는 남자현의 본적을 '경상북도 영양 석보 지경'으로 표기하고 있다.[4]

3. 유청소년기

남자현은 1891년 혼인하기 전까지 서당을 운영했던 부친 남정한에게 글을 배웠을 것으로 추정된다. 남자현의 유청소년기에 대한 기록은 공부에 관한 것이 전부로 "어려서부터 매우 총명하여 부친 남정한이 일찍부터 글을 가르쳤는데, 7세에 한글을, 8세에 한문을 터득하였고, 12세에 소학과 대학을 읽었으며, 14세에는 사서(四書)를 독파하고, 한시를 지었다"고 전해진다.[5] 부친인 남정한이 42세에 남자현을 얻었고, 서당을 운영했으니, 막내딸인 남자현에게 한글과 한문은 물론 유학의 기본 경전을 가르쳤을 것이고, 모친도 인간으로서의 기본 도리와 예의범절을 가르쳤을 것이다. 그리고 당시 열강들의 각축장이 된 조선을 둘러싼 국내외 정세에 대해서도 가족들과 자주 의견을 나누었을 것이다.[6]

3 「"암살 남자현 '영양생가'는 허구" 유일혈육 증언」, 『뉴시스』(2015.08.13.).
4 공훈전자사료관(https://e-gonghun.mpva.go.kr).
5 강윤정(2018), 『남자현: 한국 근대의 여걸』, 지식산업사, 30-31쪽.
6 이상국(2018), 『남자현 평전』, 세창미디어, 23-24쪽 참조.

_____ 석천서당(ⓒ 박영하)　　　　　　　　_____ 음식디미방 체험관(ⓒ 박영하)

　　남자현의 성장과 가치관 형성에 영향을 준 일종의 롤모델 같은 사람
이 있다면 바로 장계향이었을 것이다. 남자현의 큰 언니는 부친 남정한
의 스승인 좌해 이수영의 집안사람 이문발과 혼인했는데,[7] 이문발은 바
로 장계향의 아들인 존재(存齋) 이휘일의 후손이다. 그런데 장계향이 누
구인가? 그는 바로 남성 중심의 가부장적 권위주의 사회에서 당대 남자
들로부터 '여중군자(女中君子)'라는 칭송을 받았고, 동아시아 최초의 한글
요리책인『음식디미방』을 쓴 걸출한 인물이다. 이 장계향의 남편이 바
로 석계 이시명이다. 이시명은 1612년(광해군 4년)에 소과에 급제하였으
나 병자호란(1636, 인조 14년)으로 나라가 치욕을 당한 것에 비분강개하여
1640년(인조 18년)에 석보면 원리 두들마을에 와서 터를 잡아 석계초당
(石溪草堂)을 짓고 문중 제자들을 기르며 14년을 이곳에서 살았다. 남자
현의 부친 남정한의 스승인 좌해 이수영은 바로 석계 이시명의 8대손으

7　안타깝게도 이문발은 20세에 요절하였다.

로, 석천서당(石川書堂)은 석계 이시명 사후 유족들과 제자들, 유림 후학들이 석계초당(石溪草堂)의 '계'자를 '천'으로 고쳐서 1831년(순조 31년)에 지어, 1891년(고종 28년)에 고쳐 지은 것이다.

위와 같은 사실들을 고려해 볼 때 남자현의 집안이 석계 이시명 선생에서 좌해 이수영 선생으로 이어지는 재령 이씨 집안과 매우 가깝고도 특별한 사이였음을 알 수 있다. 게다가 자아정체성에 눈을 뜨고 미래의 자신의 모습에 대해 관심이 커지고 있었을 남자현은 큰언니의 혼인을 전후로 걸출한 여성인 장계향에 대한 깊은 관심과 더불어 이상적인 여성상 등을 깊이 성찰하였을 것이다. 또한 여성도 얼마든지 자신의 뜻과 실력을 발휘하여 존경받고 칭송받는 존재가 될 수 있다는 생각도 키웠으리라 추정할 수 있다. 즉 유청소년기에 익힌 한자, 한글, 유학 경전 습득과 장계향 같은 걸출한 롤모델 등에 힘입어 남자현은 올바른 삶, 가치 있는 삶, 목적이 있는 삶에 대하여 생각할 줄 아는 인간으로 성장했을 것이라고 추정된다.

4. 혼인, 사별, 의병 활동 지원, 시부모 봉양

1891년 19살이 된 남자현은 석보면 답곡리에 살던 김영주와 백년가약을 맺는다. 남편 김영주는 남자현의 부친 남정한이 평소 아끼던 제자로 2대 독자였기에 남자현은 1891년 혼인 후 곧바로 시부모를 모시기 위해서 시댁으로 들어가 살게 된다. 그런데, 나라 사정이 매우 급박하게 전개되고 있어서 남자현과 김영주는 신혼의 단꿈에 젖어 있을 여유가 없었다. 당시 일제의 침략이 점점 노골화되면서 1894년 갑오년에는 전국이 동학농민혁명으로 들끓게 되고 안동에서는 의병 투쟁이 시작된다. 그리고 이듬해인 1895년에는 명성황후 시해와 단발령으로 의병들의 투쟁이 전국적으로 전개되었다.

의병운동이 전개될 당시 남자현의 부친 남정한은 자신이 운영하던 불매서원에 지하무기고를 만들어 무기를 숨겨 두고 제자들의 의병 활동을 지원했고, 남편 김영주 역시 의병 활동에 힘쓰던 중 1896년 음력 7월 11일 진보면 홍구리 전투 중에 35세의 나이로 전사한다. 이때 남자현의 나이는 24세로 임신 5개월에 접어든 상태였다. 비참하게 남편을 잃은 남자현은 이후 유복자인 아들을 낳아 기르면서 시어머니를 극진히 모셔 시댁 마을 진보면 사람들로부터 칭송과 더불어 '효부상'을 받기도 하였다.

5. 기독교 신앙과 독립운동

우리 독립운동사에 기독교가 끼친 영향과 비중이 큰 것처럼, 독립운동가 남자현의 삶에 끼친 기독교의 영향과 비중도 매우 크다. 김마리아를 비롯한 다른 여성독립운동가들과 마찬가지로 남자현의 독립운동 궤적을 살펴보면 기독교와 아주 밀접한 관계가 있다. 남자현이 기독교와 인연을 맺게 된 것은 영양군에 기독교가 전파되기 시작한 1905년부터, 계동교회가 설립된 1908년경 사이라고 보는 것이 맞을 것이다.[8] 구한말 격동의 소용돌이 속에서 남편의 죽음과 유복자 출산, 부친 사망, 오빠의 실종, 시부모 사망을 겪는 동안 삶과 죽음, 자신에게 닥친 견디기 힘든 시련을 감내하는 와중에 당시 교회를 중심으로 전국적으로 전개된 애국계몽운동과 만인평등을 지향하는 기독교 교리 등의 영향으로 자연히 교회와 인연이 닿았을 것으로 보인다. 남자현의 증손자인 김종식의 다음과 같은 증언은 남자현이 독실한 기독교인임을 입증해 준다.[9]

"증조할머니의 독립운동은 그녀의 신앙심을 빼고는 설명할 수 없습니다. 증조할머니는 1896년 24세 때 남편 김영주가 항일 의병으로 검각산성 전투에 참여했다가 사망해 홀로 되셨어요. 경북 영양에서 혼자의 몸으로 유복자를 키우며 시부모님을 봉양했는데 이때 신앙을 가지게 되신 것 같아요. 당시 영양에 계동교회, 수비교회 등이 있었거든요. 할아버지의 증언에 의하면 증조할머니는 양잠 사업으로 번 돈을 부녀자 교육과 어린이 교육에 사용했다고 하는데 과부가 어렵게 번 돈을 생활비가 아닌 구제 활동으로 쓰신 것은 교회의 영향을 받았기 때문일 것으로 생각됩니다."

"할아버지로부터 증조할머니가 1921년경 용정교회의 신학교를 다녔

---

8 이상국(2018), 같은 책, 69-70쪽.
9 『한국기독공보신문』(2017. 10. 18.).

다는 이야기를 들었어요. 비록 용정교회의 자료가 문화혁명 때 불타 없어졌지만 현지 목사로부터 구두로 확인한 적이 있어요. 또한, 독립운동가인 손정도 목사님과 교류가 많으셨는데 '대한여성교육회'와 '처소교회'를 설립한 것 등은 손 목사님의 영향을 받은 것으로 보입니다. 증조할머니는 1921-1925년 사이 스무 군데가 넘는 여성 계몽기구와 12곳의 교회를 설립하실 정도로 복음 전파에도 열심히였거든요."

"남자현 선생님은 영양에서 시부모님을 봉양하다가 시어머니가 돌아가시고 3년상까지 치르신 후 1919년 서울 연희전문학교 인근에서 3.1운동에 참여하시고는 만주로 가십니다. 그때 남 지사의 나이가 46세였는데 만주로 그냥 가시지는 않으셨을 겁니다. 만주 독립운동 지도자인 석주 이상용 선생의 동생 이상동 선생이 영양에서 전도 활동을 했었고 시댁의 일가족도 대거 만주에 가 있는 상태였습니다. 아마 이미 영양에서부터 기독교 인사들과 관계가 맺어져 있었을 것으로 추정됩니다. 안타까운 점은 선생님에 대한 기록이 너무 적다는 점이에요. 당대 기록들이 얼마 남지 않았는데 미국의 기독교 신문에 남 지사께서 길림부흥회의 사회를 맡았다는 기록은 남아 있습니다. 선생은 만주에서도 교회를 조직해 여성들을 모아 신앙생활은 물론 민족의식을 고취시키는 역할들을 하셨습니다."

김종식의 위와 같은 증언과 더불어 현재까지 남아 있는 남자현의 사진을 살펴보아도 남자현과 기독교가 얼마나 깊은 연관이 있는지 알 수 있다.

___ 남자현 독사진   ___ 하얼빈의 남자현의 묘

 위 왼쪽 사진은 남자현의 사진 중 가장 널리 알려진 독사진인데, 오른 손에 들고 있는 책을 자세히 보면 성경책이라고 할 만하다. 위 사진이 언제 어디서 찍힌 사진인지는 확실하지 않지만 여러 자료들을 종합해 볼 때 기독교인으로서 만주 지역에서 예배당을 12개나 짓고 교육회를 10개나 건립할 정도로 활발히 활동한 1920년대 당시의 모습일 것으로 추정된다. 오른쪽 사진은 1933년 사망 후 설립되어 1958년까지 하얼빈 공원에 있었던 남자현의 묘이다. 비석 위로 십자가가 선명하게 보인다. 남자현은 1913년부터 안동과 영양 일대에서 활동하던 부친의 제자이자 남편의 동지들인 의병 인사들과 활발하게 교류하였고, 1917년 성년이 된 아들 성삼을 만주로 보내 현지의 상황을 살펴보게 했으며, 1918년에는 만주에서 독립운동을 하고 있던 남편의 동지들(최영호, 채찬, 이하진, 남성노,

서석진 등)과도 긴밀하게 연락을 취한다. 그리고 바로 그해 1918년 1월 17일 제1차 세계대전의 종전을 앞두고 미국 대통령 윌슨이 14개조의 평화원칙[10]을 발표함으로써 국내외에서 독립을 염원하던 우리 동포들과 더불어 독립의 의지를 불태우게 되는데, 1919년 1월 21일에는 일제에 의한 독살설까지 나돌며[11] 고종황제가 승하하자 일제에 대한 동포들의 분노는 극에 달하게 된다. 더구나 1919년 2월 8일 도쿄에서 조선유학생 6백여 명이 모여 대한의 독립을 요구하는 선언서와 결의문을 낭독하고 '조선청년독립단'의 이름으로 2.8 독립선언을 한다.

6. 3.1 만세운동과 만주행

일본 도쿄에서 결행된 '2.8 독립선언' 소식을 접한 국내의 민족지도자들은 우리 역사뿐 아니라 세계사에 길이 기억될 거족적인 독립운동을 전개하기로 계획한다. 종교 지도자들과 학생 대표들이 연대하여 3.1 만세

---

10 이 중 제5조 "식민지 요구의 공평한 조정: 식민지의 주권을 결정하는 데 그 주민의 이익과 수립하게 될 정부의 공평한 주장이 동등하게 고려돼야 한다는 원칙하에서 모든 식민지 요구를 공평하게 조정한다"는 민족자결주의적 요소가 포함되어 당시 식민지 국가였던 국민들에게 독립에의 희망과 의지를 고양시키고, 우리 동포들에게도 또한 희망의 메시지로 다가오게 된다. 제14조는 국제연맹을 창설한다는 내용이다.

11 2011년 서울대학교 국사학과 이태진 교수는 일제강점기 일본 궁내성의 제실 회계심사국 장관이었던 구라토미 유자부로가 직접 쓴 일기를 근거로 고종황제의 독살이 일본 총독 데라우치의 지시로 이루어졌으며, 을사오적 중 한 사람인 송병준도 가담했다고 밝혔다(https://gdlsg.tistory.com/952).

운동을 준비했다. 이러한 급박한 시기에 남자현은 1919년 2월 26일 서울 남대문에 사는 김씨 부인으로부터 "서울에서 일본을 내쫓고 자주독립을 할 거족적 시위운동이 있을 예정이니 곧 상경하라!"는 비밀 통지를 받고 서울로 올라온다.

남자현의 서울 상경 결단은 김씨 부인의 편지가 주요 계기가 된 것은 맞지만, 그전에 3.1 만세운동 모의의 초기 단계에서 영남 지역 연락 책임자였던 이갑성과 대구 남성정교회(현 대구 제일교회) 이만집 목사의 활약에 힘입은 결과이기도 하다. 이들의 활약을 통해 보수적이던 대구 경북지역 사람들의 기독교에 대한 배타적이고 부정적인 시각이 바뀌고 유생과 선비계층 가운데서도 기독교로 개종하는 사람들이 늘었다.[12] 남자현은 서울에 와서 민족 대표 33인 중 한 사람으로 만세운동을 주도적으로 준비하고 있던 이갑성이 다니는 남대문교회를 찾아가 독립선언서를 나눠 받은 다음, 3월 1일 오후 시내에서 시위 군중들에게 배부하며 만세운동에 가담한 것으로 전해진다. 이때 남자현의 나이는 47세였다.

남자현은 서울에서 3.1 만세운동을 체험한 직후인 3월 9일 죽은 남편의 동지이자 만주 통화현 삼원보를 거점으로 독립운동을 하고 있던 김동삼을 찾아갔다. 그리고 그가 참모장으로 있던 상하이 임시정부 산하무장독립운동 단체인 '서로군정서(西路軍政署)'에 입단하여 본격적인 항일투쟁을 시작했다. 또한 국내에 있던 아들 김성삼을 만주로 불러들여 독립군 양성소인 신흥무관학교에 입학시켰다. 남자현이 세례를 받고 기

---

12 이덕주(2006), 『한국교회 처음 여성들』, 홍성사, 221-222쪽.

독교인이 된 것도 이 무렵이다. 남자현이 기독교로 개종한 동기에 대하여 해방 직후 발행된 교계 잡지『부흥』(1938.03.)은 다음과 같이 소개하고 있다.

> 선생(남자현)은 자기 일신의 파란 많은 생애로 보든지 민족의 비참한 정경을 보든지 조국 광복운동 노선에 서 있는 자기의 입장을 보든지 종교에 귀의하는 것이 필요한 것을 느끼었고 특히 삼일운동에 많은 신자들과 접촉하고 연락하는 중에 그 감화와 희생정신을 받아 예수를 믿게 되었다. 예수교의 희생정신과 애타사상, 민족관념과 그 참되고 거룩하고 영원한 소망을 내다보며 용감히 싸워 나가는 정신이 자기 마음에 아주 부합하고 만족하였다.

이후 남자현은 교회를 독립운동의 전초기지로 삼기 위해 1921년 길림성 액목현 납법참(拉法站, 현 라파역)으로 가서 12개의 교회를 설립하고 여자교육회를 20곳에 설립하였다.[13] 한 사람이 12개의 교회와 교육회를 20곳이나 설립한 사실을 그냥 지나칠 일은 아닌 것 같다. 앞으로 이에 대한 더욱 심도 있는 연구가 필요하다.

---

13 이덕주(2006), 같은 책, 223쪽.

7. 여자 안중근 — 세 번의 단지혈서

사람들은 남자현을 '여자 안중근'이라고도 부른다. 이는 남자현이 안중근 의사처럼 손가락을 잘라 피로써 구국을 맹세했기 때문이다. 더구나 남자현은 무려 세 번이나 단지혈서(斷指血書)를 썼다. 아무리 일제치하라 하더라도 보통 사람에게 애국충정과 구국의 결단으로 자신의 소중한 손가락을 자르고 혈서를 쓰는 일은 매우 어렵고도 드문 일이다. 그런데 남자현은 무려 세 번이나 손가락을 자르고 절절하게 혈서를 썼다. 남자현은 왜 손가락을 세 번이나 자르고 혈서를 썼을까?

첫 번째 단지혈서 결행은 1920년 8월 29일에 있었다. 국치기념대회가 있던 날이다. 남자현은 만주에서 활동하던 독립운동가 1,000여 명이 참석한 자리에서 왼쪽 엄지 손가락을 칼로 베어 장문의 혈서를 쓰고 큰 소리로 읽으니 참석한 청중들이 오열했다고 한다.[14] 이때의 행사에 대한 자세한 내용이 전해지지 않아서 당시 모습을 실감나게 서술하기는 어렵지만 5년 뒤인 1925년 8월 29일 액목현 검성중학교 강당에서 열린 국치기념일 행사에서 동포들이 울면서 불렀다는 〈국치의 노래〉를 참고로 소개한다.

두 번째 단지혈서 결행은 1922년 3월에 있었다. 당시 만주 환인현에서 독립군들끼리 "서북파니 기호파니, 안파니 이파니[15] 하여 동족 간에 피

---

14 이상국(2018), 같은 책, 117쪽.

국치의 노래[16]

1. 경술년 추팔월 이십구일은 조국의 운명이 떠난 날이니
   가슴을 치면서 통곡하여라 갈수록 종설움 더욱 아프다
2. 조상의 피로써 지킨 옛집을 백주에 남에게 빼앗기고서
   처량히 사방에 표방하노니 눈물을 뿌려서 조상하여라
3. 어디를 가든지 세상 사람은 우리를 가리켜 망국노라네
   천고에 치욕이 예서 더할까 후손을 위하여 눈물 뿌리자
4. 이제는 꿈에서 깨어날 때니 아픔과 슬픔을 항상 머금고
   복수의 총칼을 곧게 잡고서 지옥의 쇠문을 깨뜨리어다

흘리는 전쟁이 벌어지고 있었다. 이 때문에 상하이 임시정부에서 김이대 씨를 파견하여 화해를 시키려고 애를 써 보았으나 성과를 보지 못하였다. 선생(남자현)은 이 일을 크게 근심하여 산중에 들어가서 한 주일 동안 금식기도를 하고 손가락을 베어 그 피로 글을 써서 책임관계자들을 소집하였다. 그 성의와 순국정신에 감격한 소위 독립운동 간부들은 누구나 그 뜨거운 눈물과 죽음을 각오하는 피의 설유에 각각 잘못을 회개하고 완전한 쌍방 간의 화합이 성립되었다."[17] 이 당시 남자현은 "독립운동

---

15 안파는 안창호파, 이파는 이승만파를 일컫는 말이다.
16 지복영 지음, 이준식 정리(2013), 『민들레의 비상』, 민족문제연구소, 48쪽.
17 「독립운동사상의 홍일점, 여걸 남자현」, 『부흥』(1948.12.)[이상국(2018), 같은 책, 재인용].

계여, 단결하라. 우리는 강토를 빼앗은 일본과 싸우러 왔지 동족과 싸우러 온 것이 아니다. 피 한 방울이라도 적을 위해 싸워야 하거늘, 같은 조선인을 해치는 데 쓴다는 것은 너무도 안타까운 일이 아니겠는가?"라고 외치며 왼손 검지 손가락을 자르려 했다. 사람들이 놀라서 말렸지만 남자현은 망설이지 않았고, "내 손가락을 아끼지 말고, 우리 동포를 아끼고 이 나라의 내일이나 아끼시오"라고 결연하게 왼손 검지를 자르고 혈서를 썼다. 만주의 조선인들은 남자현의 뜻을 기려 '손가락 목비(木碑)'를 세웠다.[18]

세 번째 단지혈서 결행일은 1932년 5월로, 이때 남자현은 60세였다. 이 무렵 남자현은 국제연맹 대표단이 일제의 만주 침략의 부당함을 조사하기 위해 하얼빈에 온다는 첩보를 입수하고, 리턴 대표단에게 일제의 조선 강제 합병의 부당함을 세계만방에 알릴 수 있는 좋은 기회라고 보았다. 남자현은 리턴 일행이 하얼빈에 도착했을 때, 남은 왼손 엄지와 검지 다음으로 무명지(약지)를 잘라 흰 천에 '조선독립원(朝鮮獨立願)'[19]이라고 쓴 다음, 그 천에 자른 손가락을 함

___ 경북 영양군 석보면 지경리 생가에 조성된 남자현 동상의 잘린 무명지 모습(ⓒ 박영하)

---

18 이상국(2018), 같은 책, 117-118쪽.
19 한국독립원(韓國獨立願)이라고도 알려져 있다.

께 싸서 인력거꾼을 시켜 전달하려 했으나 전달되지 못했다. 이후 국제연맹에 제출된 「리턴 보고서」는 만주국의 부당함을 주장했고, 일본은 이듬해 국제연맹을 탈퇴한다.

시인 고정희는 남자현의 집념과 열정 어린 독립의지를 기리며 시로 표현하였다.

그때 그대는 보게 되리라
'대한여자독립원'이라 쓴
아낙의 혈서와 무명지를 보게 되리라
경북 안동 출신 남자현.
열아홉에 유생 김영주와 결혼하여
밥짓고 빨래하고 유복자나 키우다가
딱 깨친 바 있어
안동땅에 자자한
효부 열녀 쇠사슬에 찬물을 끼얹고
여필종부 오랏줄을 싹둑 끊으니
서로국정독립단 일원이 되니라
북만주벌 열두 곳에 해방의 터를 닦아
여성 개화 신천지 씨앗을 뿌리며
국경선 안과 밖을 십여 성상 누비다가
난공불락, 왜세의 도마 위에
섬섬옥수 열 손가락 얹어놓고 하는 말

천지신명 듣거든 사람세상 발원이요

탄압의 말뚝에 국적 따로 있으리까

조선여자 무명지 단칼에 내리치니

피로 받아 쓴 대한여자독립원

아직도 떠도는 아낙의 무명지

— 고정희, 「남자현의 무명지」

남자현의 단지혈서 결행은 안중근 의사의 단지혈서 결행과 더불어 우리 독립운동사에서 오래도록 동포들과 후손들의 가슴에 기억될 것이다.

8. 조선 총독의 심장을 향해 총을 든 남자현

먼저, 일본 제국주의의 심장인 조선 총독 사이토 마코토는 조선인들에게 식민사관을 심기 위해 광분한 사람이었다. 이른바 '문화통치'를 내세우며 "조선 사람들이 자신의 역사와 전통을 알지 못하게 만들어라. 민족혼과 민족문화를 잃게 하고, 조상의 무위, 무능, 악행을 들춰내어 가르쳐라. 그리고는 일본 인물, 일본 문화를 가르치면 동화의 효과가 클 것이다"라고 자신이 구상한 "교육시책"을 지시했는데, 한마디로 조선인의 정신을 노예화하겠다는 것이다. 남자현은 이런 음흉한 자를 처단해 조선의 독립의지를 세계에 알리기로 했다. 사이토를 암살하기 위해 권총과 폭탄을 동지로부터 미리 전달받고 동지들과 함께 경성에 잠입했다. 거사 기회를 엿보던 중 1926년 4월 26일 조선의 마지막 황제 순종이 승하하자, 사이토 총독을 비롯한 총독부 고관들이 조문을 하기 위해 빈전(殯殿)이 설치된 창덕궁을 찾을 것으로 예상하고 돈화문과 그 일대에서 사이토를 저격하기 위해 숨어서 기다렸다. 그런데 4월 28일, 남자현이 창덕궁 일대를 답사하던 중, 송학선이란 청년이 한 일본인을 사이토 총독으로 오인하여 그를 포함한 일본인 3명에게 칼을 휘두르고, 추격하던 조선인 순사마저 찌른 뒤 도주하다 일본 경찰과 격투를 벌인 끝에 붙잡히는 사건이 발생했다. 이 사건으로 경성이 발칵 뒤집혀 총독 경호가 강화되고, 독립운동가 검거 작전이 대대적으로 진행되자, 거사 실행이 불가능하다고 판단한 세 사람은 만주에서 다시 만나기로 하고 흩어졌다.[20]

이어서 남자현의 총구가 향한 곳은 만주국 전권대사 무토 노부유시였다. 만주사변 이후 친일 괴뢰정부로 수립된 만주국 군대는 일본군과 합세해 만주에 있는 한국 독립운동단체들을 섬멸하려고 무력으로 탄압하고 나섰는데, 무토 전권대사가 바로 이를 지휘한 핵심 인물이다. 이에 무토 전권대사를 처단하기 위한 독립군의 거사가 진행되었고 남자현이 그 중심에 있었다. 남자현과 동지들은 1933년 3월 1일, 만주국 건국기념일에 무토를 저격하기 위해 만주국 국경인 신경에 잠입하여 거사를 준비하던 중, 조선인 밀정이 일제 경찰에 거사 계획을 밀고하는 바람에 동료인 손보현이 봉천에서 체포되고, 남자현도 3월 29일에 무기를 가지러 하얼빈에 갔다가 체포되었다. 체포될 당시 남자현은 37년 전 남편이 의병 전

---

20 『노컷뉴스』(2014.05.27.) 참조.

투에 나갔다가 전사할 당시에 입었던 속옷을 입고 있었다고 한다. 이후 하얼빈 일본 영사관 감옥으로 이송되었는데, 남자현은 이미 잡혀온 2명의 동지들에게 혼자서 책임을 지기로 뜻을 밝혀 결국 남자현 단독 범행으로 사건이 일단락되었다.[21]

남자현의 사이토 총독과 무토 전권대사를 상대로 한 암살 시도에 대하여 남자현의 증손자인 김종식은 "기독교 신앙을 가지고 무장 투쟁을 하셨던 본회퍼를 연상케 한다"고 말했다.[22] 본회퍼[23]를 아는 이라면 누구나 충분히 공감할 수 있는 말이다.

9. 남자현이 이룬 그 밖의 위대한 업적들

앞에서 다 서술하지 못한 남자현의 업적은 이루 헤아리기 힘들 정도다. 일일이 다 내용을 소개하지 못해 아쉽지만 만주로 이주하여 본격적인 독립운동을 하던 시기에 남자현이 이룩한 업적들을 몇 가지 더 소개하면 다음과 같다.

첫째, 1921년 서간도에만 20개가 넘는 여성 교육기관이 만들어졌고 북만주 12곳에선 교회가 세워졌다. 남자현은 농촌 각지를 돌며 한국어

---

21 이덕주(2006), 같은 책, 227쪽.

22 『한국기독공보』(2017.10.18.) 참조

23 본회퍼(Dietrich Bonhoeffer, 1906-1945)는 독일 루터교회 목사이자, 신학자이며, 반나치운동가이다. 아돌프 히틀러를 암살하려는 계획에 가담했다가 1943년 4월에 체포되어 감옥에 갇혔고, 결국 독일 플로센뷔르크 수용소에서 1945년 4월 교수형에 처해졌다.

와 중국어, 기초 학문을 가르쳤다. 일탈한 독립군을 계도하고 조치하는 일 역시 그의 몫이었다.

둘째, 1925년 8개 독립운동단체를 통합한 정의부가 남만주에 설립될 때, 남자현은 그간의 공로를 인정받아 중앙 여성대표에 임명되기도 하였다. 한편 남자현은 여성 또한 독립운동에 참여해야 한다고 매번 강조했다. 특히 '여의군(女義軍)'이 만들어져 여성도 직접 독립전쟁에 참여할 수 있어야 한다고 생각했다. 그는 크고 작은 전투에 참여해 부상자를 돌보는 등 후방 지원을 도맡았다.[24]

셋째, 1926년 12월 '조선혁명자후원회' 발기인으로 참가하였다. 이 후원회는 혁명가와 가족들을 후원하고자 조직한 단체로, '반혁명명자를 제외한 남녀노소 누구나' 희망하면 가입이 가능하였다. 1927년 11월에 남자현은 여기서 중앙위원이 된다. 이것은 매우 큰 의미를 지니는데, 1919년 만주로 망명한 이래 남성 중심의 단체 정의부에서 활동을 시작한 지 8년 만에 간부로서 이름을 올렸다는 사실이다.

넷째, 도산 안창호 선생의 구명운동을 벌였다. 1927년 봄, 안창호 선생이 독립운동가들과 망명해 있는 조선인들 500명을 모아 나석주 의사의 추도회 및 미래의 조국을 위한 강연회를 열자 일본은 중국 헌병사령관을 협박하여 안창호, 김동삼 선생 등 3백 명을 강제, 불법 체포한다. 이때 남자현은 수많은 애국지사들이 석방될 때까지 정성껏 옥바라지를 했으며 끊임없이 탄원서를 넣어 결국 보석으로 풀려나게 했다.

---

24 강윤정(2018), 같은 책, 112쪽.

다섯째, 독립운동가 김동삼 선생이 일본 경찰에게 붙잡히자, 아무도 선생과 접촉을 하지 못하고 있을 때 남자현은 그의 친척으로 위장, 면회를 허가 받고 연락책 역할을 하면서 김동삼 선생의 지시를 동지들에게 전달하는 동시에 그가 국내에 호송될 때 구출하기 위하여 치밀한 계획까지 세웠다.[25]

10. 남자현의 최후 그리고 유언

무토 전권대사 암살 미수 사건으로 체포된 남자현은 1933년 60세가 넘은 나이에도 불구하고 하얼빈의 감옥에서 가해진 일제의 극심한 고문과 이에 맞선 단식투쟁으로 급속히 몸이 쇠약해져 갔다. 그해 8월 6일부터 곡기를 끊은 남자현은 식사가 나오자 다음과 같은 말을 남겼다.

"이제 너희가 주는 밥은 먹지 않는다. 너희가 나를 살리고 있으니, 내가 스스로 죽어 너희들을 이겨야겠다. 조선은 그렇게 호락호락하지 않다. 내 죽음은 끝이 아니요, 이제 시작일 뿐이다. 너희는 사는 것이 곧 죽는 것이요, 나는 죽는 것이 사는 것이다."

이후 11일이 지난 17일 남자현이 사경을 헤매자 일제는 남자현을 병

---

25 나라사랑 배움터(https://edu.mpva.go.kr/learn/card/detail.do?bsrlNo=1264).

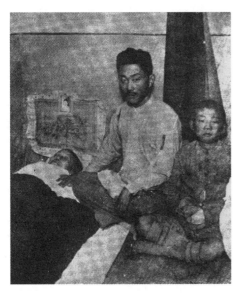

_____ 남자현의 마지막 모습. 안쪽부터 남자현, 아들 김성삼, 손자 김시련

보석으로 풀어주고 근처 적십자 병원으로 옮겨 가족에게 인계한다. 남자현이 여관으로 몸을 옮기자 독립운동 동지들이 찾아와 문병하고 눈물 흘리며 돌아갔다. 이후 남자현은 아들과 손자를 불러 놓고 행낭에 감춰 둔 돈 249원 80전을 꺼내서 "200원은 조선이 독립하는 날 정부에 독립축하금으로 바치라. 그리고 손자 시련을 대학 공부시켜서 내 뜻을 알게 하라. 남은 돈 49원 80전의 절반은 손자 공부시키는 데 쓰고, 나머지는 친정에 있는 손자를 찾아 교육시켜라"[26]고 말했다. 다행히 남자현의 바람은 모두 이루어졌다.

─────
26 이상국(2018), 같은 책, 165쪽.

남자현의 증손자 김종식은 "젊은 시절의 할아버지(김성삼)와 네 살이 된 아버지(김시열)가 유언을 듣기 위해 앉아 있었다. 남 지사는 마지막 순간까지 조국의 독립을 염원하고, 자신을 밀고한 부하에게 원수 갚지 말 것을 아들에게 당부했다고 한다. 연약한 여자의 몸으로 조국의 독립을 위해 무장 투쟁까지 할 수 있었던 데에는 하나님의 정의에 대한 갈망과 고통받는 민족을 위한 사랑이 그녀의 정신 깊이 자리했기 때문이었다"[27] 라고 증언했다. 1962년 3월 1일 윤보선 대통령은 남자현에게 독립유공자 건국공로훈장 복장(2등 훈장)을 수여했다. 그러나 1958년 하얼빈에서 사라진 남자현의 묘는 행방을 찾지 못했고 1967년 대전 국립묘지로 유해 없이 옮겨졌다.

11. 남자현 밀고자의 최후

남자현은 유언으로 자신을 밀고한 조선인 부하에게 원수를 갚지 말 것을 아들 김성삼에게 신신당부했다고 한다. 조국을 위해 아들이나 손자가 군대에 입대하기를 바라서 남자현의 아들 김성삼은 50대의 늦은 나이로 육군사관학교(육사)에 특8기로 들어갔다. 이유는 어머니의 원수를 갚기 위함이었다고 한다. 아들 김성삼은 육사에 들어가면 권총을 지급받아 어머니를 죽음에 이르게 한 부하에 대한 원수를 갚을 생각이었다. 권총

---

27 『한국기독공보』(2017.10.18.).

을 지급받은 김성삼은 어머니를 밀고한 부하가 남산 인근에 살고 있다는 정보를 입수하고 그를 죽이기 위해 수소문을 해 집을 찾았으나 두 번을 허탕치고 세 번째 찾아간 끝에 집 앞에서 그 부하를 만났다고 한다. 김성삼을 본 그 부하는 얼굴이 새하얗게 질려 말 한마디 못하고 벌벌 떨고 서 있었는데, 그 모습을 본 김성삼에게 갑자기 어머니의 유언이 강하게 떠올라 결국 총부리를 거두고 집으로 돌아왔다고 한다. 며칠 후 6.25 전쟁이 발발했고, 그는 전투 중 중공군에게 붙잡혀 1년 넘게 포로생활을 하면서도 기적적으로 생존했다. 전쟁이 끝난 후 다시 그 부하를 찾아간 김성삼은 이웃 주민들로부터 그 사람이 피난 열차에서 졸다가 목이 부러져 죽었다는 소식을 듣고 집으로 돌아왔다고 한다.[28]

12. 맺음말

남자현은 60년 생애 동안 유학자의 딸, 의병의 아내, 독립군의 어머니, 독실한 신앙인, 항일독립군, 무장투쟁가를 모두 경험한 실로 위대한 인간이다. 아니 한 인간으로서 감당하기에는 너무나도 큰 시련과 사명을 감당한 여걸이요 우리 겨레의 스승이다. 다행히 역사 교과서에도 실리고[29] 남자현을 아는 대한민국 국민이 점점 늘어나게 될 것으로 보인다.

---

28 『한국기독공보』(2017.10.18.).
29 '2018년 교과서 기준 독립운동가 수록현황'에 따르면 중·고등학교 검정 역사 교과서에 실린 독립운동사와 근현대사 인물 208명 중 여성은 7.7%인 16명에 불과했다. 한국의 여성독립운

_____ 남자현 추모비와 추모각(© 박영하)

앞으로도 여성독립운동가를 발굴하고, 추모하고, 기념하는 사업이 활발하게 펼쳐져서 조국을 위해 일생을 바친 그들의 숭고한 뜻을 후손들이 잊지 않고 기억하도록 해야 할 것이다. 그것이 애국선열에 대한 후손들의 최소한의 도리가 아닐까 한다. 이 글에 담지 못한 남자현의 수많은 이야기를 포함하여 앞으로 꾸준히 그의 거룩한 발자취가 발굴되고 널리 회자되기를 빈다.

_____

동가로는 강주룡·권기옥·남자현·유관순·윤희순·이은숙·정종명·차미리사·최선화·최은희·허은 등 11명이, 근현대사 인물로는 김명순·나혜석·윤심덕·이화림·최승희 등 5명이 역사 교과서에 이름을 올렸다. 하지만 독립운동에 대한 유공을 인정받아 건국훈장을 받은 여성독립운동가가 325명인 점을 고려하면 매우 적은 수치다(『중앙일보』, 2018.10.28).

강윤정(2018), 『남자현, 한국근대의 여걸』, 지식산업사.

"고종황제의 승하(독살)와 2.8 독립선언이 계기가 되어 촉발된 1919년 삼일 운동."

    https://gdlsg.tistory.com/952

공훈전자사료관. https://e-gonghun.mpva.go.kr

나라사랑 배움터. https://edu.mpva.go.kr/learn/card/detail.do?bsrlNo=1264

『노컷뉴스』(2014.05.27.)

『뉴시스』(2015.08.13.)

『연합뉴스』(2017.08.15.)

이덕주(2006), 『한국교회 처음 여성들』, 홍성사.

이상국(2018), 『남자현 평전』, 세창미디어.

이영재(2019), 「南慈賢의 독립운동 前史」, 『한국독립운동사연구』 68, 한국독립운동사연구소.

『중앙일보』(2018.10.28.)

지복영 지음, 이준식 정리(2013), 『민들레의 비상』, 민족문제연구소.

『한국기독공보신문』(2017.10.18.)

차미리사,
근대여학교를 설립하다

심옥주
한국여성독립운동연구소 소장

차미리사(車美理士, 1879-1955)
—
한국 여성교육의 선구자이자 근대여학교의 설립자

1. 나의 본성(本姓)은 '차(車)'씨

필자가 그녀에 매료된 것은 우연히 보게 된 사진 한 장 때문이었다. 비록 사진 한 장이었지만 뿜어내는 그녀의 멋스러움은 나를 매료시키기에 충분했다. 근대 전 세계적으로 유행했던 신여성의 패션이 차미리사의 모습에 담겨 있었다. 1912년 10월, 미국에서 귀국한 그녀가 등장하는 곳이면 늘 옷차림과 패션이 화제가 되었다. 도련이 넓어지는 튜블러 스타일의 발목이 살짝 드러난 스커트, 챙이 넓은 모자에 달려 있는 화려한 장식은 당시 유럽에서도 유행하는 최신 스타일이었다. 멋스러운 코트를 입은 그녀는 또각거리는 구두를 신고 다녔다. 바로 신여성의 모습이다. 사진을 가만히 들여다보면, 그녀는 한 손에는 핸드백, 다른 한 손에는 멋스러운 우산을 들고 서 있다. 그 시대 여성들이 검은 치마에 흰 저고리를 입었던 모습을 생

___ 30대 중반의 차미리사

각한다면 다소 파격적이고 인상적인 차
림새다. 그 모습만큼 차미리사의 인생
도 파란만장했고 국내와 해외를 넘나든
신여성의 행보도 파격적이었다. 100년
을 훌쩍 넘어 차미리사의 행적을 바라
보고 있으면, 그녀의 멋스러움과 카리
스마는 그녀가 당대 최고의 여성이었다
는 것을 실감하게 한다.

—— 70대 중반의 차미리사

차미리사는 어떤 삶을 살았던 여성
이었을까. 그녀의 발자취를 1928년
2월 1일 잡지 『별건곤』 제11호에 게재된 「나의 역사 — 회고록」 속 그녀
의 회고를 토대로 따라가 보고자 한다.[1] 그녀의 회고록을 살펴보면, 삶
을 대하는 자세와 그 시대의 잔상, 그리고 그녀의 활동 기록과 깊은 사유
가 담겨 있다. 전통사회의 통념과 제도의 틀 속에서 자신의 정체성을 찾
으려 했고 스스로 도전하는 삶을 좇으면서도 '자신 들여다보기'를 소홀히
하지 않았던 차미리사. 그녀의 삶은 온통 변화의 소용돌이를 뚫는 도전
으로 이어졌다. 그 시대 여성들은 사회적으로 인정받지 못하고 있었다.
대표적으로 여성의 이름 변화에서 알 수 있다. 그녀가 태어나면서 불린
성씨가 혼인과 유학 과정에서 바뀐 이야기는 그녀의 삶과 그 시대의 삶
을 동시에 들여다보게 한다.

---

1 「나의 십세전후: 동전한 닙에 두묵금씩하는 솔석냥을 또쪼개썻다」, 『동아일보』(1930.04.16.).

나의 本姓(본성)은 '車(차)씨'

이때까지 세상 사람들이 나를 '金美理士(김미리사)'라고 부르고 나도 또한 '金美理士'로 행세하여 왓스닛가. 많은 사람들은 나의 성이 김씨인 줄로만 알기 쉬울 것이다. 그러나 本姓은 뚜렷한 '정안 차씨'다.

차미리사를 찾아가는 길, 그녀의 정체성 찾기는 바로 이름[姓名]에 주목한다. 오늘을 살고 있는 우리는 각자를 대변하는 '이름'이 있다. 하지만 그 이름은 옛 여인들에게는 쉽게 주어지지 않은 그 무엇이었다. '김씨 부인', '박씨 부인', '김씨네', '박씨네' 등 과거에 여성은 이름이 아닌 한 집안과 가문에 속한 존재로 호칭되었다. '이름'의 사전적 의미를 살펴보면 어떤 사물이나 단체를 다른 것과 구별하여 부르는 일정한 칭호, 사람의 성 뒤에 붙여 그 사람을 다른 사람과 구별하여 부르는 명칭이다. 우리가 사물에 이름을 붙이듯이 인간이 태어난 뒤 개인에게 불리는 일종의 칭호는 나를 통칭하는 것이며 나를 식별하는 문자, 바로 이름이다. 이름이 곧 '나'이고 내가 곧 '이름'이다. 하지만 전통사회에서 사회 통념상으로 신분 제도의 틀에 가려 여성이 자신의 이름을 찾기까지는 오랜 시간이 요구됐다.

진소위 가난한 놈은 성도 없고 나는 약자인 여자로 태어난 까닭에 소위 '여필종부'라는 옛 습관에 의지하여 나의 본성을 떼어 버리고 남편인 김씨의 성을 따라서 김씨가 된 것이다. 지금 와서 다시 '차씨'로 행세하기는 새삼스러워서 아직 그대로 행세하나 금전상거래나 증명문서 같은 데는 '차미리사'로 행세를 한다.

차미리사의 이름도 태어나면서 '섭섭이'로 불리었는데, 아마도 그 시대 여성의 현실을 통칭한 사례일 것이다. 집안에 귀한 아들이 태어나지 않아 태어나면서부터 '섭섭이'로 불린 차미리사. 이후 그녀의 이름은 여러 번 바뀐다. 유년기를 지나고 성장하여 혼인을 한 뒤에 차미리사는 남편의 성을 따라 '김씨'라 불렸다. 천주교에 귀의하고 세례명을 받으면서 '김미리사'로 불리었고 유학을 간 뒤에 '김 부인', '김밀리사'라 불렸다. 이후 그녀가 '정안 차씨' 집안의 '차미리사'로 성씨를 되찾기까지 험난한 삶의 여정은 이어졌다. 그리고 새로운 도전과 문턱을 넘나들 때마다 그녀의 성은 여러 번 바뀌었다. 누군가로부터 온전하게 자신의 존재를 인정받게 되는 것, 바로 이름은 차미리사의 삶을 찾아가는 과정과 응축된 시대의 잔상과 마주하게 하는 상징적 의미를 갖는다.

차미리사는 1879년 음력 8월 21일 한성부 서부 공덕리에서 부친 차유호와 모친 장씨 사이 6남매 중 막내로 태어났다. 집안에서는 아들을 기대했는데 딸이 태어나자 그녀를 '섭섭이'로 불렀다. 손위 5남매가 모두 요절하고 부모가 늦은 나이에 얻은 혈육이었기에 그녀는 집안에서 귀한 존재였다. 그 외에 그녀의 성장기에 대한 소소한 기록은 거의 없다. 단지 언론의 자신의 열 살 전후 일화를 소개한 내용을 통해서 그녀의 성장기를 가늠해 볼 수 있다. 그가 열 살이 된 정월 초하룻날 부친은 차미리사에게 부탁의 말을 남겼다.

이 세상에 누구에게든지 쓸쓸하고 괴로운 법이다. 그러타하고 하야 자긔의 일개인의 속사정을 남에게 쏘다보이는 것은 아주 경솔한 짓이 며 뜻을 세우고 항상 전지하랴는데 결국 큰 방해거리되고 마는 것이니 너는 언제든지 이 시간의 나의 교훈을 다시 업는 병법으로 긔억해야 된다.

당시의 시대 분위기를 생각할 때, 부친의 "자립적으로 생각하고 주체 적인 삶을 살아가라"는 말은 그녀의 잠재된 능력을 보았던 부친의 예견 이 아니었을까 하는 생각이 든다. 순종적인 여성상을 강요했던 시대에 인간 자체를 귀히 여기는 마음이 중요하다는 부친의 말은 그녀의 가슴에 새로운 싹을 트게 했다. 또 남녀 구분을 넘어 '뜻을 세우고 항상 전진하 라'는 말은 사회 속의 여성으로서 자신을 살펴보라는 의도도 포함한다. 차미리사는 스스로 자신을 경계하고 뛰어넘으라는 말의 여운을 가슴에 담고 스스로 틀을 깨기 시작했다.

나이 출생디로 말하면 서울에서 멀지도 안흔 高陽郡(고양군) 孔德里(공덕 리)이다. 열일곱살 되든 해 봄에 그 근동의 김씨집으로 출가를 하엿섯 는데 3년이 불과하야 전생의 악연이라 할지 이생의 박명이라할지 남 편되는 김씨는 불행이 병으로 신음하다가 백약이 무효하고 최후에는 내가 단지까지 하엿스나 또한 아모 효과도 보지 못하고 그는 영원한 텬당의 길로 가고 다만 일뎜의 혈육인 딸자식 하나를 남겨두엇스니 그 때에 나의 나히는 겨우 열아홉살이엿다.

태어나고 자란 성장기의 가정환경은 한 인물의 인생 전반에 영향을 준다. 자신의 삶을 그리는 시작점에서 인생의 잣대는 주로 가정환경에 영향을 많이 받는데 차미리사도 마찬가지였다. 옳고 그름을 구분하는 것과 자립의 중요성을 강조했던 부모님의 교육관은 차미리사가 교육 현장에서 주체적으로 애국계몽운동을 하는 과정으로 투영되었다.

지금가트면 과부가 시집가기를 레사로 넉이지마는 그때만하야도 여간 행세낫이나 하는 사람의 가뎡에서야 찰아리 죽으면 죽엇지 그러한 생각인들 넘두에나 먹엇을 수 잇섯스랴. 다만 어린 딸을 다리고 친가로 도라와서 눈물겨운 고독한 생활을 하며 무정한 세월을 보낼 뿐이엿다.

1895년 17세가 되자, 차미리사는 서울 무교동에 있는 김진옥 집안으로 출가를 했다. 신혼의 단꿈에 빠져 있어야 할 시기였지만 혼인한 지 3년이 되지 않은 어느 날 남편은 병으로 몸져눕고 말았다. 병명도 제대로 알지 못한 채, 허약해져만 가는 남편을 보고 그녀는 왼손 무명지를 깨물어 입에 피를 흘려보내며 살아나기를 희망했다.[2] 하지만 그녀가 19세가 되던 해 남편은 세상을 떠나고 만다. 하루아침에 차미리사는 남편을 잃은 채 어린 딸의 손을 잡고 친정으로 향했다. 밤낮으로 하염없이 눈물

---

2 목숨이 경각에 달린 사람에게 산 사람의 약지를 베어 피를 먹이면 당장의 고비를 넘긴다는 전설이 있다.

을 흘리며 남편을 잃은 슬픔으로 하루하루를 넘기던 그때, 차미리사를 일으켜 세운 것은 바로 종교였다.

더욱히 가을바람이 선들선들 불고 남우입이 뚝뚝 떨어지며 기럭이 무리가 짝을 불너 만리장공으로 훨훨 나러올 때에는 산란한 심회를 금하기 어려웟다. 그 중에도 아비 업는 어린아회가 [⋯] 이웃집 아희들과 놀다가 와서 나는 왜! 아버지가 업느냐고 물을 때에는 불상도 하고 측은도 하야! 아모 대답도 못하고! 가슴이 미여서 가만히 [⋯] 안젓슬 적이 만헛섯다.

그때에 우리 고모님 한분이 게시엿는데 그는 역시 나와 가튼 방명한 과수택으로 텬주교(天主敎)를 신앙하다가 중도에 신앙을 고치여서 북감리교파인 상동예배당에 다니엿섯다. 그는 나의 고독한 생활을 불상히 녁이시고 특히 권유하야 하눌님의 사랑을 밧게 하엿섯다.

2. 쓰개치마를 쓰고 예배당으로 향한 차미리사

1860년 청나라의 개항 이후 해외 문물이 유입되면서 조선은 변하고 있었다. 우리나라는 1882년 '조미수호통상조약'을 채결했고, 1884년에는 의사 알렌(Rev. Horace N. Allen)이 한국에 입국하여 고종의 허락으로 '광혜원'이 개설되었다. 1885년 4월 2일 부산을 거쳐 4월 5일 제물포항에 선교

___ 1900년도 상동교회

___ 초기 정동교회에 모인 주민

사 언더우드가 첫발을 들인다. 아펜젤러 가족, 톰슨 부부, 마틴 등 미국 북장로회, 스코틀랜드 성서공회와 영국교회 선교회 등 선교사의 국내 입국도 이어졌다. 주목할 것은 선교사의 입거와 기독교의 전파가 국내에 미친 파장이다. 특히 선교사가 국내에 입국하고 기독교가 전파되면서 여성의 삶은 변화하기 시작했다.

1889년 10월 서울 남대문 근처에 교회가 설립되었다. 교통과 상업의 요지였던 남대문 인근에 기독교 병원이 설립된다. 파란 눈의 선교사들이 병원과 교회를 짓기 시작하고 어려운 이들에게 무상으로 치료를 해 준다는 소문은 삽시간에 퍼져 갔다. 치료를 받기 위해 병원에 들어섰던 이들의 관심은 자연스럽게 교회로 이어졌다. 종교의 등장은 많은 이들에게 놀라움을 안겨 주었다. 인간은 누구나 존중받아야 할 존재이며 배우고 도전하면서 자신이 삶에 주인이 되어야 한다는 종교 철학은 차미리사에게도 그늘진 삶에 한줄기 빛으로 다가왔다.

신분계층의 잣대, 존중받지 못한 여성, 집안 울타리에 머물러 도전할 수 없는 존재로 있었던 여성에게 종교가 불어넣은 희망의 변화는 컸다. 특히 여성을 존중받아야 할 대상으로 보는 새로운 시각과 함께 기독교는 문명개화를 꿈꾸었던 청년들의 꿈에 사회를 향하는 길목을 열어 주었다. 그렇게 '배움'의 길이 여성에게도 열렸고 자신의 삶이 존중받는 삶의 대열에 설 수 있다는 사실만으로도 큰 울림으로 다가왔다. 여성에게 종교와

— 『동아일보』(1930.04.16.).

교육은 새로운 삶으로 나아가는 통로와도 같았다. 우리나라 최초 민립 여학교인 순성여학교에 이어 1886년에 설립된 '이화학당'은 미국 감리교 선교사 스크랜튼(M. F. Scranton) 부인이 설립한 사립 여성교육기관이다. 이화학당은 보통학교를 시작으로 중등, 고등, 대학교육까지 교육을 이어 갔다. 서민을 대상으로 한 종교기관으로, 남대문 시장과 유동 인구가 많았던 곳에 위치한 상동교회와 교회의 교육운영에 대한 관심도 서서히 높아져 갔다.

1889년 10월 설립된 상동교회(병원으로 먼저 시작됨)는 작은 교육기관 '공옥(攻玉)학교'를 운영하고 있었다. 교회 한편에 자리 잡은 작은 학교, 그 곳은 차미리사가 교육계에 첫발을 디딘 곳이다. 공옥학교는 상동교회 내 '상동청년회'가 운영한 학교로, 배우고자 하는 모든 여자아이들을 대상으로 교육을 시작했다. 공옥학교를 운영한 '상동청년회'는 조국의 현실을

인지한 청년 지식인과 '독립협회'에서 활동한 이들이 중심이 되었으며, 시국 논의를 하던 모임이 교육 현장으로 연장된 실험학교였다.

그때만 하야도 여자들이 밧갓 출입을 잘들 하지 안코 간혹한다 하여도 교군을 타거나 그럿치 안흐면 장옷이나 치마가튼 것을 쓰고 다니던 때이라 나도 역시 치마를 쓰고 상동례배당 출입을 하게 되엿다.

한심은 겨워서 동남풍 되고 눈물은 흘너서 한강수 된다 […] 는 노래는 아마 청츈과 수의 설음을 두고 한 노래인 것 갓다. 내가 례배당 출입을 하기 전까지는 친가에 잇서서 비록 어머니의 따듯한 사랑을 밧더라도 나의 고적한 회포를 도저히 위로할 수 업섯다. 금화산에 해 떠러질 때에 까마귀의 지적위는 소리를 드러도 남편의 죽든 때 생각이 나고 한강어구에 봄들 때에 푸른 버들을 보아도 눈물이 자연 흘넛다.

　개화의 물결이 들어왔지만 그 변화를 실감할 수 없었던 이들은 교회로 모여들었다. 교육으로부터 소외되었던 어린아이들과 여성들, 그리고 신분의 제약으로 배울 기회가 없었던 이들이 상동교회로 모이기 시작했다. 상동교회와의 인연이 차미리사가 여성의 신분을 뛰어넘어 자신을 보게 되는 기회가 되었다면, 차미리사가 공옥학교에서 어린아이들을 가르쳤던 경험은 자신이 해야 할 일의 명분을 찾는 계기가 되었다. '섭섭이'로 불리었던 차미리사는 상동교회에서 스크랜튼 선교사로부터 '미리사(Millisa)'라는 세례명을 받았다. 그것이 유교적인 사회 제도의 틀을 넘어 남편의 부인 또는 안사람이 아닌 자기 정체성을 찾는 첫걸음이 시작된 것이다. 그렇게 미리사로 새롭게 태어났다.

> 그러나 한번 례배당에를 가서 한울님께 단단히 맹세를 한 뒤에는 전일의 비애와 고독이 다 어듸로 살아지고 압길의 희망과 광명만 잇슬 뿐이엿다. 눈을 뜨면 턴당이 황연히 보이고 귀를 들면 한울님의 말슴이 순순이 들니는 듯 하얏다. 더구나 동모신자들과 기타 찬미도 하고 풍금도 치며 놀때에는 세상만사를 다 이저 버리고 환락의 세계에서 사는 것가텃다. 그때에 나의 신심이야말로 참으로 철석보다도 구덧섯다.

차미리사는 기독교를 통해서 자기존재를 바라보고 세상을 바라보는 눈을 떴지만 조국의 당면한 현실을 생각하면 암울해졌다. 조선의 현실을 좌시할 수 없었다. 나 한 사람이라도 변화해야 하고 조선 여성이 변화해야 한다는 생각에 끊임없이 종교 활동과 공부에 매진했다. 남편을 잃고 홀로 딸을 키우고 있었던 기혼 여성이 그 시대의 장벽과 마주한 현실은 어두웠지만, 어떤 일을 할 수 있었겠는가를 생각하며 열의를 멈출 수는 없었다. 그때 차미리사는 신여성의 대열에 선 선배들과 만났고 그들의 조언을 들으며 새로운 도전으로 발걸음을 옮겼다.

3. 중국 소주(蘇州)에서 미주(米洲)로의 유학

나는 신심이 그와 가티 구든 이만틈 교회의 여러사람에게 만흔 신용을
어덧섯다. 그때가튼 여자 신도 중에 도신성(趙信聖)이라 하는 동모는 그
중에 선각자로서 항상 나를 권유하마 미국으로 류학가라고 하엿섯다.
그의 충동을 바든 나는 외국에 류학하고 십픈 렬이 날로 타오르기를
시작하얏섯다. 그러나 그때이나 지금이나 돈업는 사람은 아모리 큰 뜻
이 잇서도 엇지 할 수 업는 터이다.

　1901년 5월 차미리사는 인천에서 상하이로 향하는 배에 몸을 실었다.
멀리 보이는 고국의 땅에 어린 딸과 칠순이 넘은 노모를 남겨 두고 중국
유학길에 나서고 보니, 배움에 대한 열망과 가족을 떠난 후회가 한없이
밀려왔다. 상동교회에서 만난 선배 조신성[3]과 최초의 여의사가 되어 귀
국한 박에스더[4]의 새로운 삶을 바라보며 '과연 나도 선배들의 대열에 설

3　조신성(1867-1952)은 평양 진명여학교 교장으로 지냈으며, 대한애국부인회 활동을 했다. 학
　교를 운영하며 학생들의 애국정신을 고취시키는 애국계몽운동에 헌신했다. 1919년 3.1 만세
　운동이 일어났을 때, 해외에 망명한 독립지사들을 도왔고 김구, 이승만, 안창호 등의 비밀 연
　락망, 은신처를 마련해 주었다. 대한애국부인회 사건과 신민회 지도자 활동으로 평양감옥에
　6개월 투옥, 독립운동 지원 활동으로 1년 2개월 투옥되었다. 해방 이후 대한부인회 부총재로
　활동했다. 심옥주(2019), 『여성독립운동가 사전』, 한국여성독립운동연구소, 247쪽.
4　박에스더(1877-1910)는 최초 한국여성 의학도로 이화학당을 거쳐 보구여관에서 통역을 담당
　했다. 1893년 미국 유학을 떠난 뒤 1896년 볼티모어시 여자의과대학에 입학, 우등으로 졸업

수 있을까' 하는 물음을 수차례 되묻던 때, 그들의 격려는 차마리사의 삶을 변화시켰다. 선배들과 선교사의 격려는 그녀가 용기 있는 결단을 내리는 데 중요한 영향을 주었다. 남편을 일찍 여의고 교육자의 길에 들어선 조신성, 남편과 함께 미국 유학길에 올라 최초의 여의사가 되어 돌아온 박에스더는 당시 많은 여성들의 선망의 대상이었다. '최초'라는 수식어로 많은 이들로부터 주목을 받았던 여성들의 날갯짓을 바라보며 차미리사는 배움의 열의를 멈출 수가 없었다. 그렇게 유학길에 올라 상하이와 미국으로 향했다.

다만 혼자 마음에만 애를 태울 뿐이더니 마츰 엇던 친한 이의 소개로 서양사람 선교사 「홀밧트」를 알게 되매 그는 나의 뜻을 가상히 생각하고 중국소주교회에 잇는 「고」목사에게 소개하야 먼저 중국으로 가게 되엿섯다.

70이 넘은 늙은 어머니와 아버지도 업는 여섯 살 먹은 어린 딸을 다 버리고 산설고 물설은 외국으로 가는 것이 참아 인정에 못할 일이지마는 류학렬이 가슴에 탱중한 나는 그것도 저것도 다 이저 버리고 다만 교회와 조신성씨(趙信聖氏)에게 집의 일을 부탁하고 표연히 소주로 향하얏섯다(時年 23).

하고 1900년 한국 최초의 여의사가 되어 귀국했다.

1901년 선교사 헐버트와 콜리어의 소개장 한 장을 가슴에 품고 중국 상하이에 도착한 차미리사는 중서서원(中西書院)의 파커 원장을 찾아갔다. 그러나 입학은 허락되지 않았다. 영어와 중국어가 모두 부족했던 차미리사는 입학을 기다리는 동안 언어를 습득해야 했다. 그리고 그해 11월 소주의 버지니아 여학교(Virginia School)에 입학할 수 있었다. 타국에서 맞이하는 4년간의 신학공부의 시작이었다. 낯선 땅과 낯선 언어에 매달리며 고국을 그리워하는 향수에 젖을 수도 있었지만 자신을 응원했던 이들과 남겨진 가족을 생각하면 한시도 멈출 수가 없었다. 지독히도 매달렸던 학업으로 고열에 시달리면서 잠시 쉴 수 있었지만 회복된 뒤에는 청각장애에 시달려야만 했다. 고국을 떠나 디딘 첫걸음이 가혹하리만치 힘겨웠던 날을 뒤로 하고 교육과정을 수료한 뒤, 차미리사는 미국 유학길에 오를 수 있었다.

소주에 가서는 신학교에 입학하야 약 4년간을 신학전공을 하얏섯는데 공부에 넘우 렬심한 까닭이든지 격렬한 뇌신경병에 걸니여서 어러 달 동안 신음하얏섯다. 지금에 나의 귀가 어두워서 신문이나 잡지 귀자의 붓끗에 조롱을 닷다금 밧게 된 것도 그 때에 생긴 병이다. 그 뒤에 미주(米洲)에 가서 잇기는 약 9개년 동안이엿는데 거긔서도 공부한 것은 역시 신학이오, 거긔에 가게 된 것도 역시 교회의 일로 가게 된 것이엿다.

차미리사의 일생 가운데 배화여학교 생활과 조선여자교육회 활동이 많은 관심을 받고 있다. 하지만 필자는 그녀가 1912년 국내로 귀국한 뒤 활발한 활동을 하게 된 원동력으로 미주 지역 유학생활에 주목한다. 그녀는 당시 미주 지역 여성 인재 유학의 1세대였던 차미리사의 유학과정은 앞으로 관심을 가져야 하는 부분이다. 또한 해외 유학을 간 다른 여성과 달리 그녀는 현장의 소리에 주목했다. 그녀는 1905년 10월경 샌프란시스코에 도착한 뒤 1912년까지 미국에서 8년간 머물렀다. 차미리사가 만난 김우제, 변창수, 이병호, 서택원, 방사겸 등은 교육구국운동단체 '대동교육회' 창립의 주역으로 조국을 돕기 위해 실질적인 활동이 필요하다고 공감한 인물들이었다.

> 내가 미주(米洲)에 잇슬 때에는 공부보다도 사회의 일에 비교덕 만흔 활동을 하엿섯다. 혹은 국민회(國民會) 혹은 신문사 혹은 부인회, 기타 각 방면으로 거긔에 잇는 여러 동지들과 가티 일을 하얏섯다. 지금 여긔에서 자서한 말을 발표할 자유가 업슴으로 성약하지마는 그때에는 그래도 자유가 만흔 까닭에 우리의 활동도 다소 볼만한 일이 만헛섯다.

차미리사가 관여한 대동교육회는 대동사상을 중심으로 하되 대한제국 황실과 군주의 통치권 보전을 강조한 자국보호를 우선시했다. 특히 창립된 시기인 1905년 11월 을사조약이 체결되어 조선은 외교권이 박탈당하는 수모를 겪고 있었기 때문에 나라를 구하기 위한 교육운동이 매주 중요하다는 공감이 컸다. 그래서 관련 소식을 신문으로 발간하고 서적으로 출간하여 자국의 상황을 국내외 동포들이 공유하도록 했다. 국권이

상실될지도 모르는 긴박한 시기에 차
미리사는 학업에 열중할 수가 없었고,
결국 현장으로 뛰어들었다.

1907년 항일독립단체 '대동보국회'
의 발기인으로 참여한 뒤, 한인 여성
들의 힘을 키워야 한다고 보고 자립적
인 여성의 방향을 모색하기 시작했다.
비록 타국이지만 한인 여성들이 할 수
있는 일에 대해 고민했다. 직업을 알
선했고 성경과 영어, 재봉, 바느질을

___ 상항부인회 관련 기사(1911.3.15)

가르쳐 자립적인 여성의 모습을 찾도록 도와주었다. 그로 인해 여성 스
스로가 고국을 향해 독립운동을 할 수 있도록 환경기반 조성에 힘썼다.
그 결과 1908년 5월 27일 샌프란시스코에서 '한국부인회'가 발족되었고
차미리사는 회장으로 선임되었다.

'한국부인회'는 최초의 재미한인 여성단체이다. 『공립신보』 1908년
5월 27일 자 기사에 의하면 한국 부인들이 부인회를 조직했고 회장은 '밀
리사 김 부인'이라고 언급하고 있다. 김 부인 외에도 많은 여성들이 참여
하였고 '도덕을 숭상하며 자선 사업에 힘써 여성 사회를 활성화할 것'을
목적으로 앞세웠다. 주요 활동은 한국인 자녀 교육과 교회사업 후원, 동
포 간의 친목을 도모하는 것이었다. 이후 '한국부인회'는 1919년 8월 5일
'대한여자애국단' 조직의 토대가 되었다.

1919년 5월 18일 새크라멘토 한인부인회와 다뉴바 신한부인회의 연합

발기로 미주의 부인회가 힘을 합쳐 조국광복에 대한 부녀자들의 운동을 강화하자는 취지로 통고문이 발표되었다. 각 지방 부인회 대표가 모여 합동 결의하여 설립된 것이 '대한여자애국단'이라고 볼 때, 한국부인회는 그 신호탄을 쏜 것이었다. 차미리사의 미주 활동은 샌프란시스코뿐만 아니라 하와이, LA 등으로 이어지면서 많은 독립운동가와 교류하였고 국내 상황을 주시했다. 그와 동시에 1910년에는 미주리주 스캐리트 대학교(Scarritt College)에서 신학 공부에 다시 집중하여 캔자스주 더스칼 대학교 신학과를 마친 뒤 1912년 귀국했다.

4. 배화여학교, 조선여자교육회, 그리고 근화여학교 설립까지

중국으로 유학을 떠나던 날, 외국 상선의 석탄광 속에 숨어 몸을 뉜 차미리사의 손에는 여비 25원이 쥐어 있었다. 남궁억과 오인택의 도움으로 여비를 마련하고 선교사 헐버트와 콜리어의 소개장을 받아들고 있었지만 뱃삯 8원이 없어서 상선 맨 아래 석탄을 실은 칸에 머물러야 했다. 그때 여비 마련에 도움을 주었던 남궁억과의 인연은 차미리사가 유학을 마친 뒤 남궁억이 있는 배화여학교에서 교편을 잡은 것으로 이어졌다. 배화여학교에서 차미리사는 1917년 8월부터 1920년 3월까지 여성 교육에 적극 헌신했다.

몸은 그와 가티 약하야지고 경술년(庚戌年)에 소위 한일합방이 된 이후에는 외국에 가서 잇느니보다는 찰아리 고국에 도라와서 여러 동지들과 손을 잡고 직접으로 사회의 일도 하며 청년 녀성들을 교육식히여서 우리의 실력을 양성하는 것이 무엇보다도 필요하다하고 그 히애 돌연히 귀국하얏섯다.

1909년 5월 5일 자 『황성신문』에는 고종황제가 최초의 여성 유학생인 윤정원, 박에스더, 하란사에게 연회를 베푼 내용이 기사화되었다. 이들의 귀국을 부러워했던 차미리사는 3년 뒤인 1912년 중국과 미국에서 유학을 한 뒤 귀국해서 배화학당

—— 『황성신문』(1909.05.05.).

교실 문을 열고 들어선 것이다. 또각거리는 구두에 강단 있는 모습으로 학생들의 독립의식을 고취시켰던 그녀의 활동은 이후 많은 여학생의 선망의 대상이 되었고, 배화 학생이 졸업한 뒤 독립운동에 참여하는 여성독립운동가로 성장하는 데 영향을 주었다.

나도 특별히 한일은 업섯스나 만흔 노력을 한 것은 사실이엿다. 몸은 약하고 일은 만헛든 관계로 소주에서 생긴 뇌신경병(腦神經病)은 더욱 격렬하야 일시에는 뇌일혈(腦溢血)까지 생기여서 정신을 상실한 위험한

일도 잇섯다. 그 병은 나의 종신지질이라 하여도 과언이 아니다. 지금
에도 몸이 약하든지 모슨 생각을 만히 하면 머리가 압푸고 귀가 더 어
두워서 정신을 차릴 수가 업다.

차미리사는 여성교육과 여성독립운동의 선각자 대열에 섰던 인물이
다. 주체적인 여성의식 변화를 주도하며, 능력 있는 활동가의 모습을 몸
소 보여 주었다. 활동하는 순간순간마다 유학 시절의 후유증이 그녀를
압박했지만, 그럼에도 불구하고 여성교육과 애국계몽의 불씨는 멈출 수
가 없었다. 배화학당에서 차미리사가 맡은 교과목은 성경과 영어였다.
그녀가 교육과정에서 중점을 둔 것은 학생들의 사고방식을 개선하고 독
립의식을 고취시키는 것이었다. 기숙사 사감으로 학생들에게 "우리의
생활을 우리가 개선해 나가자", "미신을 버려라"라며 학생들의 사고 개선
과 생활 개선을 주도해 나갔다. 근대적인 여성교육은 외적인 모방이 아
닌 의식 변화를 통해 교양 있고 능력 있는 여성으로 성장하는 것이라고
보았기 때문에 차미리사의 교육은 실제적인 여성의식 교육에 메시지를
던졌다고 볼 수 있다.

차미리사가 부임한 전후 배화학당의 교육 과정과 학생 수, 교육 환경
은 변화가 많았다. 1910년부터 배화학당의 교육과정은 6년의 보통과와
준비 과정을 거쳐 고등과 3년 과정으로 이어졌는데, 1910년에 등록 학생
수는 총 82명으로 12명은 매일 출석하고 있었다. 다음 해는 학생들의 위
생과 건강을 고려해서 기숙사 학생으로 41명이 배정되었다. 1912년에는
등록 학생이 86명에 46명이 기숙 학생으로 배정되는 등 배화학당은 점차

_____ 배화학당 누하동 교사(1913)

_____ 배화학당 졸업식(1913)에 참석한 차미리사(앞 줄 왼쪽에서 두 번째).

배화학당 고등과 3년 교과 과정[5]

고등과 1학년	고등과 2학년	고등과 3학년
신구약 성경, 산수, 작문, 한국과 중국역사(한문), 세계, 지리(한문), 영어, 생리학, 성경요해	산수와 대수학(Algebra), 세계지리와 역사, 고대와 중세역사(영어) 생리학, 음악	대수학(영어), 작문 고등지리, 중세와 근대사, 물리와 식물학 기타: 음악, 체육, 자수, 가사, 뜨개질과 요리

체계를 갖추어 나갔다.

고등과 제2회 졸업식이 진행되었던 1913년 4월에는 전 학생들이 '쓰개치마'를 입고 봄 소풍에 나섰는데 쓰개치마의 긴 행렬이 진풍경이 아닐 수 없었다. 차미리사는 배화학당 교사를 하는 과정에 학교 밖 교육 현장에도 관심을 가졌다. 늦은 밤이면 교회와 야학당을 찾아 여성계몽운동에 헌신했다.

---

5 성백걸(1999), 『배화백년사』, 배화학원, 159-160쪽.

처음의 생각에는 조선 13도를 방방곡곡 도라다니며 구경도 하고 동지들도 만히 모화 무슨 사업을 하랴고 하엿섯더니 교회에서 나를 뭇잡고 또 배화녀학교의 일을 맛터보라고 함으로 그 역 저버리지 못하야 그 학교에서 교편을 잡은 것이 그럭저럭 10개 성상을 보내게 되엿섯다.

또각거리는 높은 구두에 한눈에 눈길이 가는 옷을 입은 여성이 단상에 올라 외치는 소리에 많은 이들은 주목했고 그렇게 차미리사의 외침을 듣는 학생, 부인, 여자아이들은 저녁이면 그녀를 보기 위해 모여들었다. 『매일신보』 1921년 6월 16일 자 기사에서는 다음과 같은 표현으로 활동적인 그녀를 묘사했다.

검은 두루마기와 같은 옷을 입고 검양빛 치마를 차랑차랑하게 걸쳤는데 뒤에는 열칠팔세 남직한 여자들이 따르는 것을 보건데 어느 학교에 중한 책임을 가진 부인인 듯하고, 활발한 그의 동작은 보잘것없는 여자계의 깨우침을 재촉하려고 북을 울리면서 앞서가는 듯도 하며….

긔미년에 ○○운동이 이러나 뉘로 나는 무슨 총동이 잇섯든지 구가뎡의 부인들도 한번 가르처 보앗스면 하는 생각이 나서 거긔에 대한 결심을 하고 다년간 정드럿든 배화학교를 사퇴하고 새문안 염정동례배당의 디하실을 비러 가지고 부인야학을 설시 하얏스니 이것이 곧 오늘날 근화녀학교의 전신이다. 그와 동시에 여러 부인 동지들과 또 조선녀자교육협회를 조직하야 혹은 서울로 혹은 디장으로 도라다니며 순화녀학교의 긔초를 확립하게 되엿다.

차미리사의 학교 안팎 헌신은 1919년 3.1 만세운동이 전개되면서 더욱 주목받았다. 3.1 만세운동 1주년에 준비된 배화학당 학생들의 만세 참여가 주목을 받았고, 배후에 기숙사 사감 차미리사가 있다고 지목되면서 그녀의 활동은 제약을 받게 되었다. 결국 1920년 3월 차미리사는 배화학당 사감 자리를 내려놓게 되었지만 차미리사의 애국계몽활동은 현장 속에 파고들며 실천되었다. 1920년 3월 조선여자교육회가 창립된 뒤 여성야학과 전국 순회강연을 통해서 여성개조의 소리는 전국적으로 퍼져 갔다. 순회강연단은 차미리사, 이은, 백옥복, 허정자(허정숙), 김순복, 김은수 등 여성으로 구성된 여성의식 개혁 강연단이었다. 1921년 7월 9일 서울을 시작으로 84일 동안 67곳을 1만 여 리를 순회하면서 차미리사는 지역 여성들을 만나고 토론과 강연을 이어 나갔다.

교회 예배당, 학교 강당, 청년회관, 극장 등 전국 각지에서 순회강연단의 소식은 이어졌고 여성의식 개혁의 목소리는 높아져 갔다. 그렇게 진행되었던 순회강연단의 피와 땀은 다시 교육 현장으로 돌아왔다. 차미리사가 힘을 쏟았던 야학 현장은 1921년 10월 정식 교육기관인 '근화학교'로 창립되었다. 근화학교는 교육으로부터 소외되고 교육을 받을 기회가 없었던 여자아이, 부인들의 향학열(向學熱)의 불을 지핀 근화학교는 무궁화학교의 의미를 담고 있었다.

현재 청진동에 잇는 여자교육협회의 소유가옥은 가격으로 말하면 몇

천원어치에 불과하지마는 그것은 서양사람의 돈이나 긔타 외국사람의 돈이라고는 한푼도 석기지 안코 순연한 우리 조선사람의 뜨거운 사랑과 땀과 피의 결정으로 생긴 것이다. 그것은 우리 여자교육협회 또는 우리 근화녀학교의 한 긔초재산이다. 이 압흐로도 일반사회에서 만흔 동정과 후원이 잇기를 희망한다.

3.1 만세운동 이후 여성교육에 대한 관심은 더욱 높아졌고 그에 따라 사회를 향한 여성의 목소리도 한층 높아지고 있었다. 1922년 2월 '조선여자기독교청년회(YWCA)' 발기 모임에 차미리사는 위원으로 참여하고 근우회 창립에도 적극 뛰어들었다. 1938년 근화학교는 일제의 압력으로 '덕성여자실업학교'로 개명되었고, 1940년에는 교장직에서도 물러났다. '덕성여자실업학교'가 바로 지금의 덕성여대이다.

세월이란 참으로 빠른 것이다. 청춘의 홍안이 어제와 가튼데 어언간 벌서 51세가 되야 두 귀밋해는 백발이 성성하게 되엿다. 지금에 잇서서 녯일을 생각하니 실로 감개무량하다. 꼿이 떨어지고 물이 흘러가는 50여 년간에 이 세상은 과연 얼마나 변천이 되엿스며 나의 한 사업은 과연 무엇인가. 왕사는 말할 것도 업거니와 압흐로는 우리 조선사람에게 광명의 길이 열니여 날로 날로 행복스러운 일이 생기기만 희망하고 나도 최후까지 여자교육에 힘을 써서 우리 사회에 한 도움이 될가 한다. 이것이 소위 백수한산에 심불로[白首寒山心不老]라 할는지.

5. 차미리사의 평생 일대한사(一代恨事)

"살되, 네 생명을 살아라. 생각하되, 네 생각으로 하여라. 알되, 네가
    깨달아 알아라."

여성교육에 한 획을 그은 차미리사는 주체적인 삶을 산 여성 지도자였
다. 현장의 소리를 듣고, 교육을 통해 의식을 변화시키고 실천에 힘쓰는
여성 인재를 양성하는 데 일생을 바쳤다고 해도 과언이 아니다. 그런 그
녀의 삶에 드리운 아픈 그림자는 바로 어린 딸을 찾지 못한 어머니였다
는 사실이다. 유학을 떠난 이후 생사조차 알지 못하는 딸을 찾기 위해 백
방으로 수소문했지만 생을 마감하는 날까지 딸을 향한 마음의 그림자는
가슴에 품을 수밖에 없었다. 어린 딸에 대한 아픈 마음은 교육 현장을 통
해 승화되었다. 어쩌면 차미리사는 소외되고 어려웠던 한국여성의 삶을
변화시키기 위해 자신을 던지면서도 그녀의 활동이 딸에게 닿기를 바라
는 마음이지 않았을까. 차미리사의 아픈 개인사는 그녀가 남긴 「나의 역
사 ― 회고록」을 통해 가늠해 볼 뿐이다.

  그 시대 여성이 감당해야 했던 선택, 아픔, 그 가운데 비범한 그녀의
삶의 자세가 우리에게 주는 여운이 크다. 여성 지도자로 주목받았던 차
미리사, 하지만 어머니로서 평생 일대한사. 소회를 글로 남겼던 차미리
사의 모습이 바로 그 시대 여성, 딸, 어머니의 모습과 닿아 있지 않았을

까 하는 생각으로 그녀의 글을 소개하며 이 장을 마무리한다.

내가 미주에 가서 잇슬 때에 칠십로모의 도라가신는 것을 림종 못한
것도 평생에 유한이 되는 일이지마는 그보다도 더 가슴에 매치고 쓰린
것은 본국 떠나 갈 때에 두고간 여섯 살 먹은 딸의 소식을 알지 못하는
그것이다. 그 자식이 그 뒤에 죽고 말엇는지 혹은 살아서 이 세상에 잇
는 것을 내가 잘 알지 못하는지 아즉 의혹을 풀지 못하얏다.
내가 미주에 가든 그 해 가을에 모친의 편지를 본즉 그 아희가 놀너 나
갓다가 행위불명이 되었다는 말이 잇섯다. 그러나 그때에는 공부에 잠
심을 하는 까닭에 그저 심상히만 생각하고 또 일어버렷더라도 그동안
차젓거니만 이덧더니 급기야 귀국하야 본즉 가족이라고는 다각처로
허터저서 엇지 되엿는지 알 수가 업고 딸의 소식도 물어볼 곳이 업섯
다. 그리하야 디방 각교인과 선교사들이 래왕할 때이면 딸을 좀 차저
달나고 부탁도 하고 신문(『매일신보』)에다 고아고까지 하얏섯다.
1년이면 차저 오는 갓자(假)딸도 몇 사람인지 알 수 업섯고 내가 차저
가본 갓자딸도 몃인지 알 수 업섯다. 성(性)만 비슷하야도 가보고 조실
부모하얏다는 여자만 보아도 유심히 살피엿섯다. 그러나 한 사람도 내
가 미들만한 사람은 보지를 못하얏다. 그러다가 한 10여년 전에 엇더
한 이가 말하기를 황토현 서씨(黃土峴徐氏)집에 여자하나이 잇는데 분명
한 나의 딸이라고 하얏섯다. 그리하야 나는 백사를 제지하고 차저가서
본즉 던형(典形)은 도모지 알 수가 업섯다. 다만 어렷슬 때에 보든 우두
자리와 수가마 우에 험(險)이 잇는 것이 부합할 뿐이다.

그 여자에게 그 집에 가서 섯지된 래녁을 물은 즉 자귀도 역시 알지 못하고 다만 이웃사람의 말을 드른즉 자긔의 본성 김씨요 서씨가 아니고 아명(兒名)도 ○○이라고 할 뿐이요 생년월일도 또한 모른다. 모녀가 다 증거가 확실치 못한 즉 피차에 엇더하다고 말을 할 수 잇스리오. 가슴만 더 답답하고 섭섭만 더 할 뿐이엿섯다. 그러나 그 뒤로부터는 그 여자도 어미집이라고 각금 차저오고 나도 다른 사람과는 달니 생각하엿섯다. 그러다가 기미년(己未年) 소난통에 그는 또한 어듸로 갓는지 아주 소식도 알지 못하게 되엿섯다. 항상 궁금하든 차에 재재 작년 부업공진회 때에 그는 서울을 오게 되야 서로 맛낫섯는데 그동안 박인국(朴仁國)이라 하는 청년과 결혼을 하야 진남포에 가서 사는 데 벌서 아들까지 낫다고 한다. 근일에 사위되는 박씨가 차저까지 왓다 갓섯다. 아~ 인간의 일은 참으로 알 수가 업다.

내가 나흔 자식이라도 내가 참으로 알 수가 업다. 그 여자가 과연 나의 딸인가 또는 아닌가 생각할사록 가슴만 답답하다. 평소에는 과히 그러한 줄을 모르지마는 밤이 고요하든지 몸이 좀 압프든지하야 혼자 누엇슬때에는 여러 가지의 생각이 머리 우해서 돌 뿐이다.

어윤희,

개성 3.1 만세운동에 앞장서다

김형목
(사)선인역사문화연구소 연구이사

어윤희(魚允姬, 1880~1961)

—

개성 3.1 만세운동의 도화선이 되다

1. 개성 3.1 만세운동 주역으로 우뚝서다

2019년 대한민국은 3.1 만세운동, 대한민국 임시정부 수립, 의열단 창단 100돌을 맞이했다. 을사늑약 이후 경술국치로 대한제국은 역사의 뒤안길로 사라졌다. '창살 없는 감옥'과 같은 암울한 상황에서도 선조들은 조국 독립이라는 희망을 한순간도 저버리지 않았다. 세계정세 변화를 주시하던 한민족은 1919년 3월 1일 남녀노소를 불문하고 모두 일어나 식민지배에 맞서 맹렬한 독립 만세운동에 나섰다. 만세운동은 순식간에 국내는 물론, 국외 한인사회로 파급되어 한민족의 독립의지를 세계만방에 알리는 신호탄이 되었다.

중국 상하이에 모여든 독립운동가들은 4월 11일에 대한민국 임시정부를 수립했다. 임시헌장 제1조는 "대한민국은 민주공화제로 한다"라고 밝혔다. 만민평등에 입각한 국민국가 수립을 알린 것이다. 이제 한국인은 나라를 잃은 망국인이 아니라 스스로 국가주권을 이야기하는 '자기정권'을 수립하게 이르렀다. 전제왕권이 지배하는 '백성이나 신민'이 아니라 근대국가의 당당한 '국민'이 탄생하는 역사적인 순간을 맞았다. 아울러한민족의 자주독립과 민주주의에 대한 열망도 만천하에 알리는 결정적인 계기였다.

의열투쟁 등 다양한 독립운동 방략은 보다 효과적인 대일항쟁을 위한 일환이었다. 이러한 변화를 추동한 결정적인 요인은 바로 3.1 만세운동에서 비롯되었다. 그래서 흔히 3.1 만세운동은 민족해방운동사에서 '분수령적'인 의미를 지닌다고 평가한다. 3.1 만세운동은 거대한 민족운동으로 발전시킨 원동력은 바로 남녀노소 누구나 동등하게 국민이 된 의무를 담당해야 한다는 평등의식이었다. 이러한 의식 변화는 3.1 만세운동의 거대한 흐름에 적극적으로 참여하는 것으로 가능할 수 있었다.

서울과 평양, 정주, 원산 등지를 기점으로 삽시간에 거국적으로 전개되었던 3.1 만세운동은 시위 과정에서 남녀가 함께 움직였다. 참여를 통한 일체화와 대중화는 소통으로 한민족이라는 운명공동체의 중요성을 일깨우는 생활 현장이었다. 특히 개성에서는 남성들이 용기가 없어 망설이고 있을 때 여성의 몸으로 직접 만세 시위를 이끌어낸 전도사 어윤희가 있었다. 그녀는 독립운동사에서 개성 지역의 자존심을 살린 선각자로서 자리매김하기에 충분한 '여걸 중 여걸'이었다.

어윤희는 일제강점기 독립투쟁과 여성 지위 향상에 누구보다 고민하면서 실천에 주저하지 않았다. 정든 고향을 떠나 부평초와 같은 생활을 하다가 개성에서의 정착 생활은 기독교인으로서 새로운 인생항로를 알리는 신호탄이었다. 이전의 불행한 자신의 여건을 극복하고 신앙과 근대교육 수혜로 민족 문제와 여성 문제에 대해 눈을 돌리기 시작했다. 희생정신과 이타적인 삶은 개성 지역을 대표하는 선각자로서 성장하는 든든한 밑거름이었다.

3.1 만세운동 이전에 개성 시내에 전달된 독립선언서를 배포함으로써, 3.1 만세운동은 사실상 그녀에 의해 시작되었다고 해도 과언이 아니다. 주동자로 일제 경찰에 끌려가 상상을 초월한 고문을 받았으나 전혀 흔들리지 않았다. 서대문형무소 여감옥사 8호방에서는 유관순을 비롯한 권애라, 신관빈, 심명철, 임명애, 김향화, 노선경 등과 함께 성탄절과 3.1 만세운동 1주년 기념 옥중투쟁을 맹렬하게 전개했다. 이에 대한 일제의 보복은 너무나 가혹했다.

출옥 이후에는 국외 무장세력의 국내 근거지를 제공하는 등 독립을 향한 열정도 더욱 활화산처럼 타올랐다. '개성여자교육회'를 조직하고 그곳에서 활동하면서 '근우회(槿友會)'의 개성지회 결성에도 앞장섰다. 여성개조론에 입각한 다양한 활동은 여권의식을 신장시키는 지름길로 인식되었다. 그래서 여성계몽과 근대교육을 통한 여성해방과 민족독립의 선각자라는 평가 역시 정당하다. 근우회 해소 이후 고아원 운영은 진정한 이타적인 삶이 무엇인지를 그대로 보여 준다. 시대적인 제약에도 흔들리지 않는 가열찬 인생항로는 우리에게 신선한 '자극제'임이 분명하다. 어윤희의 인생 역정에 주목하고 곱씹어 보아야 하는 이유도 여기에 있다.

2. 가시밭길 운명을 스스로 개척하다

어윤희는 1880년 6월 20일 충북 충주군 소태면 덕은리 산골에서 어현

중의 무남독녀로 태어났다. 부모님의 사랑을 독차지하는 기쁨으로 충만한 나날이었으리라. 특히 아버지는 당시로서 보기 드물게 여성 인권을 존중할 만큼 개방적이었다. 9살 때에는 아버지로부터 『천자문』을 배우기 시작하여 『대학』까지 배웠다는 사실은 의미하는 바가 적지 않다. 한문 공부는 훗날 자신이 스스로 운명을 개척하는 정신적인 유산이나 마찬가지였다. 아버지는 사랑하는 딸에게 "말은 충성되고 미쁘게, 행실은 착실하게 남을 공경하라[言忠信 行篤敬]"며 인간다운 삶을 강조했다. 이는 어린 소녀 가슴에 깊은 여운을 주었고 평생의 좌우명이 되었다.

행복한 생활을 향한 소망과 달리 12살에 어머니를 여의고 아버지와 함께 살아야 하는 운명이었다. 외로움과 허전함이 종종 밀물처럼 다가왔다. 아버지의 뜻에 따라 1894년 16세에 결혼했다. 당시 갑오농민전쟁과 청일전쟁 발발로 국가적인 위기는 고조되고 있었다. 행복하리라는 신혼의 단꿈은 그리 오래가지 않았다. 결혼한 지 3일 만에 남편은 농민군이 되어 집을 훌쩍 떠나 홑몸 신세가 되었다. 남편은 전투 중 곧바로 전사했다는 소식이 전해졌다. 이후 시댁을 떠나 친정으로 돌아와 아버지와 살던 중 1897년 아버지마저 세상을 떠났다. 천애의 고아이자 청상과부로 '버림받은' 존재가 되고 말았다.

삶에 대한 허무와 자신이 처한 현실은 불안함으로 다가왔다. 정든 고향을 떠나 황해도 평산, 해주 등지를 전전하다가 나이 서른에 개성에 겨우 정착하였다. 이는 시댁이나 친정에서도 안착할 수 없었던 경제적인 곤궁함과 무관하지 않았다. 젊은 여인이 12-13년을 객지에서 생활한 사실은 생계 문제가 가장 커다란 현실적인 문제였으리라 쉽게 짐작된다.

1909년부터 시작된 개성에서 삶은 새로운 인생항로가 열리는 순간이었다. 북부교회 예배에 참석하였다가 정춘수 전도사의 설교를 듣고 감명을 받아 개신교에 입문하였다. 신앙생활은 방랑하던 가냘픈 여인에게 위로와 더불어 평온함을 안겨 주었다. 어려서 배운 한학은 개신교인으로서 민족 문제를 고민하고 실천하려는 의지를 북돋우는 든든한 동반자였다. 이어 미국 선교사 갬블에게 세례를 받았다. 갬블은 미국 남감리교회의 목사와 교육가로서 1908년 내한하여 개성북부교회와 강원도 춘천 등지에서 전도에 매우 열성적인 인물이었다.

갬블의 추천으로 미리흠여학교에 입학할 수 있었다. 이 학교는 1906년 개성 지역 선교를 위하여 세운 여학교이다. 이곳 선교 사업도 다른 지역과 마찬가지로 교육 활동과 의료 활동에 집중되었다. 교육 활동은 한영서원, 송도보통학교와 호수돈여학교, 미리흠여학교, 송계학당 등을 중심으로 전개되었다. 과부나 가정부인들을 교육할 목적으로 가숙(家塾)에서 시작하여 미리흠여학교로 발전하였다. 교세 확장에 따라 호수돈여학교와 더불어 개성 지역을 대표하는 여성교육기관으로서 자리매김하기에 이르렀다.

을사늑약 이후 일제 식민지화에 대한 위기의식은 교육·계몽운동 활성화로 귀결되었다. 계몽운동가들은 민족의 절반을 차지하는 여성교육 문제에 많은 관심을 표명하면서 여학교를 설립했다. 근대교육 수혜를 받은 신여성들도 사회 활동과 아울러 민족의식이나 국가관 등을 새롭게 인식하는 분위기였다. 다만 종교계에서 세운 여학교는 성경과 일반 상식, 제봉, 자수 등과 같은 실용적인 내용을 중심으로 가르쳤다. 이러한 분위기와 맞물려 어윤희도 성경과 일반 상식인 한글, 일본어, 영어, 한문, 이과(理科), 지리, 위생, 습자(習字), 수신(修身), 음악 등을 교육받았다. 재학 중인 1910년 8월에는 국권이 강탈되었다는 소식을 듣고 자살하려는 생각마저 했다. 문득 기도하다가 죽음으로 고통을 잊는 것보다는 미력하나마 조국 독립에 헌신하기로 마음을 다잡았다. 이에 자신이 처한 상황을 되돌아보고 미래를 어떻게 살아갈지 곰곰이 생각하였다.

재학 시절부터 개성동부교회 부속학교 교사로서 활동하는 등 이미 여성교육에 관심을 갖고 교사로서 활동한 어윤희는 미리흠여학교를 졸업한 후 호수돈여학교에 입학하여 1915년 36살이라는 늦깎이 나이로 졸업하였다. 어윤희는 교육 활동을 하면서 조국 독립에 헌신하는 여성을 양성하는 데 많은 관심을 가졌다.

한편 여성교육이 개성 지역에 점진적으로 보급되는 가운데 청상과부 김정혜(원래 성은 양씨)는 여선교사의 사회·교육 활동에 크게 자극을 받았다. 30대 후반에 기독교에서 운영하던 송계학당을 인수하여 과부와 불우한 처지에 있는 부인들을 모아 직접 가르치기 시작하였다.[1] 선교사 강연에 크게 감화를 받고 즉석에서 신자가 되어 '미세스 김정혜'로 대변신했다. 한국 사회에서 성씨를 바꾼다는 것은 천지개벽과 같은 일이었으나 주저하지 않았다. 자신의 집을 교실로 삼아 정화학당(정화여학교의 전신)을 개교하였다. 정화는 자신의 인생관인 정숙(貞淑)과 온화(溫和)를 상징한

---

1 P생(1918),「開城財團法人私立貞和女學校主 金貞蕙女史의 前半生」,『반도시론』2권 7호, 반도시론사, 49-51쪽.

다. 이는 교훈인 동시에 현숙한 여성으로서의 성장을 바라는 의도였다.

　인습의 굴레에서 벗어나는 지름길은 근대교육임을 강조하면서 가가호호 방문한 결과로 여학생은 70여 명으로 급증하였다. 이제 그녀는 개성 지역을 대표하는 육영사업가로서 전국적인 주목을 받기 시작했다. 서울 진명여학교 총교사인 여메례황(일명 황여메례, 양여메례, 여메례)을 초빙하여 여성교육의 중요성을 일깨우는 강연회도 개최했다. 이렇게 여성교육이 한국인에 의하여 개성에서 본격적인 깃발을 올렸다.[2] 강연회장은 입추(立錐)의 여지가 없을 만큼 인산인해를 이룬 대성황이었다. 강연 주제는 〈여자교육의 필요〉였다. 이에 공감한 유지 부인들은 자발적으로 의연금 모금에 나섰다. 한편 김정혜의 교육 활동은 어윤희에게 여성교육의 중요성을 다시 한번 확인하는 긴급한 현안으로 다가왔다. 동시에 주체적 여성으로서 자각과 아울러 조국광복을 위해 자신의 역량을 어떻게 다져나가야 할지 방향도 모색하는 계기가 되었다.

　개성 지역은 비교적 일찍부터 여성교육이 실시되는 등 문명사회 건설을 위한 열정이 대단하였다. 그럼에도 여성에 대한 인식은 전통적인 가치관에서 크게 벗어나지 못한 완고한 지역이었다.

> 완고지대일 뿐만 아니라 가족제도가 너무나 엄격하고 또 아직도 부인 자체가 교육과 훈련 부족이라는 이보다 전무한 만큼 남자와 동일선상에 서기까지는 아직도 아득하다 할 것이다. 개성 여자들은 아직도 '쏠치마'

2　김형목(2015), 「여메례, 기구한 운명을 스스로 개척하다」, 『관보』 9월호, 독립기념관.

를 완전히 던져버리지 못하였음은 물론 구도덕과 인습에 눌려 머리를 들 생각조차 염두에도 갖지를 못하였다 하여도 과언이 않을 것이다.

1930년경에도 이러한 분위기였으나 3.1 만세운동 이전 상황은 충분히 짐작되고 남는다. 한편 일제의 무단통치하에도 한영서원과 호수돈여학교를 중심으로 애국창가운동을 전개하고 상인들은 일화배척운동에 앞장섰다. 항일의식이나 배일의식은 다른 어떤 지역보다 강한 지역이었다.

3. 소통으로 교회 공동체를 일구어 내다

미국 남감리회 전도사업의 중요한 근거지이자 중심지는 바로 개성북부교회였다. 이곳은 정춘수를 비롯하여 오화영, 신석구 등 이른바 민족대표 33명 중 3명을 배출하였다. 이들이 이곳을 중심으로 활동하던 당시 어윤희는 세례를 받고 미리흠여학교와 호수돈여학교에서 근대교육을 받았다. 오화영 목사는 1909년 개성 서(西)구역과 개성북부교회에서 전도사로 활동하다가 원산으로 전임한 후 3.1 만세운동 당시 개성 지역 연락을 담당했다. 전도부인(傳道夫人)과 여성지도자 교육에 남다른 관심을 가진 목사로 이러한 활동은 어윤희에게 많은 영향을 주었을 것이다.

신석구는 구국의 방도를 찾아 감리교에 입교한 이후 동향인 정춘수를 만나 활동 근거지를 개성북부교회로 옮겼다. 그는 종교를 개인적인 신앙이 아니라 국민계몽의 지름길이자 국권회복을 위한 방도로 인식하였다.

종교는 그에게 독립운동을 실천하는 방도로 인식하는 동시에 이를 실천하는 등 개성북부교회 교인들에게 민족의식을 일깨웠다. 이는 개성 3.1만세운동을 주도한 인물들이 개성북부교회와 관련된 인물이거나 거기서 수학한 학생이라는 사실에서 엿볼 수 있다.

어윤희는 호수돈여학교를 졸업한 후 전도부인으로 전도 활동에 매진했다. 황해도 금천군 합탄면 매동교회와 인근 토산교회, 시변리교회, 구난리교회 등 농어촌 산간벽지 교회에 복음을 전파하였다. 여성교인들에게 독립정신을 고취하며 문맹퇴치에도 노력을 아끼지 않았다. 1919년에는 개성의 여자성경학원에 입학하여 기숙사 사감으로 학생들에게 자립심과 민족의식을 일깨웠다. 당시 주요 교과목은 성서 개론, 교회사와 교리, 수학, 음악, 지리학, 심리학, 한문 등이었다.

전도부인은 전도가 주된 활동이었으나 교육 활동 등을 병행하였다. 교육 활동은 성경반 운영, 사경회(查經會) 인도, 야학 강습 등으로 복음전도와 아울러 여성들의 삶을 변화시키는 역할도 수행했다. 이에 여성교인 수는 1912년 2,535명에서 이듬해 6,271명으로 급증하였다. 이는 단순한 교인 증가에 머물지 않고 민족구성원으로서 역할과 민족 문제를 새롭게 인식하는 변화로 이어졌다. 여성을 억압하는 조혼폐해나 삼종지도(三從之道)와 같은 인습이 전통적인 미덕이라는 왜곡된 주장에 대한 비판의식은 이러한 가운데 심화되었다.

어윤희도 근대교육과 신앙생활, 전도 활동으로 새로운 변화에 점차 부응하고 있었다. 전도 활동은 신앙만 전파한 것이 아니라 여성이 사회적인 주체로서 독립적인 존재임을 인식하고 실천할 수 있도록 많은 '자양

분'을 제공했다. 이와 더불어 확고한 민족의식이 교회 공동체에서 다양한 민족운동가들과 교류를 통해 이루어졌다. 3.1 만세운동 당시에 독립선언서 배포로 다른 사람이 주저할 때 과감하게 민족독립운동에 투신한 원동력이 바로 여기에서 찾아진다.

4. 개성 3.1 만세운동을 주도하다

거족적인 3.1 만세운동은 역사 무대 뒤편에서 소외되었던 집단들이 무대 전면에 나서는 계기였다. 여성들이 민족운동 주체로서 나선 결정적인 시점도 바로 만세운동 현장이었다. 근대교육을 받은 신여성이나 중등학교 여학생들은 사회적인 책무를 인식하고 이에 동참하였다. 여성들의 근대교육은 전문직업인으로서 사회 활동과 민족운동의 참여를 통한 사회구성원으로서 존재감을 부각시켰다.

여성들 활약상은 여학교 단위로 나타나는 경우가 많았다. 이에 비해 개성 지역은 여성들이 주도하는 가운데 주민들이 참여하는 다른 양상을 보여 준다. 이를 주도한 인물은 바로 어윤희와 권애라 등이었다. 반면 민족대표들은 주로 종교 교단이나 학생조직을 이용하여 지방으로의 독립운동 확산과 대중화를 모색했다. 오화영 목사는 개성 지역의 연락을 책임지고 2월 중순부터 적임자를 물색하였다. 형으로부터 요청을 받은 오은영은 협조자로서 김지환, 이경중, 이만규 등과 숙의를 거듭했다.

2월 하순, 강조원 목사는 김지환으로부터 다음과 같은 이야기를 전해

들었다. "독립운동에 대한 경성의 모양을 말하고 예배당에 다수인이 집합할 때 독립선언서를 배포하여 달라"는 요청이었다. 마침내 2월 28일 독립선언서 100부가 개성에 도착했다. 강조원은 이만규, 신공량 등과 남부예배당에 모여 배포할 방법을 논의하였다. 그는 교회에 관한 문제가 아니라 일반인에 관한 문제이므로 예배당에서 배부할 문제가 아니라고 생각했다. 더욱이 이를 배부하려 나서는 사람도 없었다. 강조원은 배부를 보류하고 전도사 신공량에게 개성북부교회 지하실 석탄 창고에 독립선언서를 감추도록 지시했다.

남성들이 망설이고 있을 때 이러한 이야기를 제일 먼저 접한 사람은 개성북부교회 부설 유치원 보모 권애라였다. 그는 독립선언서가 배부되지 않는 상황을 이상하게 생각했다. 당시 개성 지역 상황을 감지한 권애라는 신공량을 찾아가 "독립선언서가 개성에 도착했다고 들었는데 왜 배포하지 않느냐?"고 물었다. 그로부터 개성북부교회 지하실에 독립선언서가 숨겨져 있다는 사실을 알았다. 곧바로 호수돈여학교 기숙사에 있던 어윤희를 찾아가 배포할 방안을 의논하였다. 어윤희는 "그처럼 선언서를 배부할 사람이 없다면 내가 독립선언에 찬성하므로 이를 배부하는 역할을 맡겠다"고 자청했다. 예배당 지하실에 숨겨 두었던 독립선언서는 어윤희에게 전달되어 세상에 빛을 발하는 순간을 맞았다. 그는 북본정(지금의 황해북도 개성시 북안동)부터 남대문까지 이르는 길거리에서 지나가는 사람들에게 배부하였다. 이어 보따리 장사로 가장하여 인근 마을에도 독립선언서를 돌렸다.

이와는 별도로 박희도의 밀명으로 서울에서 내려온 안병숙은 호수돈여학교 학생들을 포섭하고 서울에서 진행될 독립선언식과 만세운동 계획을 알려 주었다. 조숙경, 이경지, 건명범 등은 어윤희를 찾아가 상의하였다. 3월 2일 권애라, 박마리아, 조화벽 등 졸업생과 재학생도 호수돈여학교 기도실에서 만세운동을 논의하였다. 이리하여 어윤희를 중심으로 개성 지역 만세 시위를 전개할 수 있는 인적인 관계망이 형성되었다.

어윤희는 장단 지역 전도부인으로 활동하던 신관빈과 의기투합하였다. 호수돈과 미리흠여학교 학생, 교사는 시내 여성교인들과 연락을 취했다. 여자성경학원 기숙사에서 독립선언서 인쇄와 시위 현장에서 사용할 태극기도 만들었다. 거사일은 3월 3일 오후 2시로 정했다. 그는 교인들을 동원하여 독립선언서를 배부하는 한편 호수돈여학교 여학생들의 만세 시위로 봉화를 올렸다.

이들은 기도회를 마치고 삼삼오오 대오를 이루어 거리에 나섰다. 어윤희를 선두로 시위 군중은 읍내로 행진에 돌입했다. 이들은 「찬미가」와 「독립가」를 부르며 독립만세를 외쳤다. 여학생들은 한영서원 앞을 지날 때 '가위를 꺼내 흔들며' 참여하지 않는 남학생들에게 '야유'를 보냈다. 이는 한영서원 남학생들의 참여를 견인하는 요인이었다. 시민들도 가세하여 시위군중은 1,000여 명으로 늘어났다. 이후 오후 5시경에는 소년대를 선두로 소규모 시위군중이 시가행진을 계속했다. 저녁 무렵에 2,000여 명으로 늘어난 시위군중은 남본정 경찰관 주재소에 돌을 던져 유리창을 깨뜨렸다. 당시 송도고보생 약 200명도 태극기를 앞세우고 참여하여 자정이 되어서 해산했다. 이처럼 고종 인산일로 서울은 침울하고 조용한 분위기였으나 개성 지역은 만세 함성으로 천지를 뒤흔들었다. 만세운동은 점차 농촌 지역으로 파급되는 등 격렬한 양상을 보였다.

독립선언서 배포와 독립만세운동을 주도한 어윤희는 숙소에서 식사를 하던 중 곧바로 일제 경찰에 끌려갔다. 그는 연행하려는 형사들에게 "당신들이 내 몸을 묶어 갈망정 내 마음은 못 묶어 가리라"며 당당한 태도를 보였다. 심영식

___ 서대문형무소 수형카드 속 어윤희의 모습

(세례명 심명철)은 만세운동을 탄압하는 일제 기마병에 항의하다가 현장에서 체포되었다. 그는 "내 눈이 멀었다고 마음도 먼 줄 아는가. 우리는 조국의 독립을 위한 호소로 만세를 부른 것뿐"이라며 거세게 항의했다.

유치장에는 이미 신관빈을 비롯한 교사와 여학생들이 대거 잡혀 와 있었다. 일제 경찰은 여성들을 조사 대상이 아니라 성폭력과 성희롱 대상으로 인식했다. 수치심과 공포감을 자아내는, 옷을 벗기는 심문은 보통 수준이었다. 나체로 짐승처럼 기어 다니게 하고 이를 보면서 희롱하고 폭행을 일삼다가 인두 등으로 몸을 지졌다. 저들이 요구하는 답변을 하지 않으면 상상을 초월하는 갖가지 고문을 가해 정신을 잃은 적이 한두 번이 아니었다.

서울로 압송되어 경성지방법원 검사국으로 끌려가서 조사를 받던 중 검사는 어윤희가 고분고분 대답하지 않는다고 호통을 쳤다. "저 앙큼한 것을 보아라. 저년 발가벗겨라." 이에 전혀 주눅 들지 않은 어윤희는 "내

몸에 누가 손을 대. 발가벗은 내 몸뚱이 보기가 그렇게 소원이거든 내 손으로 직접 옷을 벗겠다"며 옷을 벗었고, "자, 실컷 보시오. 당신 어머니도 나 같을 것이고, 당신 부인도 나 같을 거요"라며 소리를 지르자 검사는 당황하여 똑바로 보지 못했다고 한다.

4월 11일 '보안법 위반'으로 재판에 회부된 어윤희는 징역 1년 6개월, 신관빈은 징역 1년형을 각각 선고받았다. 권애라는 7월 8일 경성복심법원에서 징역 6개월을 확정지었다. 반면 강조원과 신공량은 징역 7개월에 집행유예 3년형을 선고받았다.

5. 서대문형무소 옥중투쟁을 전개하다

개성 3.1 만세운동 주역들은 서대문형무소 여옥사 8호방에 수감되었다. 이곳에는 3.1 만세운동의 아이콘 유관순을 비롯하여 수원 기생 김향화, 파주의 구세군 부교 임명애 등과 함께 수감되었다. 감옥에 간힌 순간부터 나라 잃은 슬픔을 직접적으로 느끼는 현실이었다. 혹독한 고문과 동시에 성적인 학대, 민족적인 멸시 등은 모멸감을 넘어 정체성마저 뒤흔들었다. "나는 누구인가?"에 대한 의문과 괴로움에 시달리는 나약한 존재가 될 수밖에 없었다.

임명애는 당시 만삭의 몸이었다. 출산을 위해 임시 출소하였다가 12월에 갓난아이를 품에 안은 채 재수감되는 운명이었다. 혹독한 겨울을 맞이하며 차디찬 감방에서 산후조리는 엄두도 내지 못하였다. 맏언니 어윤희는 어려운 여건에도 산모와 아이 건강을 위해 세심한 보살핌을 잊지 않았다. 다른 수감자들도 이들 모자를 배려하는 등 훈훈한 동지애를 발휘하였다. 어윤희는 자주 금식기도회를 하여 자신의 음식물을 동료들에게 골고루 나누어 주었다.

수감 중에도 이들은 희망의 끈을 일순간도 버리지 않았다. 무료한 시간을 달래기 위하여 전통적인 창가를 개사한 노래를 불렀다. 현재 남아 있는 창가는 모두 두 곡으로, 심명철이 생전에 아들 문수일에게 구술하였다. 두 노래는 『선죽교 피다리』(장수복, 1991)라는 소책자에 실린 바 있다. 본격적으로 대중에게 알려진 노래는 〈선죽교 피다리〉와 〈대한이 살았다〉이다.

> 진중이 일곱이 진흙색 일복 입고
> 두 무릎 꿇고 앉아 주님께 기도할 때
> 접시 두 개 콩밥덩이 창문열고 던져줄 때
> 피눈물로 기도했네 피눈물로 기도했네
> 피눈물로 기도했네
>
> — 〈선죽교 피다리〉

> 대한이 살았다 대한이 살았다
> 산천이 동하고 바다가 끓는다
> 에헤이 데헤이 에헤이 데헤이
> 대한이 살았다 대한이 살았다
>
> — 〈대한이 살았다〉

'피눈물로 기도했네'라는 부분은 너무나 참기 힘든 옥중생활을 사실적으로 보여 준다. 두 번째 창가의 가사는 전국에 확산된 3.1 만세운동의 기운을 '대한이 살았다'라는 말로 함축하여 독립을 바라는 의지와 염원을 보여 준다. 가사는 구체적으로 누가 지었는지 알 수 없으나 권애라로 추정된다. 그녀는 음악적인 재능이 아주 뛰어난 신여성이었다. 김향화는 수원을 대표하는 명창으로 김향화가 부른 창가를 듣고 권애라가 이를 시대 상황에 맞게 개작하지 않았을까.

감옥에서도 항일 투쟁은 중단되지 않고 면면이 이어졌다. 어윤희는 감옥 안 여성들에게 개신교를 전도하면서 이들을 동지로 포섭했다. 8호 방은 옥중 투쟁을 위한, 사실상 투쟁 본부나 마찬가지였다. 투옥 중인 어윤희와 이신애 등은 1919년 12월 크리스마스 전날 옥중 투쟁에 나섰다. 이들 중 유관순과 이신애는 심한 고문으로 크나큰 고통에 시달렸다.

일제의 무도한 탄압과 모진 악형에도 전혀 독립의지를 꺾을 수 없었다. 이들은 1920년 3.1 만세운동 첫돌을 맞아 옥중 투쟁이 재현되었다. 1920년 2월 말부터 어윤희 등은 '통방'이라는 비밀 연락망으로 여옥사 전체에 이러한 사실을 알렸다. 3월 1일 오후 2시 8호 감방에서 대한독립만세 소리를 신호로 감옥 안 여기저기서 만세 소리가 터져 나왔다. 유관순과 신명철은 주모자로 지목되어 심한 구타와 고문으로 만신창이가 되었다. 결국 유관순은 고문 후유증으로 9월 28일 순국하고 말았다. 어윤희는 1년 이상 투옥된 후 1920년 4월 28일 출감했다.

한편 세브란스병원 의료선교사 스코필드는 서대문형무소를 자주 찾아 수감자들과 면회한 뒤 온갖 고문과 악형 등 처절한 실상을 미국 선교

본부로 보냈다. 스코필드는 어윤희 등과의 면담에서 옥중 고난과 저항 소식에 깊은 감명을 받았고, 두 사람 사이에 '의남매'라는 인연을 맺는 등 신뢰감을 안겨 주었다. 그는 여성투사들의 옥중 수난과 투쟁 활동을 『꺼지지 않는 불꽃(*The Unquenchable Fire*)』으로 기록하는 용기를 발휘했다. 이후에도 '대한애국부인회' 사건으로 대구형무소에 수감된 김마리아 등을 면회한 후 일제의 폭력성을 알렸다.

6. 여성계몽과 여권신장에 매진하다

3.1 만세운동 이후 당황한 일제는 무단통치에서 문화정치로 식민정책 노선을 변경하였다. 이는 '민족분열'이라는 기만성을 내포하지만 합법적인 사회운동의 외연 확장으로 이어졌다. 각지에는 여자청년회가 조직되는 등 여성교육과 사회적인 존재성을 일깨우기 위한 본격적인 여성운동이 확산되는 분위기였다. 이른바 '여성개조론'에 입각한 여성운동이 본격적인 시발점을 알렸다.

조선여자교육협회는 여자야학 개설과 통속강연회를 개최하는 등 여성운동을 주도하는 대표적인 단체였다. 김정혜는 정화여학교찬무회 회장 남성혜와 총무 이은경 등과 함께 상경하여 참석하였다. 통속강연회로 끝나는 것이 아니라 상호교류에 의한 여성교육 충실을 도모하려는 작은 '실마리'를 여기에서 찾았다. 조선여자교육협회 순회강연회는 1921년 7월 9일 개성여자교육회와 충교엡윗청년회(Epworth league) 후원으로 개성북부교회에서 진행되었다. 강연을 마쳤을 때는 밤 12시경으로 대단한 성황과 아울러 50원에 달하는 의연금이 모였다. 김정혜는 스코필드 박사와 모자의 관계를 맺는 등 교육 내실화를 위한 활동에 적극적이었다. 스코필드는 여학교 운영 전반에 대한 충실한 조언을 아끼지 않았다.[3] 이는 교육 과정 등을 포함한 학교 운영에 충실하게 반영되었다.

이러한 분위기가 확산되는 가운데 1920년 7월 15일 개성의 여성들은 개성여자교육회를 만들었다. 정화여학교 교장과 같이 어윤희도 이에 적극적으로 동참하는 등 열성을 다했다. 이 단체는 여성의식을 계몽하여 여성 인격과 사상, 행동을 개조할 목적으로 조직되었다. 개성여자교육회는 조선여자교육회처럼 국권회복과 여성의 권익신장을 목표로 했다. 강연 등을 통해 여성들의 사회의식을 자각시키고 세계관을 넓혔다. 어윤희는 1929년경 개성여자교육회 회장에 취임했다.

투철한 항일 투쟁의식과 남을 배려한 희생정신은 어윤희의 여성 투쟁가로서 존재감을 알리는 계기였다. '개성의 대표적인 외교관'이라는 표현은 결코 과장이 아니었다. 수감생활은 사회적인 책무와 아울러 민족공동체로서 사명감을 절감하게 만들었다. 출옥한 후 어윤희는 개성에서 전도부인으로서 여성들 민족의식 향상과 여성교육에 힘썼다. 1920년 12월 서울 종교교회에서 개최된 제1회 남감리회 여선교대회에서 어윤희는 부회장에 피선되었다. 이는 참가한 인원이 82명인 상황 등을 고려할 때 그

---

3 김형목(2014), 「김정혜, 정화여학교 운영으로 근대여성교육을 선도하다」, 『관보』 5월호, 독립기념관.

녀의 교단 내에서 위상을 가늠할 수 있다.

1927년 여선교회는 해외선교 활동을 결정하고 각지에 파견할 때 일본으로 파송하는 선교사로 어윤희를 결정했다. 하지만 일제 당국이 불온사상가로 낙인찍어 그녀의 출국을 금지하는 바람에 다른 사람으로 변경, 파견할 수밖에 없는 상황이었다. 항상 일경의 감시와 통제를 받는 '요주의 인물'이라는 딱지가 붙어 합법적인 활동마저 여의치 않았다.

신간회의 자매단체인 근우회 개성지회 결성은 어윤희의 도움이 컸다. 근우회의 창립 이념은 여성의 공고한 단결과 지위 향상이었다. 운동 목표는 봉건적 굴레와 일제 침략으로부터의 해방이었다. 근우회는 지도부의 민족주의계(종교계), 사회주의계 여성운동가, 여학생, 직업여성 등 지식인 여성과 여성농민, 여성노동자, 전업주부에 이르기까지 각계각층 여성이 참여했다. 근우회 개성지회는 1929년 6월 15일 만들어졌다. 어윤희는 개성여자교육회의 회장직을 맡았고 이 단체를 근간으로 근우회 개성지회가 출범할 수 있었다.

광주학생운동 여파로 호수돈여학교에서도 1930년 동맹휴학이 일어났다. 경찰에 잡혀간 여학생들은 모진 형벌을 받고 석방되었으나 이미 정학 처분을 받아 등교마저 여의치 않았다. 어윤희는 이들을 집으로 데리고 가서 보살피며 독립의지를 강조하였다. 고향으로 돌아가는 여학생은 차비까지 마련하여 주는 세심한 배려를 아끼지 않았다. 이는 꿈 많은 여학생들이 장차 조국광복에 종사하라는 염원에서 비롯된 것이다. 인간에 대한 배려는 암울한 현실에도 흔들리지 않는, 내일을 밝히는 찬란한 등불이었다.

한편 그녀의 집은 독립운동가들의 은신처와 연락망으로 사용되어 여러 차례의 가택 수색을 당하기도 하였다. 어느 날 '대한의군부' 단원 이정기, 봉재룡, 백이홍 등이 군자금 모금을 위하여 개성으로 잠입한 적이 있었다. 이들은 남감리 교인으로 개성과 인연이 있었던 인물이었다. 단원들은 어윤희와 박이양의 도움으로 남감리파 기숙사에 은신하면서 개성경찰서를 습격할 계획을 세웠다. 어윤희는 수류탄 몇 개로 하는 경찰서 공격은 큰 성과를 거둘 수 없다고 강력하게 만류했다. 이들은 동지를 포섭하여 세력을 확대하다가 경찰에 발각되어 심문을 받았다. 어윤희도 조사를 받았으나 기지를 발휘하여 모두 석방되었다. 이후 봉재룡은 수양아들로 표손성경학원에 입학하여 동지들을 모았다. 백이홍과 다른 단원들도 교회 부속학교 교사로서 항일의식을 일깨우는 등 실력양성운동에 앞장섰다.

일제의 철통같고 폭압적인 식민통치하에서 무장투쟁은 무모한 방략으로 인식되고 있었다. 그럼에도 열혈 청년들에 대한 뒷바라지는 계속되었다. 봉재룡은 민족교육과 조직적인 독립운동을 적극적으로 전개하는 인물로 성장했다. 그는 일본에서 유학한 후 평북 선천의 보성여학교에서 민족의식을 일깨우는 교육자였다. 이후 중국 동북 지역에 다시 들어가 활동하다가 전사하였다.

7. 유린보육원을 만들어 고아들의 할머니가 되다

근우회 해소 이후 어윤희는 민족운동단체에서 물러나 아동복지 활동에 헌신했다. 중일전쟁 발발에 즈음하여 개성 유지 한철호, 오기환의 도움으로 고려정에 '유린보육원'이란 고아원을 만들었다. 혈육이 하나도 없는 어윤희는 고아들의 할머니로서 '자기역할'을 다하고자 결심하였다. 태평양전쟁이 발발한 어려운 여건에도 고아들을 돌보며 새날이 오기를 기대하고 기다렸다. 이들이 떳떳한 사회적인 존재로서 인정받고 살아가기를 간절하게 염원했다.

기다리던 조국이 독립을 맞았으나 기쁨도 잠시였다. 이념 대립과 갈등은 결국 6.25 전쟁 발발로 동족이 서로에게 총부리를 겨누는 극한 상황으로 치달았다. 자유를 찾아 어윤희는 남쪽으로 피란을 내려왔다. 1952년 마포 서강감리교회 장로가 되어 남감리회 여선교부 지원을 받아 유린보육원을 설립하여 죽는 날까지 고아들의 할머니로 지냈다.

> 저의 할머니는 저의 동무들의 할머니와 달라요. 안락의자에 앉아 계시지 않으시고 방안에 누워서서 낮잠도 주무시지 않으시고 보육원 아이들과 함께 계시어 그들을 돌보아 주십니다. 할머님은 밤에도 편히 주무시지도 못하시지요. 제일 작은 아이 아홉 명을 한 방에 같이 데리고 쉬시면서 몇 번이고 일어나시어 아이들을 돌보아 주십니다. 우리 할머님은 예수님 그대로라고 생각합니다.

사회사업 공로로 어윤희는 플로렌스 나이팅게일기장, 보건복지부 공로표창, 법무부 인권옹호공로표창 등을 받았다. 1961년 3월 1일에는 서울여자중고등학교에서 열린 3.1 만세운동 선도자 찬하식에서 여학생들에게 독립국가의 중요성을 강조했다.

사람이 세상에 나서 나라가 없으면 짐승만도 못합니다. 개도 죽으면 임자가 개 값을 받으러 오는데 하물며 나라 없는 백성은 이 사람 저 사람이 때려죽이고도 죽였다는 말 한마디 안 합니다. 그러니까 어떤 고난과 죽음이 닥쳐오더라도 독립정신 하나만은 잃지 말고 남북이 통일된 완전한 독립국가를 만들어야 합니다.

그해 11월 18일에 어윤희는 유린보육원 원아들이 지켜보는 가운데 82세의 나이로 조용히 숨을 거두었다. 그의 일생을 기념하기 위해 이듬해 3월 1일 "장로 어윤희 여사 기념비" 건립식이 서강교회 마당에서 있었다. 정부는 독립운동 공로를 기려 1995년 건국훈장 애족장을 수여했다.

그녀의 파란만장한 인생 역정은 한국 근현대사와 궤적을 같이한다. 청상과부가 된 후 20대에는 방황과 고난의 연속이었다. 30-40대에는 개성 지역 독립운동과 여성운동을 주도하는 중심인물로서 열정을 불태웠다. 바쁜 와중에도 국외 무장 투쟁세력의 군자금 모금을 지원하는 등 다양한 항일운동을 모색했다. 50대 이후부터 고아들의 할머니로서 불쌍한 영혼을 달래고 꿈을 키우는 데 혼신을 다했다. 그녀는 "꺼지지 않는 불꽃"과 같은 인생 항로를 거침없이 향해하다가 우리 곁을 떠났다. 남북이 통일된 완전한 독립국가는 그녀가 꿈꾼 염원임을 잊지 말자.

참고자료

강영심(2009), 「어윤희(1880~1961)의 생애와 독립운동」, 『한국문화연구』 17, 이화여대 한국문화연구원.

김지욱, 「개성의 만세시위 주도한 어윤희 선생」, 『세명일보』(2018.12.02.).

김형목(2014), 「김정혜, 정화여학교 운영으로 근대여성교육을 선도하다」, 『관보』 5월, 독립기념관.

_____(2014), 「스코필드, 3·1운동 실상을 만천하에 알리다」, 『기록IN』 27, 국가기록원.

_____(2015), 「여메례, 기구한 운명을 스스로 개척하다」, 『관보』 9월, 독립기념관.

_____(2016), 「김정혜의 사립 정화여학교와 육영사업」, 『여성과 역사』 25, 한국여성사학회.

대한감리회총리원 부녀국(1966), 『기독교대한감리회 여선교회 60년사』, 기독교대한감리회 여선교회전국연합회.

심옥주(2019), 「개성 3·1만세운동의 전도사」, 『여성독립운동가사전 1』, 한국여성독립운동연구소.

안경호 편(1996), 『어윤희 추모록』, 유린회.

이덕주(2007), 「독립운동과 유린보육원 설립자 어윤희」, 『한국교회 처음 여성들』, 홍성사.

이순자(2000), 「떠난 자리가 아름다운 고아들의 어머니, 어윤희」, 『믿음, 그리고 겨레사랑』, 한국기독교역사연구소.

최은희(1980), 「어윤희」, 『여성을 넘어 아낙의 너울을 벗고』, 정음사.

P생(1918), 「開城財團法人私立貞和女學校主 金貞蕙女史의 前半生」, 『반도시론』 2권 7호, 반도시론사.

이혜련,

도산의 아내, 미주 한인동포의 어머니

김도형
독립기념관 한국독립운동사연구소 연구위원

이혜련(李惠鍊, 1884-1969)
—
미주 여성독립운동과 동포사회의 든든한 버팀목

1. 아내와 어머니로서 한평생을 살다

흔히 말하기를, 위대한 인물 뒤에는 반드시 훌륭한 여성이 있다고 한다. 그 여성은 어머니가 될 수도 있고, 부인이 될 수도 있다. 안중근 의사의 어머니 조마리아, 백범 김구의 어머니 곽낙원은 우리 독립운동의 역사에 길이 남을 위대한 인물을 키워 냈다. 그리고 우당 이회영의 부인 이은숙, 우사 김규식의 부인 김순애, 백파 김학규의 부인 오광심, 단재 신채호의 부인 박자혜 등과 같이 독립운동에 헌신하는 남편을 지지해 주고 또 묵묵히 가정을 꾸리며 함께 독립운동을 했던 부인들이 있지 않았던가.

이혜련은 도산 안창호의 아내였다. 이혜련과 도산 두 사람은 37년 동안 결혼생활을 하였다. 그렇지만 도산이 민족의 자유와 독립을 위해 국내외로 돌아다녔기 때문에 겨우 13년 동안만 같이 살았다. 도산의 평생은 민족독립이라는 원대한 목표와 이상을 위해 종횡무진 독립운동에만 바쳐졌다. 그러면서도 3남 2녀의 자녀를 두었다.

이혜련은 민족의 위대한 지도자를 남편으로 두었고, 그래서 남편이 없는 동안 혼자 다섯 남매를 키우고 가족을 돌보며 살았다. 사실상 고난의 한평생이었다고 할 수 있다. 혜련은 눈물이 많은 사람이었다. 그래서 그녀 자신도 "당시 나는 울보였어요. 모든 일을 눈물로 풀었어요"라고 하였다. 거리에서 한인동포를 만나면 반갑다고 울고, 사람들이 울지 말라고 하면 더 많은 눈물을 쏟았다. '인정'이 많은 만큼 이국땅에서 고달픈 이민생활을 하였던 것이다.[1] 만리타국 미국에서 한인 여성들의 독립정신을 일깨우고, 조국의 독립과 민족의 자유를 위한 자금을 모았다. 그뿐만 아니라, 미주 한인사회의 궂은일을 도맡아 하면서 언제나 든든한 어머니로서 역할을 해 왔다.

2. 도산 안창호와 혼인하다

이혜련은 1884년 4월 21일 평안남도 강서군에서 아버지 이석관의 큰딸로 태어났다. 이혜련의 집안에 대해 별로 알려진 바는 없지만, 그의 아버지는 도산이 태어난 도롱섬에서 한문서당의 훈장으로 있었다. 혜련의 친동생 두 명과 서모(庶母)가 낳은 두 명의 동생이 있어 다섯 남매였다. 그러나 그가 여덟 살 때에 어머니가 세상을 떠났기 때문에, 고모할머니의 슬하에서 자랐다. 어머니가 없었기 때문에 어릴 때부터 동생들을 돌보고 집안일을 도맡아 해야만 했다.

---

1 존 차(2003), 『버드나무 그늘아래』, 문형렬 옮김, 문학세계사, 56쪽.

혜련의 아버지는 서당훈장을 할 때, 이미 안창호의 영특함을 잘 알고 있었다. 그래서 그는 딸이 13살이 될 때 도산을 사위로 미리 점찍어 두고 있었다. 1897년 도산이 고향에 돌아와 독립협회 운동에 매진하고 있을 당시, 혜련의 아버지와 도산의 조부가 두 사람을 혼인시키기로 결정하였다. 그런데, 도산은 종교가 다르고 신교육을 받지 않은 신부를 맞이할 수 없다고 혼인을 거부하였다. 도산의 혼인 거부 사유에 따라, 혜련의 아버지는 온 가족이 모두 기독교인이 되었고, 혜련에게 더 이상 집안일을 하지 못하게 한 뒤 신교육을 받게 하였다. 이로써 도산은 혜련과 약혼을 하게 되었던 것이다.

혜련은 15살 때 신교육을 받기 위해 도산의 여동생 안신호와 함께 서울 정신여학교에 입학하여 2년간 수학하였다. 안창호는 평양의 쾌재정에서 '만민공동회'를 개최하고 웅변가로 명성을 얻는 등 청년 애국지사로서 점점 알려지게 되었다. '독립협회'가 해산당한 이후, 고향에 돌아와 '점진학교'와 '탄포리교회'를 설립하면서 계몽운동을 펼쳤다. 그러나 도산은 우리나라를 선진적인 국가로 발전시키기 위해서는, 자신이 직접 미국에 가서 교육학을 체계적으로 공부하지 않으면 안 된다고 판단했다. 그래서 그는 약혼녀 혜련의 집안에 10년간 미국 유학을 다녀온 후 결혼을 하겠다고 말하였다.

그렇지만 혜련의 아버지는 딸의 혼인을 더 이상 미룰 수가 없다고 하면서, 도산과 함께 미국 유학을 가라고 하였다. 안창호는 24살, 이혜련은 18살이 되는 1902년 9월 3일, 밀러 목사의 주례로 서울 제중원에서 혼례를 올렸다. 그리고 다음 날 두 사람은 미국 유학을 떠나, 그해 10월 7일 미국 시애틀을 거쳐 14일에 샌프란시스코에 도착하였다.

3. 미국에서 신혼생활을 시작하다

미국에 도착한 안창호, 이혜련 부부는 의사이자 이민국 심사관인 드류 박사의 집에 거주하며 신혼생활을 시작하였다. 도산은 미국에 온 지 석 달 정도 지난 후 미국 교육체계를 익히기 위해 초등학교 1학년부터 학업을 시작하였다. 도산은 샌프란시스코에서 공립 초등학교에 다니고 있었는데, 스쿨 보이(school boy)로 한 달에 2달러 50센트를 받고 미국인 가정에서 일을 하였다.

그러나 도산은 학업을 하던 중 미주 동포들의 생활을 개선하지 않으면 안 된다고 보았다. 동포들의 생활을 개선시키는 것이 더 중요하다고 생각하고 일단 학업을 중단하였다. 그러면서 혜련은 자연스럽게 모든 생계를 담당하여야만 할 입장이 되었던 것이다. 당시 미주 지역 한인 여성들이 할 수 있는 일은 요리하고 청소하는 가정부 생활이었다. 가정부 생활을 한 지 석 달 뒤 두 사람은 파인 스트리트에는 있는 하숙집으로 이사하였고, 요리와 바느질, 세탁을 해 주며 하숙비를 내고, 먹고 입는 데 충분한 돈을 벌기 시작하였다.

미국에 온 지 한 해가 지나자 혜련의 샌프란시스코 생활도 익숙해져 갔다. 도산은 그곳에서 1903년 9월 3일 미주 최초의 한인단체인 '친목회'를 조직하였다. 그런데 얼마 후 도산이 로스앤젤레스 동쪽으로 약 45마일(약 72km) 떨어진 리버사이드의 농장 지역으로 가야만 한다고 하였다. 샌프란시스코에서는 동포들의 생활 개선이 어느 정도 되었기 때문에, 한인 노동자들이 많은 리버사이드에서 동포들의 생활을 돌봐야만 한다고 했다. 그래서 도산은 혜련을 샌프란시스코에 남겨 두고 1904년 3월 리버사이드로 혼자서 갔다. 리버사이드에서 도산은 농장에서 일을 하며 한인 동포들을 위한 활동을 하고 있었기 때문에, 바로 혜련을 데리고 와서 같이 생활을 할 수가 없었다.[2] 그후 리버사이드에서의 생활이 안정되면서 혜련을 리버사이드로 데리고 왔다.

리버사이드에서 도산은 알타 비스타 오렌지 농장의 주인 럼지의 권유로 그가 빌려 준 1,500달러로 '한인노동주선소'를 차렸다. 노동주선소는 파차파 애비뉴 1532번지에 사무실을 마련하였다. 이곳은 한인 노동자들의 노동주선소이기도 했지만, 도산 가족의 생활공간이기도 하였다. 리버사이드에 노동주선소가 설립되면서 여러 곳에 흩어져 있던 한인 노동자들이 모여들기 시작하였다. 현재 리버사이드 코티지 애비뉴와 파차파 애비뉴 코너의 3에이커 지역에 '한인촌'이 형성되었다. 이 한인촌에 한인 노동자들을 위한 노동주선소의 사무실이 있었다.

리버사이드 한인사회에서 도산은 오렌지 농장과 노동주선소에서 일을 하고, 혜련은 틈틈이 학교에 다니며 지역의 병원에서도 일을 하였다. 그러나 남편이 한인사회의 지도적인 인물이 되면서, 혜련은 곧 학교를 그만두어야만 했다. 왜냐하면 그녀가 돈을 벌지 않으면 안 되었기 때문

---

2   박재섭 · 김형찬 편저(1999), 『나의 사랑 혜련에게』, 소화, 20-21쪽.

이다. 그녀는 다시 풀타임으로 일하러 갔다. 도산은 이제 혜련의 남편이 아니라, 한인사회 모든 곳에서 찾는 지도자가 되었다. 그러면서 혜련은 남편을 볼 수 있는 시간이 점점 더 없어졌고, 도산은 결국 한인들이 더 많이 필요로 하는 대도시인 샌프란시스코로 돌아갔다.

미국에 온 지 2년 만인 1905년 3월 29일 혜련은 로스앤젤레스의 한 교회에서 교인들의 도움을 받아 큰 아들 필립을 낳았다. 이 시기 도산은 샌프란시스코에서 미주 한인들의 연합기관인 '공립협회'를 창립하였다. 혜련은 아들과 함께 리버사이드에서 가정부, 요리사, 청소부, 재봉사로 일을 하며 돈을 벌었다.

4. 미국 생활을 익히며 가정을 꾸려가다

국내에서 결혼식을 올리자마자 미국에 온 혜련과 도산 부부는 신혼생활을 시작하게 되었다. 혜련은 샌프란시스코에서 신혼생활을 하면서 의식주를 해결해야만 했다. 가장 중요한 것이 먹는 일이기 때문에, 음식을 만들어야만 했던 것이다. 혜련은 장녀로 어머니가 일찍이 세상을 여의었기 때문에, 어릴 때부터 아버지와 동생들을 위해 음식을 만들었다. 그래서 웬만한 음식은 척척 조리할 수 있는 충분한 능력을 가지고 있었다. 그런데, 미국에 와서는 음식 재료가 충분하지 못하고, 또 서양식 재료이기 때문에 음식을 조리하는 것이 쉽지 않았다. 그럴 때면 도산이 늘 음식 조리법을 가르쳐 주었고, 자연스럽게 의견 차이가 생겨 조그마한 다툼도 벌어졌다. 혜련은 원래 한식도 잘하였고, 얼마 후 미국 음식도 훌륭하게 조리할 수 있게 되었다.

아무튼 혜련은 가족들도 그렇고 미주 한인사회에서도 소문이 날 정도로 음식 솜씨가 좋았다. 그렇지만 도산은, 아내의 음식 솜씨는 모두 자신이 가르쳐 준 것이라고 은근히 자랑을 하였다. 도산이 중국 상하이에 있을 당시인 1920년 12월 15일에 아내에게 보낸 편지에서, "당신은 음식을 지금에는 나보담 선생님답게 하지마는 그 근본은 나한테 많이 배운 것을 기억하시오. 당신이 하나도 나한테 배우지 아니하였다고 싸우던 것이 기억됩니다"라고 하였다.[3] 도산은 아내의 음식 솜씨가 매우 뛰어나지만, 처음에는 자신이 가르쳐 준 것이라고 주장하였다.

미국에서 신혼생활을 한 도산과 혜련은 결혼 초기에 서로 약간의 다툼도 있었다. 도산은 결혼 직후 모든 면에서 아내에게 권면하는 말을 하였던 것 같다. 왜냐하면, 1920년 4월 22일 도산이 아내에게 보낸 편지에 보면, "옛날 내가 당신한테 무슨 말을 좀 하면 당신은 잘 듣지 않고, 입을 삐쭉하면서 '나는 생기기를 그렇게 생겼어요' 하던 것이 생각나서 혼자 속으로 웃었소이다"라고 하였다.[4] 그런 것을 보면, 이혜련은 도산의 말을 대부분 잘 따랐지만 고집도 있었던 것 같다. 그렇지만 어릴 때부터 아버지의 엄격한 유교적 교육을 받아서 그런지, 자신의 감정을 결코 겉으로 드러내지는 않았다.

---

3 박재섭·김형찬 편저(1999), 같은 책, 115-116쪽.
4 박재섭·김형찬 편저(1999), 같은 책, 106쪽.

도산은 가끔 혜련의 마음을 아프게 한 적도 있었다. 로스앤젤레스 웨스트 4번가에 살 때, 도산은 사흘이나 말을 하지 않았다. 그래서 화가 난 혜련이 손가방을 들고 집을 나가겠다고 하였다. 그리고 클레어몬트에 갔을 때와 이옥형의 혼인 때도 부부가 크게 싸운 적이 있었다. 그렇지만 혜련은 잠들지 못하고 깊은 밤, 어두운 방에 들어와서 사랑과 동정으로 도산을 감싸 주었다고 한다.[5]

이렇게 모든 부부가 그런 것처럼 사소한 다툼도 있었다. 그렇지만 늘 두 사람이 상대를 사랑하고 존중하면서 어려운 시간을 이겨 나갔다.

5. 도산, 국권을 회복하기 위해 고국으로 돌아가다

이혜련과 도산이 미국에서 생활하는 동안 고국은 일제에 의해 을사늑약이 강제로 체결되고 국권을 침탈당하면서 망국으로 치닫고 있었다. 망해 가는 나라를 앉아서 두고볼 수가 없었던 도산은 나라를 새롭게 하려는 포부를 가지고 1907년 귀국하게 되었다. 도산이 국내에 들어가 '신민회'를 조직하는 등 국권회복운동을 전개할 당시 혜련은 어린 필립을 데리고 미국에서 생활하고 있었다.

도산은 국내에 들어갈 당시 1년 이상 장기간에 걸쳐 활동하게 될 것이라고 생각하지는 않았다. 그러나 당시 시국이 급변하여 대한제국의 국권

5　박재섭·김형찬 편저(1999), 같은 책, 119-120쪽.

이 일제에 의해 점점 침탈당하는 상황이었고, 많은 동지들이 도산이 미국으로 돌아가는 것을 만류하며 국내에서 활동하여 달라고 부탁하였다. 그러다 보니 가족들이 있는 미국으로 돌아갈 시기가 미뤄지게 되었던 것이다. 도산은 1908년 12월 30일 자로 혜련에게 보낸 편지에서 다음 해 가을에는 결단코 돌아가겠다고 하였으며,[6] 1909년 2월에도 금년 안으로 돌아간다고 하였다.[7] 국내에서의 활동이 장기화되자 혜련은 도산과 함께 살기 위해 귀국을 하려고 결심하였지만 도산은 국내에 들어오지 말라고 만류를 하였다.[8]

남편이 국가와 민족을 위해 일하고 있을 당시 혜련은 미국에서 생계를 꾸려 가야만 했다. 1908년 7월 27일 자 도산의 편지에 보면, "그대는 간호원은 그만두고 음률을 할 수 있는 대로 배우면 좋겠소이다"라고 하였다.[9] 이를 보아 혜련은 병원에서 간호원으로 일을 하고 있었던 것이 분명하다. 그렇지만 젊은 부인이 홀로 아들을 키우며 집안 살림을 감당하기는 결코 쉽지는 않았다. 그런 가운데서 혜련은 남편에게 편지로 가족들의 근황과 미국 소식을 자세히 알려 주었다. 당시 도산은 국내에서 너무나 많은 활동을 하느라고 아내에게 자주 편지하지 못하였다. 그래서 도산은 "나만 사랑치 않고 나라를 사랑하는 그대는 나를 나랏일 하라고 원방(遠邦)에 보낸 셈으로 치고 스스로 위로 받기를 원하나이다"라고 부탁

---

6 박재섭·김형찬 편저(1999), 같은 책, 48쪽.
7 박재섭·김형찬 편저(1999), 같은 책, 50쪽.
8 박재섭·김형찬 편저(1999), 같은 책, 54쪽.
9 박재섭·김형찬 편저(1999), 같은 책, 43쪽.

하였다.[10]

도산은 망해 가는 대한제국의 국권을 회복시키기 위해 노력하였지만 1910년 봄, 다시 국내를 떠나 해외로 망명하지 않을 수가 없었다. 도산은 국외에 독립운동기지를 세우기 위해 러시아 연해주 블라디보스토크로 갔다. 혜련은 아들 필립을 키우며 돈을 벌어야만 했다. 왜냐하면 도산이 연해주에서 활동하고 있기 때문에, 남편을 위해 돈을 보내 주어야만 했기 때문이었다. 혜련은 포도 농장에서 일을 하며 생활을 꾸려 가고 있었다. 그녀가 일하던 포도 농장은 쿠카몽가라는 곳으로, 인가가 드물고 광막하기 때문에 아이를 키우는 것도 쉽지 않은 지역이었다.[11]

도산이 블라디보스토크에 있는 동안 그의 생활비는 아내가 보내 주었다. 도산은 아내에게 미안한 마음에 돈을 보내지 말라고 하였지만, 혜련은 남편을 위해 100달러를 블라디보스토크로 송금하였다.[12] 1911년 당시 1달러는 현재의 구매 가격으로 약 30달러에 해당된다. 혜련이 도산에게 보낸 100달러는 현재적 가치로 3,000달러(약 3백만 원) 정도가 된다.

남편이 연해주와 북만주에서 독립운동기지를 건설하려고 돌아다니는 동안, 혜련은 "살구도 짓고 포도 따러" 가는 등 과일농장에서 노동을 하고 있었다. 그리고 남편에게 "속히 돌아오시기만을 바라나이다"라고 편지를 보냈다.

---

10 박재섭·김형찬 편저(1999), 같은 책, 47쪽.
11 박재섭·김형찬 편저(1999), 같은 책, 61쪽.
12 박재섭·김형찬 편저(1999), 같은 책, 125쪽; 「이혜련이 안창호에게 보낸 편지」(1911.06.03.), 독립기념관 소장자료(1-A00020-010).

6. 미국에 돌아온 도산과 단란한 가정을 이루다

도산은 영국 글래스고에서 칼레도니아호를 타고 1911년 9월 3일 미국 뉴욕항에 입항하였다. 미국을 떠난 지 4년 만에 부인과 아들을 다시 만나 단란한 가정을 이루고 살 수가 있게 되었던 것이다. 아들 필립은 그때 이미 여섯 살이 되어 있었다. 그러나 오랫동안의 객지 생활로 몸이 성한 곳이 없었기 때문에 얼마간의 요양이 필요하였다.

도산이 미국에 도착하여 제일 처음 한 일은 러시아의 수도 상트페테르부르크의 병석에 있는 동지 이갑(李甲)에게 치료비와 미국으로 건너올 수 있는 여비를 보내는 일이었다. 남편의 안타까운 마음을 잘 아는 혜련은, 삯바느질과 세탁으로 푼푼이 저축한 것을 합쳐서 미화 300달러를 보냈다. 이갑을 미주 대한인국민회의 기관지 『신한민보』 주필로 초빙하기 위하여 여비를 보냈던 것이다. 이갑이 도산의 도움을 받아 뉴욕항에 들어왔던 기록은 현재 미국 이민국 소장자료에서도 확인이 된다.[13] 이갑은 1912년 4월 13일 독일 함부르크에서 프레토리아(SS Pretoria)를 타고 4월 29일에 뉴욕항에 도착하였다. 그런데 이민국 신체검사에서 중한 병자라고 상륙이 거부되었던 것이다. 혜련이 고생해서 번 돈을 보냈지만, 결국 미국에 오지 못하게 되었던 것이다. 결국 이갑은 1917년 연해주에서 세

---

13 이갑의 뉴욕항 입항 기록은 홍사단 미주 위원장 윤창희 변호사가 필자에게 제공해 주었다.

상을 떠나고 말았다.[14]

도산이 미국에 돌아온 지 1년쯤 뒤인 1912년 7월 5일 둘째 아들 필선
이 태어났다. 첫째 딸 수산은 1915년에, 그리고 둘째 딸 수라는 1917년에
태어났다. 남편이 다시 미국으로 돌아온 것만으로 혜련은 너무나 행복
했다. 남편이 돌아왔다고 혜련이 오로지 홀로 감당해 온 모든 일들이 줄
어들지는 않았다. 아니 도산이 돌아온 뒤 혜련의 일이 두 배, 세 배로 늘
어났다. 왜냐하면 도산을 찾아오는 동포들이 수도 없이 많았기 때문이
다. 그녀의 집은 독립운동을 논의하는 곳이며, 모든 한인의 모임 장소였
다. 일요일이면 모든 사람이 예배를 마치고, 혜련의 집으로 몰려왔다. 그
녀는 집에 오는 동포들을 위해 밥뿐만 아니라 김치도 충분히 준비해 두
었다.

미주 동포들은 도산을 충실한 가장으로 편하게 살게 해 주지 않았다.
1912년 1월부터 도산은 동포들이 사는 모든 곳을 찾아다녔다. 샌프란시
스코에서 캘리포니아 북부 스톡턴, 새크라멘토로, 다시 샌프란시스코에
서 캘리포니아 중부의 디누바(다뉴바)로, 디누바에서 로스앤젤레스로, 가
족들과 함께 지낼 수 있었지만 거의 집에 있지 않다. 도산은 1912년 2월
3일 혜련에게 보낸 엽서에 다음과 같이 썼다.

나는 산타바바라(Santa Barbara)를 다녀서 롬폭(Lompoc)에 와서 어제 잤
고, 내일은 샌프란시스코로 가는데 밤에야 내리겠소. 새크라멘토에서

---

14 박재섭 · 김형찬 편저(1999), 『나의 사랑 혜련에게』, 79쪽.

그저께 스탁톤으로 와서 그 근경 각 섬 농장으로 다니니 자연 시간이
많이 허비됩니다. 이곳에 2-3일을 허비하고, 다뉴바(Dinuba)로 갈터인
데, 실버데일(Silverdale)과 롬폭을 다니어 가면 여러 날이 되겠소이다.
그렇지 않으면 빨리 갈 것같소.[15]

도산은 한인들이 많이 살고 있는 캘리포니아주 지역을 중심으로 동
포들을 심방하였으며, 멀리는 콜로라도주의 덴버까지 갔었다.[16] 또한
1915년 4월 '대한인국민회 중앙총회' 총회장으로 선임되면서 더욱더 많
은 활동을 하였다. 그러다가 1917년 8월부터 1918년 8월까지 1년 동안
멕시코를 순방하게 되었다. 멕시코 혁명으로 인해 위험해진 유카탄의 메
리다를 방문할 때, 혜련은 남편에 대한 걱정으로 마음고생이 많았다. 특
히, 도산은 치아가 좋지 못해 음식을 잘 못 먹을 뿐만 아니라, 멕시코의
풍토병에 걸리지 않을까 하는 염려가 있었다. 그녀의 그러한 걱정은 현
실이 되고 말았다. 도산은 멕시코의 수도 멕시코시티에 도착하였을 때
이미 학질에 걸려서 정신이 몽롱하였다. 그뿐만 아니라 치통이 재발하여
건강상태는 말이 아니었다. 혜련은 남편의 안전과 건강에 노심초사하였
다. 1918년 5월 11일 도산이 아내에게 보낸 편지에, "나의 사랑인 혜련,
당신의 평생에 몸 고생도 많았거니와 몸 고생보다 마음고생하여 온 것을
생각하니 나는 어떻다고 말할 수 없소이다"라고 미안함을 표현하였다.[17]

---

15 박재섭·김형찬 편저(1999), 같은 책, 69쪽.
16 박재섭·김형찬 편저(1999), 같은 책, 77쪽.
17 박재섭·김형찬 편저(1999), 같은 책, 91쪽.

집에 있으면 혜련이 도산의 건강을 돌봐 주었겠지만, 멕시코에 있으니
어쩔 수가 없었다.

혜련과 가족들은 1914년부터 1935년까지 로스앤젤레스 노스 피게로
아 스트리트 106번지에 살았다. 이 집은 일반 가정집이기도 했지만, 도
산이 창설한 '흥사단'의 단소이기도 했다. 흥사단소에서 큰딸 수산, 둘
째 딸 수라, 막내아들 필영이 태어나고 자랐다. 그런데 흥사단소를 사우
스 카탈리나 스트리트 3421번지로 옮기면서 도산의 가족들도 이사를 갔
다. 1935년부터 혜련과 가족들은 웨스트 37번가 954번지의 주택에 세
들어 살았다. 혜련과 그의 자녀들이 살았던 이 주택은 로스앤젤레스 시
당국에서 철거해 서던캘리포니아대학교(남가주대학, University of Southern
California)의 부지로 사용하려 하였다. 그러자 이 대학 한인 동문들이 이
집의 역사적 중요성을 학교 당국에 알렸고, 도산 가족의 집은 옛 모습대
로 복원하여 현재 '남가주대학 한국학연구소'로 사용하고 있다.

도산은 대한인국민회 총회장으로 동포사회를 돌보고 독립운동을 지
도하고 있을 당시, 혜련도 남편에 못지않게 한인사회를 위한 일을 하고
있었다. 로스앤젤레스에 거류하는 한인 부인들도 1917년 11월 '부인친애
회'를 조직하고 그해 12월 20일 통상회를 열어 회장 이하 각 임원을 선출
하였는데, 조직 목적은 부인의 미덕과 수양을 쌓는 부인 간의 친애 도모
에 있었다.[18] 혜련도 부인친애회에 가입하여 회원으로 활동하고 있었으
나 로스앤젤레스 부인친애회에서 그녀가 어떠한 일을 하였는지에 대한

---

18 「라성의 부인친애회」, 『신한민보』(1918.01.10.).

자료는 없다. 다만, 도산이 중국으로 갈 때 1919년 4월 9일 호놀룰루에서 아내에게 보낸 편지에, "나는 국민회의 일을 맡았고, 당신은 부인회의 회장으로 있으니 우리의 짐이 더욱 무겁고 우리 동포에게 빚진 것이 많소이다"라고 하였다.[19] 이를 보아, 3.1 운동이 일어날 당시 혜련은 로스앤젤레스 부인친애회의 회장을 맡고 있었던 것으로 보인다.

7. 도산, 임시정부를 지도하기 위해 중국 상하이로 가다

1919년 3월 1일 국내에서는 민족대표 33인의 이름으로 독립국임과 자유민임을 전 세계에 선포하였다. 국내에서 독립을 선언하였다는 소식을 중국 상하이에 있는 현순(玄楯)이 3월 9일 전보로 안창호에게 알렸다. 이에 따라 대한인국민회 중앙총회에서는 독립운동을 지도하기 위해 도산을 중국에 파견하기로 결정하였다. 이 같은 결정에 따라 도산은 1911년 미국에 다시 돌아온 지 7년 7개월 만인 1919년 4월 2일, 미국을 떠나 중국으로 향했다.

혜련은 남편이 대한인국민회를 대표하여 중국으로 갔기 때문에, 다시 혼자서 가족을 돌봐야만 했다. 도산은 4월 9일, 하와이 호놀룰루에 도착하여 아내에게, "덕이 많으신 당신은 여러 여자에게 모범되도록 힘쓸 줄

---

19 박재섭·김형찬 편저(1999), 같은 책, 101쪽.

을 믿나이다"라고 편지를 보냈다.[20] 국내의 3.1 운동 소식이 북미 지방에 전해진 이후 한인여성들도 3.1 운동을 후원하는 데에 모든 노력을 다 바쳤다. 디누바의 '신한부인회'도 그렇고, 혜련이 활동하고 있었던 로스앤젤레스의 부인친애회에도 임시회를 소집하고 독립운동을 어떻게 지원할 것인가를 결의하였다.[21]

북미 지역에서 독립운동을 지원하던 여성단체들의 통합 운동이 일어나, 1919년 8월 5일, '디누바 신한부인회', '로스앤젤레스 부인친애회', '새크라멘토 한인부인회', '샌프란시스코 한국부인회', '윌로우스 지방부인회' 대표자들이 디누바에 모여 합동을 결의하고 '대한여자애국단'을 결성하였다. 대한여자애국단 조직에 참여하였던 디누바, 새크라멘토, 샌프란시스코, 로스앤젤레스, 윌로우스 등의 부인회가 소재하였던 지방에는 곧바로 지부가 설립되었다. 그리고 캘리포니아주의 한인들이 많이 거류하였던 맥스웰, 델라노, 오클랜드 지방에도 지부가 설립되었다. 혜련이 살고 있었던 로스앤젤레스에도 대한여자애국단 지부가 설치되었다.

도산은 중국 상하이에서 대한민국 임시정부를 지도하면서 바쁜 나날을 보내느라고 아내에게 편지를 쓸 여유도 없었다. 그래서 그는 "나는 바쁜 것만 생각하여 도무지 편지하지 아니함으로 큰 빚을 진 듯이 괴로웠소이다"라고 자신을 책망하면서, "당신은 너그러이 생각하여 용서하소서"라고 하였다.[22] 혜련은 남편이 독립운동에 전념하는 동안 미국에서 대

---

20 박재섭·김형찬 편저(1999), 같은 책, 101쪽.
21 「로스앤젤레스 부인의 애국 열심」, 『신한민보』(1919.05.01.).
22 박재섭·김형찬 편저(1999), 같은 책, 103쪽.

한여자애국단을 통해 남편의 사업을 음으로 양으로 돕고 있었다.

　도산은 중국에서 독립운동을 하면서 "우리 민족의 지식, 금전, 단결의 능력이 너무도 부족한 가운데서 큰일을 지으려 하니 앞이 막막한 때가 많소이다"라고 아내에게 속내를 털어놓기도 했다.[23] 상하이에서는 도산의 동서인 김창세가 도산의 건강을 돌볼 뿐만 아니라, 홍사단에 입단하여 그를 보호하였다. 처제 이신실은 "천성이 간사하고 꾸미는 것은 모르고 다만 근본 생긴대로 이름같이 신실하고 충성"스럽게 형부를 따랐다. 그래서 도산은 처제가 "나를 아버지 이상으로 믿고 사랑합니다"라고 하였다.[24]

　혜련은 남편이 중국에 있기 때문에 필요한 물품을 보내 주기도 하였다. 도산은 여러 곳을 다니다 보니, 신발이 해어져서 새로 신발을 사야만 했다. 그런데 신발가게에 세 번이나 갔지만 좋지 못한 것은 마음에 들지 않았고, 마음에 드는 것은 비싸서 사지 못하고 돌아왔다. 그러던 때 혜련이 남편을 위해 신발을 보내 주었던 것이다. 남편에게 보낸 신발은 큰아들 필립의 발 크기에 맞추었다. 그런데 신발의 길이나 볼의 크기가 너무나 잘 맞았던 덕에 주위의 사람들의 부러움을 샀다. 도산이 어느 날 연회에 갔더니, 누가 일어나서 말하기를 "오늘 도산 선생의 가장 기쁜 일 당한 것을 광고합니다. 도산 선생의 부인이 도산 선생한테 예물하였어요"라고 하였다.[25]

23　박재섭 · 김형찬 편저(1999), 같은 책, 111쪽.
24　박재섭 · 김형찬 편저(1999), 같은 책, 106쪽.
25　박재섭 · 김형찬 편저(1999), 같은 책, 125-126쪽.

혜련은 중국에 있는 남편의 신발이 불편할까 봐, 아들의 발 크기에 맞추어 신발을 사서 보냈다. 도산이 중국에서 독립운동을 하고 있을 동안, 필립은 어느덧 성년이 되어 아버지가 없는 가정을 이끌어가는 든든한 가장으로서 역할을 하고 있었다.

8. 도산과 마지막으로 부부로서 함께 지내다

도산은 1921년부터 3년에 걸쳐 임시정부와 독립운동계를 통일하는 사업을 하였지만 실패로 돌아가자 가족들을 만나기 위해 미국으로 가게 되었다. 그는 1924년 12월 16일 샌프란시스코에 도착하였고, 6년 만에 로스앤젤레스에 가서 아내와 아이들을 만났다.

도산은 미국에 도착하여 가족들과 두 달가량 같이 지냈다. 6년 동안 집을 떠나 미국에 다시 돌아왔지만 가족들과 함께 보낼 시간은 없었다. 캘리포니아 북부의 샌프란시스코부터 스톡턴과 새크라멘토를, 캘리포니아 중부에서는 디누바와 리들리, 베이커즈필드, 캘리포니아 남부에서는 리버사이드와 샌디에고까지 동포들을 순방하였다. 도산 자신도 "당신과 아이들 하고 같이 있지 못하고 이렇게 돌아다니다가 또 멀리로 갈 것을 생각하니 마음이 때때로 처참합니다"라고 하였다.[26]

혜련의 입장에서는 남편이 6년 만에 집에 돌아와서도 각 지역으로 돌

---

26 박재섭·김형찬 편저(1999), 같은 책 136쪽.

아다니니 원망을 하지 않을 수가 없었다. 도산은 1925년 4월 중순부터는 시카고, 뉴욕, 보스턴, 필라델피아 등 동포들이 있는 미국 동부 지역을 순방하고 7월 27일에 집으로 돌아왔다. 세 달 이상 집을 떠났다가 돌아온 것이다. 도산이 오랫동안 외지에 있다가 미주에 돌아와서도 집에 있지 않고 돌아다니니 화가 나서, 혜련은 남편에게 '등한한' 가장이라고 책망하는 편지를 보냈다. 이 편지를 받은 도산은 "당신이 나를 등한한 사람이라고 함에 대하여 나는 조금도 부인하지는 않고 그렇다고 자처합니다"라고 하였다. 그러면서 "나야 근본이 그런 사람이 아닙니까, 당신은 여지껏 잘 참더니 왜 늙어 가면서 참지 못하고 그리 야단을 칩니까"라고 하였다. 가정사를 등한시한다는 아내의 책망을 들은 도산은, 미국 동부 순행을 그만둘 수밖에 없었다.[27] 그리고는 자신을 따르는 장리욱과 같이 집으로 갈 것이니, 맛있는 김치를 준비해 달라고 하였다.

도산이 로스앤젤레스 집에 돌아왔기 때문에 그를 보기 위한 동포들의 방문은 끊이지 않았다. 멀리서 방문한 동포들을 먹이고 재우기 위해서는 돈이 필요하였다. 혜련은 식비를 마련하기 위해 병원이나 부유한 백인들의 집을 밤낮으로 청소하고, 빨랫감을 세탁하고, 바느질을 하였다.

1년 2개월 정도 미국에서 활동하던 안창호는 1926년 3월 2일, 샌프란시스코를 출발하여 다시 중국으로 돌아갈 수밖에 없었다. 그가 떠나기 전에 혜련은 임신을 하고 있었다. 중국 상하이로 돌아간 도산은 아내에게 "당신의 태기 있는 것을 아이들한테 편지하려고 하였으나 내역 무어

---

27 박재섭·김형찬 편저(1999), 같은 책, 140-141쪽.

라고 말할는지 하도 염치가 없어 못 썼나이다"라고 하였다. 임신한 아내를 두고 다시 중국으로 온 도산은 가족들에게 미안한 마음을 다 표현할 수가 없었다. 배 속에 있는 "아이 이름은 남자이면 '필영'이라 하고, 여자이면 '수경'이라 하는 것을 듯합니다"라고 하였다.[28] 도산은 임신한 아내에게 너무나 염치가 없었다.

9. 다섯 자녀의 어머니, 미주 한인사회의 어머니

도산은 1924년 12월 가족들이 있는 곳으로 미국으로 와서, 1926년 3월 이상촌 건설운동과 대독립당을 성립시키기 위해 다시 중국으로 돌아갔다. 가장이 없는 미국에서 다섯 아이의 보호자가 된 혜련은 더욱 힘을 내어야만 했다. 장남 필립을 계속 공부시키려는 욕심도 있어, 부유한 집의 수양아들로 보내려고도 했다. 둘째 아들 필선도 계속해서 공부를 시켜야만 했으나, 경제적으로 뒷받침을 해 줄 수가 없었다. 그러나 필립은 1925년에 20세의 성년이 되어 있었다. 경제적으로도 이미 도매업을 통해 상당한 성과를 거두고 있었다. 그는 아버지가 독립운동에 전념하는 동안 아버지를 대신하여 가장이 되었던 것이다. 막냇동생을 임신한 어머니 혜련을 돌봐야만 했다. 그렇지만 혜련은 필립에게만 기댈 수 없었기 때문에, 다른 사람들의 집안일을 해 주면서 과일가게에서 필립과 함께

---

28 박재섭·김형찬 편저(1999), 같은 책, 153-154쪽.

일을 하였다. 그리고 첫째 딸 수산과 둘째 딸 수라도 방과 후나 주말에는 어머니를 도와 집안일을 거들었으며, 필선 또한 필립의 과일가게 일을 도왔다.

도산은 중국에서 나라를 되찾기 위한 독립운동에 매진하고 있었다. "나는 더욱이 여러 동지와 동포에게 빚진 것이 많고 지금은 늙었으니 다시는 집이나 무엇이나 사사로운 일을 돌아볼 여지가 없고, 오직 혁명을 위하여 최후로 목숨까지 희생할 것을 재촉할 것뿐입니다. 당신은 아이들에게까지도 혁명의 정신을 넣어 주기를 힘쓰소서"라고 하였다.[29]

⫽ 10. 도산, 윤봉길의 홍커우공원 의거로 국내에 압송되다

1932년 4월 29일, 윤봉길의 홍커우공원 의거 직후 도산은 일제에 체포되었다. 아버지가 체포되었다는 소식을 들은 필립은 중국 상하이에 있는 미국영사에게 아버지의 석방을 부탁하였다. 도산이 체포되었다는 소식을 전해들은 미주 한인사회에서도 그의 안위를 걱정하였다. 미주의 한인 여성들도 "도산 선생이 국가사업에 공헌이 많으신 만큼 우리 여자된 심리로서는 더욱 안부인에 헌신적 사상을 흠모하오며 감사함을 마지 못합니다"라고 혜련에게 위로의 편지를 보냈다.[30]

---

29 박재섭·김형찬 편저(1999), 같은 책, 157-158쪽.

일제에 붙잡혀 국내로 압송된 도산은 서대문형무소에서 감옥생활을 하였다. 몸이 쇠약해질 대로 쇠약해진 도산이 일제의 가혹한 감옥에서 생활하기는 정말로 어려웠다. 혜련은 남편에 대한 걱정이 이만저만하지 않았다. 도산의 강직한 성정(性情)을 너무나 잘 알기 때문이었다. 그래서 제일 먼저 남편에게 절대로 단식을 하지 말라고 전보를 보냈다.[31] 도산은 "지금의 조선 형편이 당신이 미주에 있어 재래(在來) 생각하던 형편과는 많이 다릅니다"라고 하면서, 걱정하는 아내를 안심시키기 위해 감옥생활에 아무런 어려움이 없다고 편지를 보냈다.[32] 도산이 국내에서 감옥에 갇히자, 혜련은 남편의 옥바라지를 하려고 귀국을 하겠다고 하였다. 이 같은 소식을 들은 도산은, "당신이나 누구든지 조선에 오지 마시오. 장차 내가 나온 후에 서로 만날 것을 경영하겠나이다"라고 하면서 만류하였다.[33]

혜련과 가족들이 국내로 들어가겠다는 계획은 도산의 만류 때문에 그만둘 수밖에 없었다. 서대문형무소에서 수형생활을 하던 도산에게는, 두 달에 한 번씩만 편지를 할 수 있었다. 그래서 그리운 아내와 가족들에게 마음대로 편지를 할 수가 없었다. 일제는 서대문형무소에서 갇혀 있던 안창호를 1933년 3월 28일 대전형무소로 이감시켰다. 대전형무소에서 감옥살이를 하던 도산은 아내에 대한 미안함을 다음과 같이 말하였다.

---

30 「김배세가 이혜련에게 보낸 편지」(1932.05.10.), 독립기념관 소장자료(1-A00002-005).
31 박재섭·김형찬 편저(1999), 같은 책, 159-161쪽.
32 박재섭·김형찬 편저(1999), 같은 책, 163쪽.
33 박재섭·김형찬 편저(1999), 같은 책, 162쪽.

이왕에도 말하였거니와 내가 평생에 당신에게 기쁨과 위안을 줌이 없었고, 이제 느즈막에 와서 근심과 슬픔을 주게 되오니 불안한 마음을 측량할 수 없습니다. 더욱이 가사와 아이들에 대한 모든 시름을 늘 혼자 맡게 하니 미안하고 미안합니다. 내가 조용한 곳에 홀로 있어 평소에 그릇한 여러 가지 허물을 생각하고 한탄하는 중에 남편의 직분과 아비의 직분을 다하지 못한 것이 또한 스스로 책망하는 조건입니다.[34]

일제의 감옥에 갇혀 있던 도산은 아내에게 아무런 근심을 하지 말고 모든 일은 자연의 순리에 맡긴 채, 집안을 돌보며 아이들을 잘 교육시킬 것을 당부하였다. 대전형무소에서 수형생활을 하던 도산은 1934년 2월, 1년 감형을 받았다. 그렇지만 국내에 있는 그를 대신하여 늘 그랬듯이, 집안을 돌보며 아이들을 교육시키는 것은 혜련의 몫이었다. 그래서 도산은 편지로 아내에게 슬퍼하지 말고, 또 근심하지 말라고 당부하였다.

아버지가 감옥에 있을 당시 장남 필립은 쨍쨍 내리쬐는 워싱턴 거리의 과일 판매대에서 과일을 판매하는 일을 하였다. 그 후 로스앤젤레스 밴나이스 대로(Blvd.)의 길모어에 있는 타워 식료품 상점 안에 매장을 얻었다. 거리에 있는 과일 판매대보다 엄청나게 많은 손님들이 몰려들었다. 벨몬트 중학교를 다니던 수산은 방과 후에는 시금치를 다듬고, 오렌지와 사과를 윤이 나게 닦는 것으로 가게 일을 도왔다. 가족 모두가 협력해서 신선하고 깨끗한 야채와 과일을 손님들에게 제공하기 위해 즐겁게 열심

---

34 박재섭·김형찬 편저(1999), 같은 책, 164쪽.

히 일을 하였다. 그래서 장사는 너무나 잘 되어 갔고, 서던캘리포니아대학교에서 가까운 37번가에 보다 큰 집으로 이사를 갈 정도로 돈을 벌었다. 필립은 아버지가 당부한 책임을 다했다. 큰아들로서 아버지가 없는 가족들을 돌보는 도리를 잘 지키며 평생을 살았다. 그 후 그는 할리우드에서 영화 일을 하면서 경제적으로는 실질적 가장이 되어 있었다.

11. 도산, 가족을 남기고 영원히 세상을 떠나다

안창호는 일제로부터 징역 4년형을 선고받고 복역하던 중 감옥에서 위장병이 심하여 1935년 2월 10일 가출옥되었다. 약 30개월 동안 감옥생활을 하고 대전형무소를 나올 때 58세였다. 도산이 출옥하자, 이혜련은 1936년 7월경 수산·수라·필영을 데리고 국내로 들어간다는 전보를 보냈다. 혜련은 장남 필립이 마련해 준 돈으로 배편을 준비하여 국내로 들어갈 생각을 하고 있었다. 필립은 영화 일을 하면서 충분한 돈을 벌었다. 그래서 어머니가 동생 수산, 수라, 필영을 데리고 국내에 가서 아버지를 만날 수 있도록 도왔다. 필립은 1936년 8월 3일, 산페드로 항구를 출발하여 일본 고베에 도착하는 프레지던트 쿨리지(SS President Coolidge)호에 승선할 배표 4장을 구입하였다. 그리고 어머니와 동생들이 국내에 가서 아버지를 만날 계획이라는 전보를 보냈다.

혜련이 국내에 들어가고자 하는 이유는 단순했다. 도산과 일생을 부부라는 이름으로 살았지만, 나이 들어 함께 단란한 가정을 이루고 생활해 보자는 것이었다. 혜련은 도미(渡美)한 지 30여 년 동안 혁명가의 아내로 빈곤과 싸우며 남편의 안위를 위하여 하루도 안심치 못하면서 일각여삼추(一刻如三秋)의 세월을 보냈던 것이다.[35] 아내의 전보를 받은 도산은 이것이 꿈인가 생시인가 형언할 수 없었다. 오랫동안 그립던 아내 혜련을 만나고, 또 사랑하는 딸과 어린 필영을 볼 것을 생각하니 너무나 기뻤다. 그러나 도산은 현실적으로 이것이 맞지 않다고 보았다. 왜냐하면, 국내에서는 일제가 도산의 일거수일투족을 통제하고 감시하고 있었기 때문이었다. 그리고 남에게 폐 끼치는 것을 극히 싫어하는 도산은, "당신과 아이들이 조선에 들어오면 내 가족생활까지 남을 의뢰하게 될 터이니 이것은 감당할 수 없는 것"이라고 하였다.[36] 그래서 도산과 아내와 아이들이 국내에 들어오는 문제에 대해 다시 고려해 보자는 전보를 보냈고, 또 오지 못하게 하는 편지도 보냈다.[37] 결국 혜련과 수산, 수라, 필영은 아버지를 만나러 가는 것을 포기하고 말았다.

도산이 국내에 있을 동안 혜련은 대한여자애국단 로스앤젤레스 지부장으로 활동하고 있었다. 『신한민보』에 "(1937년) 2월 21일에 본 여자애국단 나성(로스앤젤레스) 지방 통상회를 나성지부장 안혜련(이혜련) 씨 댁에서 개회하오니 일반회원은 일제히 출석하시기를 바라나이다"라는 특별 광고가 실리기도 했다.[38] 혜련의 집은 도산이 없어도 여전히 독립운동

35 「안부인 고국 방문」, 『신한민보』(1936.07.30.).
36 박재섭·김형찬 편저(1999), 같은 책, 183쪽.
37 박재섭·김형찬 편저(1999), 같은 책, 182-186쪽; 「안부인 귀국 중지」, 『신한민보』(1936.08.06.).
38 「특별광고를 보시오」, 『신한민보』(1937.02.18.).

을 논의하는 곳이였으며, 미주 애국부인들의 집회장소였던 것이다. 혜련은 대한여자애국단의 모든 행사에 꼭 참석하여 회의를 주재하는 역할을 하고 있었다.

일제는 중일전쟁을 도발하기 직전, 국내에 있는 민족주의 단체에 대해서도 대대적인 탄압을 가하였다. 1937년 6월, '동우회사건'으로 평양의 동우회 회원들과 송태산장에 은거하고 있던 도산을 체포하였다. 서울로 압송된 도산은 11월 1일 종로경찰서 유치장에서 서대문형무소로 이감되었다. 그러나 12월 24일 위장병과 폐결핵 증세가 심해지면서 보석으로 출감하여 경성제국대학 부속병원에 입원하였으나, 병세가 악화되어 1938년 3월 10일 병원에서 향년 60세로 별세하였다.

혜련은 도산이 서대문형문소에 있다가 병세가 악화되어 병원에 입원하고 있다는 소식을 듣고 남편의 안위가 무척 걱정되었다. 도산이 별세하기 이틀 전인 1938년 3월 8일, 혜련은 "병이 그리 침중한 가운데 위로를 받으시겠는지 무슨 말로 쓸런지 알 수 없수이다. 이 세상에서 허락하신다면 아무쪼록 병이 낫으시기를 바라나이다. 하나님께서 허락하시면 병이 속히 낫으시기를 믿습니다"라고 간절한 바람을 담은 편지를 보냈다.[39] 이 편지가 남편에게 보내는 마지막 편지라는 것을 알지 못하였고, 편지가 국내에 당도하였을 때 도산은 이 세상에 있지 않았다.

---

39 「이혜련이 안창호에게 보낸 편지」(1938.03.08.), 독립기념관 소장자료(1-A00029-038).

12. 혜련의 자녀들, 태평양전쟁에 참전하다

혜련의 믿음직한 큰아들 필립은 영화배우로서 유명해졌다. 게리 쿠퍼가 주연으로 나오는 세실 B. 데밀 감독의 컬러 영화인 〈와셀 박사의 이야기〉에 출연하였고, 그외에도 〈퍼플 하트〉, 〈카이로의 다섯 개 무덤〉, 〈용의 자손〉, 〈바탄으로의 귀환〉, 〈중국의 하늘〉 등의 여러 작품에서 그레고리 펙, 험프리 보가트, 로렌스 버컬 등 할리우드의 대스타들과 함께 출연하였다. 필립은 40여 편의 영화에서 대체로 '악한' 역을 맡았는데, 일본군으로 나오는 영화가 개봉될 때는 수많은 증오의 편지를 받아야만 했다. 사람들은 필립을 모두 알아보았고, 그들에게 사인을 해 주면서 '전쟁공채'를 사도록 권유하였다.

1941년 12월 7일, 일제가 하와이 진주만을 기습 공격하면서 미국과 일본의 전쟁이 시작되었다. 그러자 장녀 안수산은 "일본에 맞섰던 아버지의 싸움을 이어 가기" 위해서 미국 해군에 입대하였다. 그녀는 샌디에이고 주립대학을 졸업한 후 웨이브(WAVE) 부대 장교로 해군 비행사들에게 공중전 전략을 가르쳤다. 수산이 미 해군에 입대하여 대일전 승리를 위해 공헌한다는 사실에 혜련은 너무나 기뻤다.

도산이 서거하였다고 혜련의 집에 동포들의 방문이 결코 줄어든 것은 아니었다. 오히려 늘 사람들로 넘쳐났다. 한인 학생, 도산의 동지들, 그리고 한인 2세 등 사람들로 항상 북적거렸다. 태평양전쟁기 그들은 다양한 군복을 입고 혜련의 집을 방문하였다.

유명 영화배우가 된 필립도 육군에 입대하였으며, 필선도 육군에 입대하기를 원하였다. 그러나 그는 버클리대학을 졸업하고 비행기를 만드는 알루미늄 주물 회사인 휴즈 항공(Hughes Aircraft Corp.)에서 화학자로 일하였기 때문에, 미국 정부에서 입대를 허가하지 않았다. 그러던 필선은 맹호군(로스앤젤레스 한인경위대)에 입대하여 후방에서라도 대일전 승리를 위해 노력하였다. 둘째 딸 수라도 서던캘리포니아대학교 사회학과를 졸업하고 군수공장에서 실험실 기술자로 일을 하였으며, 막내 필영도 1944년 11월 해군에 지원하여 훈련소에 들어갔다.[40] 혜련과 도산의 자녀 5명이 모두 전쟁과 관련된 일을 하였다.

태평양전쟁기 혜련의 걱정은 자녀들이 나이가 들면서, 혼기를 넘어가고 있다는 것이었다. 필립은 마흔이 되었고, 수라도 서른이 넘었다. 필립은 결혼을 하면 그 여자가 자신의 어머니에 대한 관심을 빼앗아 갈 것이라고 생각했다. 그만큼 어머니에 대한 효심이 누구보다도 많았다. 그러면서도 혼기가 넘은 수산과 수라가 결혼을 하지 않을까 봐 걱정이 많았다. 전쟁은 계속되고 있었지만, 1944년 4월 18일, 혜련은 회갑을 맞이하게 되었고, 어머니에 대한 극진한 효심을 가지고 있는 아들과 딸들은 카롤 식당이라는 곳에서 그녀를 위해 성대한 잔치를 준비하였다.[41] 그리고 5월 7일 로스앤젤레스에 있는 식당에서 도산의 동지인 송종익의 주재로 50여 명이 참석한 회갑연이 개최되었다. 혜련을 아끼는 사람들이 특

---

40 「안, 김 양 청년 해군 자원 종군」, 『신한민보』(1944.11.30.).
41 「안도산 선생 부인 회갑연 준비」, 『신한민보』(1944.04.13.).

별히 열어 준 회갑연에서 그녀는, "내가 받기만 하여도 항상 주는 친우를 가진 것을 나는 자랑하고 싶다"라고 감사의 뜻을 표하였다.[42]

13. 일제로부터 조국이 독립되다

도산이 목숨을 바쳐 바라던 조국의 자유와 독립이 현실로 다가왔다. 그렇지만 혜련의 생활은 별로 달라진 것이 없었다. 여전히 여러 지역에서 동포들이 그녀의 집으로 찾아왔고 그들을 대접하였다. 해방이 되었지만 헐벗고 굶주리는 고국의 동포들을 돕는 일을 하고 있었다.

혜련의 자녀들은 모두가 결혼을 하지 않은 미혼이었다. 혜련은 수산에게 "지금 서른 살이라는 거. 한국 같았으면 넌 노처녀야. 네 나이의 여자들을 벌써 자식이 둘 셋은 됐을 테니까"라고 잔소리를 했다. 혜련은 과년한 딸들의 결혼 상대로 한국남자를 염두에 두고 있었다. 그녀는 한국남자와 결혼하기를 간절히 바라는 전형적인 한국 어머니였다.

그런데 수산은 미국인 프랭크 커디와 사귀고 있었다. 혜련이 미국인과 결혼을 반대한 것은 그들이 미처 볼 수 없는 문화적 차이와 성격 불일치에 대해 걱정하였기 때문이다. 혜련은 두 사람 사이의 결혼을 말리기 위해 로스앤젤레스에서 대륙횡단 열차를 타고 버지니아까지 갔다. 수산이 사는 아파트에 함께 지내면서 결혼을 포기하도록 설득하였다. 그럼에

---

42 「안부인 혜련씨의 회갑연」, 『신한민보』(1944.05.11.).

도 불구하고 수산은 1947년 4월 25일, 프랭크 커디와 결혼하였다. 너무나 실망한 혜련은 그 후 5년간 수산에게 집에 오라는 말을 하지 않았다. 그러다가 둘째 아들 필선의 결혼식 전날에야, 필립이 수산에게 전화를 걸어서 집에 올 수가 있었다.

조국이 독립되었지만 남과 북으로 분단되고 말았다. 북에는 소련이 진주하고 남쪽에는 미군이 진주하였다. 남쪽에는 대한민국이 수립되었다. 대한민국의 장관, 국회의원 등 고위관리들이 미국을 방문하였을 때, 혜련은 그들을 위해 한국음식을 만들어 대접하였다.

그러나 결국 혜련의 조국은 남북으로 갈라졌고 공산주의와 자본주의라는 이데올로기로 나뉘어 형제들 간에 서로 총을 겨누는 동족상잔의 전쟁을 하게 되었다. 전쟁은 3년 동안 지속되었고, 혜련은 그 전쟁에 대해 아무런 말도 하지 않았다. 그 대신 적십자사와 피난민을 돕기 위해 세워진 한국구제회에서 자원봉사 활동을 하였다. 전쟁으로 찢긴 고국으로 보낼 옷가지, 약품, 담요 등을 사는 일에 모든 힘을 쏟았다.

나이가 들어 혜련은 로스앤젤레스 북부 파노라마시에서 필립, 수산, 수라, 그리고 막내 필영까지 가족들 모두와 함께 문게이트라는 광동요리 레스토랑을 경영하였다. 문게이트는 파노라마시의 산페르난도 계곡 중앙에 위치해 있었다. 이 레스토랑은 말론 브란도, 프랭크 시나트라 등 할리우드의 유명 영화배우들이 자주 찾는 명가가 되었다. 문게이트 식당이 문을 연 이후 가장 큰 연회는 1960년 4월 21일에 열린 혜련의 77회 생일잔치였다. 혜련의 77회 생일잔치에는 미국 내 한인사회의 오래된 친구들과 도산의 지지자 등 300여 명이 참석하였다.

____ 1963년 3월 서울시청을 방문한 이혜련

헤련이 80세가 되었을 때인 1963년, 한국정부에서 도산에게 훈장을 수여하였다. 그래서 훈장을 받기 위해 한국에 초청을 받았다. 헤련은 1902년 젊은 새댁으로 고국을 떠난 이후 61년 만에 처음에 고국의 땅을 밟게 되었다. 막내아들 필영의 부축을 받으며 김포공항에 내렸다. 그리고는 기자들에게 "도산은 갔지만 한강은 여전히 흐릅니다"라고 말하였다. 당시 국가재건최고회의 의장 박정희는 헤련에게 "만약 도산이 살아 계셨다면 우리는 분단국가가 되지 않았을 것입니다"라고 하였다고 한다.[43]

---

43 존 차(2003), 같은 책, 293쪽.

말년에 혜련은 레슬링 애호가였다. 혜련과 같이 토요일 텔레비전의 레슬링을 보는 오랜 친구들은, 그레이스 송, 로다 임, 블라쉬 임, 헬렌 김, 한성실 등이었다. 모두 도산을 충실히 따랐던 사람들의 부인들이었다. 1969년 4월 21일, 86회 생일은 성대한 축하파티 없이 조용히 맞이했다. 그날 혜련은 잠깐 낮잠을 자겠다고 수라에게 말하고는 영면하였던 것이다. 서울 강남에는 안창호를 기념하는 도산공원이 조성되어 기념탑과 동상이 세워졌다. 이혜련의 유해는 1973년 11월 10일 일생을 서로 떨어져 지냈던 남편과 재회하게 되었다.

그리고 혜련이 오랫동안 간직해 오던 약 2,500점의 도산 관련 문서와 유품들은 독립기념관에 기증되었다. 미주 한인사회에서 혜련은 부유한 사람들, 가난한 사람들, 교육받은 사람들, 교육받지 못한 사람들, 오래전에 이민 온 사람들과 막 도착한 학생들을 그냥 편견 없이 의연하게 대우해 주었다. 미주 한인동포들은 혜련을 모두 '어머니'라고 불렀다.

대한민국 정부에서는 2008년 이혜련의 독립운동에 기여한 공을 기려 애족장을 추서하였다.

참고자료

「김배세가 이혜련에게 보낸 편지」(1932.05.10.), 독립기념관 소장자료(1-A00002-005).

박재섭·김형찬 편저(1999), 『나의 사랑 혜련에게』, 소화.

『신한민보』

이명화(2018), 「재미한인독립운동의 대모 이혜련의 삶과 유산」, 『한국여성독립운동가』, (사)3.1여성동지회 엮음, 국학자료원.

「이혜련이 안창호에게 보낸 편지」(1911.06.03.), 독립기념관 소장자료(1-A00020-010).

「이혜련이 안창호에게 보낸 편지」(1938.03.08.), 독립기념관 소장자료(1-A00029-038).

차, 존(2003), 『버드나무 그늘아래』, 문형렬 옮김, 문학세계사.

김알렉산드라,

코민테른과 독립운동의 다리가 되다

이신욱

부산외국어대학교 아세안연구원 교수

김알렉산드라(Ким-Станкевич, Александра Петровна, 1885-1918)
—
시베리아에서 대한독립을 외치다

1. 출생과 시대 배경

1) 조선말 연해주

러시아 출신 김알렉산드라[1]는 사회주의권 여성독립운동가다. 함경도 경원에서 아버지 김두서가 극동 시베리아로 이주하였고 연해주 니콜스크-우수리스크에서 1885년 2월 22일 출생하였다.

러시아제국은 1856년 블라디보스토크 건설과 함께 1860년 중국과 베이징조약을 맺어 연해주를 확보하였다. 그러나 극동 연해주는 모스크바에서 멀리 떨어져 있었고 시베리아철도 건설되기 전이어서 인구가 희박한 바람에 여러모로 식민지 건설에 어려움이 많았다. 러시아 정부는 당시 인구가 희박했던 중국 만주나 일본보다는 두만강 근처 조선에 눈을 돌렸고 적극적인 인구 유입 정책을 통해 부족한 노동력을 보충하고 극동 연해주 건설에 조선인을 투입하기로 결정하였다. 18세기에서 19세기를 거치면서 조선은 농업 생산성이 좋아졌고 곡물 수확량이 폭발적으로 증

---

1 본명은 알렉산드라 페트로브나(Александра Петровна)이다.

가했으며, 이는 인구증가로 이어졌다. 러시아가 극동 연해주를 건설하던 당시 조선에는 대규모 기근이 빈발하였고 관리들의 수탈도 횡행하여 많은 함경도 조선인들이 새로운 개간지인 러시아 연해주로의 이주를 희망하였다.[2]

1880년대 러시아는 블라디보스토크 인근에 조선인 정착촌 건설을 허락하였고 약 2만 명 정도 되는 이주민을 받아들일 계획이었다. 1869년에는 연해주 거주 조선인이 6,500명 정도였으나 조선말 중앙정부의 힘이 약화되고 세도정치로 인한 정국 혼란을 틈탄 관리들의 수탈과 가뭄, 대규모 기근을 피해 10여만 명의 함경도 출신 조선인들이 블라디보스토크 인근 조선인 정착촌으로 몰려들었다. 여기에는 두 차례 대규모 이주가 있었다. 첫 번째 이주는 대규모 기근을 피해 들어온 함경도 농민 출신 이주민이 중심이었는데 이들은 1850년경부터 불법으로 함경도 국경을 월경한 이주민들이었다.

두 번째 이주는 을사늑약과 강제병합 이후에 이루어졌다. 이때는 항일운동을 위해 이주한 망명 유민들이 주류를 이루는데 이들은 의병을 조직하여 국경지대에서 일제과 무력 투쟁을 하는 부류와 2세 교육, 토지 경작, 무역, 소비에트와의 협력 등 다양한 이유로 이주한 이주민들이었다.

---

2 양승조(2018), 「19세기 후반 조선인 북방 월경이주(越境移住)의 장기적 조건으로서의 인구요소」, 『중소연구』 42권 3호, 한양대학교 아태지역연구센터.

2) 독립운동가 아버지 김두서와의 만남과 이별

김알렉산드라의 부친인 김두서는 1869년 러시아로 이주하였고 번역가라는 직업을 가지게 된다. 당시 조선인 이주자들 사이에서 번역가는 인텔리로 통하는 중요한 직업으로 여겨졌고 러시아 정부에 대한 조달, 납품과 사업, 상업 등 수요가 많았다.

이주 초기 김알렉산드라의 부친 김두서는 주로 번역가와 통역사로 활동한 것으로 보인다. 그러나 망해 가는 조선을 살리고 일제에 항거하려던 김두서는 김알렉산드라가 태어난 1885년 이후 만주에서 독립운동에 헌신하게 되고 1895년 김알렉산드라가 부친 김두서를 찾아 만날 때까지 만주에 머물렀다. 러시아 극동 블라디보스토크에서 만주까지 어린 10세 소녀의 여행은 김알렉산드라의 일생에 큰 영향을 미쳤다. 당시 만주는 청일전쟁(1894-1895)으로 인한 일제의 침략으로 인해 독립운동의 최전선에 있었다. 김알렉산드라가 만주에서 독립운동하고 있던 아버지 김두서를 만나고 곧 김두서가 사망하였다고 기록된 것으로 볼 때, 김두서는 만주 지역에서 독립운동 중 사망한 것으로 보인다.

만주에서 아버지 김두서를 만난 기쁨도 잠시, 김두서의 사망은 다시금 김알렉산드라를 러시아 블라디보스토크로 돌아가게 했고 그곳에서 아버지의 친구인 러시아인 표트르 스탄케비치에게 입양되었다.

3) 블라디보스토크

블라디보스토크로 이주하는 한인(조선인)들의 수가 급속히 늘어나자 블라디보스토크 시당국은 조선인 관리에 어려움을 토로하였고, 러시아

정부는 이들을 체계적으로 관리하기 위해 조선인들이 모여 사는 것을 허용했다. 이것이 극동 러시아 독립운동의 중심지 신한촌이 만들어진 계기가 되었다.[3]

김알렉산드라가 태어난 고종 22년(1885)은 1884년 김옥균, 박영효 등 개화파가 일본 세력을 업고 일으킨 갑신정변의 이듬해로 청나라와 일본이 조선을 두고 신경전을 벌였던 해였다. 4월 15일 영국이 러시아의 남하를 견제하고자 거문도 사건(1885-1887)을 일으켰고, 그해 4월 18일에는 톈진에서 청나라의 이홍장과 일본의 이토 히로부미가 톈진조약을 통해 조선에서의 철군을 합의하였다.

조선과 러시아가 1884년 7월 7일 조로수호통상조약을 체결하여 외교 관계를 수립하였고 러시아는 극동에서 부동항 확보를 위해 조선 정부와 우호관계 형성에 적극적으로 노력하였고 그 결과 명성황후 시해 사건(을미사변)을 기회로 1896년 아관파천을 통해 친러내각을 수립하게 된다.

이러한 이유로 러시아 정부는 극동에서 함경도 출신 조선인 이주자들에 주목하였고 이들에게 교육에 기회를 부여한 것으로 보인다. 김알렉산드라가 블라디보스토크에서 여학교에 입학하고 초등학교 교사가 된 배경에는 러시아의 한반도 진출을 위한 인재가 필요했기 때문이고 부친 김두서가 통역사로서 활동한 것도 러시아 정부의 '인재 양성 정책'이라는

---

3 신한촌(1886-1937). 블라디보스토크를 방문한다면 중심가에 위치한 신한촌 유적지를 방문하기를 권한다. 신한촌은 함경도에서 이주한 조선인들이 모여 살던 한인촌으로 1886년 400명에서 출발하여 1891년 840명에 이르렀다. 조선말에서 제1차 세계대전(1914) 전까지 만주와 극동지역 독립운동의 중심지였다. 그 중심에 러시아 고려인 최재형 선생의 많은 금전적 후원이 있었다.

배경 때문으로 보인다.

지식인으로서 김두서의 활동은 알려진 것은 없지만 초기 함경도 출신 조선인 러시아 이민자였다는 점, 통역사로 일할 정도로 지식을 가지고 있었다는 점, 만주에서 독립운동에 매진했다는 점으로 볼 때 러시아의 개혁적 정치사상에 상당히 근접했던 인물이라고 할 수 있다. 특히 그의 딸 김알렉산드라가 연해주와 블라디보스토크에서 유년기를 보냈고 블라디보스토크 여학교에 입학할 수 있을 정도의 교육을 받았다는 점에서 '이민자 인텔리겐치아 집안'이었다고 추측할 수 있다.

2. 러시아 정치사상으로 본 김알렉산드라[4]

1) 배경

김알렉산드라가 블라디보스토크 여학교에 입학할 당시 러시아는 알렉산드르 3세가 집권하는 '철권통치기'였다. 흔히 반동정치라 불리는 슬라브 민족주의를 내세운 차리즘[5]과 헌병정치의 시기였다. 황제는 정보기관 KGB의 전신이라고 할 수 있는 '제3부'를 조직하였고 이를 통해 수많은 혁명가들을 시베리아로 투옥했다.

---

4 이신욱(2009), 『러시아 정치사 I』, 동아대학교출판부 참고.
5 러시아 황제(차르)를 중심으로 한 제정 러시아의 전제정치 체제로 16세기 중반 이반 4세 시대에 시작되었다. 러시아 차르는 국가의 모든 부와 권력을 누렸고 심지어 종교적 수장으로서 권위까지 누렸다. 러시아 정교회도 강력한 러시아 차르에 귀속되었다.

_____ 초기 인텔리겐치아(1825)

이러한 반동정치는 1881년 알렉산드르 3세의 부친 알렉산드르 2세의 암살로 인한 반발 차원에서 감행된 것으로, 황제권 수호와 전제군주정에 대한 도전을 용납하지 않는, 군사력을 동원한 철저한 억압정치라 할 수 있다.

농노해방의 아버지이며 러시아의 온건개혁파였던 알렉산드르 2세의 개혁정치를 뒤집고 보수반동정치를 감행한 결과는 1917년 러시아 혁명으로 나타났다. 국가적 개혁을 해야 할 시기에 보수반동으로 돌아선 결과는 러시아 혁명이라는 참혹한 결과를 낳았고 로마노프 왕조는 종말을 고하게 되었다.

김알렉산드라는 당시 보수적이고 반동적인 사회 분위기에서 블라디보스토크에 있는 여학교에 입학했다. 그러나 당시 러시아 학교는 반동적인 러시아 정부의 분위기와 전혀 달랐다. 데카브리스트(Dekabrist)의 난이 실패로 돌아간 1825년 이후 난에 연관된 수많은 젊은 귀족, 데카브리스트들은 시베리아 유형(流刑)에 처해졌고 그들의 가족들이 같이 이주함으로써 시베리아는 진보적인 사상의 해방구가 되었다고도 할 수 있다. 더구나 알렉산드르 3세의 반동정치를 피하여 수많은 데카브리스트들이 학교로 들어왔고, 이들은 인텔리겐치아(intelligentsia)[6]라 불리는 러시아 지식인계급이 되었다.

2) 브나로드운동

김알렉산드라의 초기 교사로서의 활동은 러시아 브나로드운동의 영향에서 비롯되었다고 할 수 있다. 교육을 통해 러시아의 차리즘과 농노제라는 참혹한 현실을 인식하고 개혁에 동참하여 국가를 개혁하려는 생각은 도산 안창호 선생의 민족개조사상과 유사하다고 할 수 있다.

구한말, 선진 서구 문물의 침략위기 속에서 서구의 선진 문물을 배우고 교육하여 현실을 극복하려는 움직임이 있었다. 이는 1930년대 심훈의 소설 『상록수』에 나오는 농촌계몽운동(브나로드운동)으로 조선에 유입되었고 조선의 농촌계몽운동가들은 교육을 통해 뛰어난 미래세대를 배출하여 민족독립을 이루려는 교육독립운동가였다. 이는 무장독립운동과 함께 독립운동의 양대 산맥에 해당된다고 할 수 있다.

---

6 19세기 중반에 나타난 러시아 지식인층을 일컫는 말. 19세기 영국과 프랑스 등은 시민사회가 산업화와 민주화를 이끌었으나, 낙후한 봉건제 국가인 러시아는 극소수 귀족 출신의 지식인들이 서구의 영향을 받아 러시아를 개혁하려고 하였다. 이들 인텔리겐치아들은 서구화주의자와 슬라브주의자로 나뉘는데 먼저 서구화주의자들은 개혁, 개방을 통해 서유럽의 시민사회 모델을 원했고 슬라브주의자들은 러시아 전통 농민공동체에서 미래의 모델을 찾았다. 인텔리겐치아들은 초기 귀족 출신으로 시작했다가 1880년대에 들어오면서 대학생, 교사, 작가, 예술가 등 다양한 출신들로 구성되었다.

브나로드운동은 게르첸의 '농민 사회주의'이론에서 시작되었다. 유럽에서의 혁명은 유럽인들에게 자유를 주었지만 자본가와 노동자 사이의 갈등을 낳아 모두가 만족하는 사회로 발전하지 못하였다. 게르첸은 원시 사회주의적인 성격을 지닌 러시아의 농촌에서 새로운 가능성을 발견하였다. 농촌공동체 미르(mir)의 전통을 살려 유럽의 자본주의 상태를 거치지 않고 바로 사회주의로 진행할 수 있다는 것이었다. 1860년대 후반부터 러시아가 서구의 혁명을 거치지 않고 바로 사회주의로 갈 수 있다는 믿음이 인텔리겐치아들과 학생들에게 폭넓게 확산되었다. 이들을 '나로드니키'라 불렀고 그들의 사상을 인민주의라 했다.

1873년 가을부터 많은 지식인들과 학생들은 '인민 속으로'라는 구호를 외치며 농촌으로 뛰어들었다. 브나로드운동이 시작된 것이다. 1874년 여름까지 4,000명 이상의 지식인과 학생들이 인부, 목수, 방물장수 등으로 가장하여 마을들을 돌아다니며 러시아의 현실을 고발하였고, 일부는 농촌에 정착하여 농민들과 함께 생활하며 농민들을 계몽하고 교육하였다.

그러나 우군인 줄 알았던 농민들의 신고로 대규모의 체포가 이어졌고, 1876년까지 약 4,000명의 청년들이 체포되었다. 체포를 면한 많은 청년 지식인들과 학생들은 마음의 상처를 입고 도시로 되돌아올 수밖에 없었다. 브나로드운동은 그렇게 종결되었다.

3) 마르크스주의와 레닌

1917년 10월 혁명은 러시아의 모든 것을 바꿔 버렸다. 단계적 혁명을

레닌과 플레하노프의 혁명론 비교

	프랑스 대혁명	2월 혁명	10월 혁명
이데올로기	계몽주의/자유주의	마르크스주의, 플레하노프의 2단계 혁명론	사회주의 (마르크스-레닌주의)
주도세력	중산층과 시민	노동자, 군인	볼셰비키
타도된 세력	부르봉 왕조, 봉건귀족	차르왕조, 봉건귀족	멘셰비키와 우파 자유 주의자
영향	유럽의 봉건왕조 붕괴, 민족주의 출현	러시아 봉건왕조 붕괴	아시아와 아프리카 사회주의 운동
결과	프랑스 자유주의 공화국 성립	자유주의자와 사회주의자의 연합 임시정부 수립	최초의 사회주의 공화국 소련 수립

생각해 왔던 플레하노프와 멘셰비키(온건 사회주의자)들은 역사의 전면에서 사라졌고 레닌이 이끄는 볼셰비키(급진 사회주의자)들이 집권하여 러시아를 이끌게 되었다. 플레하노프는 프랑스 대혁명과 같은 자본주의 혁명을 거친 사회주의로의 이행을 지지했고, 레닌은 사회주의 혁명으로 바로 이행하기를 지지했다. 결국 레닌에 의해 러시아는 마르크스 역사 발전 5단계론[7]을 뛰어넘어 자본주의 단계를 거치지 않고 사회주의로 이행하게 되었고, 1922년 소비에트 사회주의 공화국, 소련이 탄생했다.

---

7 마르크스는 역사발전 5단계를 원시 공산사회, 고대 노예제 사회, 중세 봉건사회, 근대 자본주의 사회, 사회주의와 공산주의 사회로 구분하여 역사 발전이 이루어졌다고 설명하고 있다.

4) 코민테른의 역사

코민테른(Comintern)은 공산주의 인터내셔널을 지칭하는 것으로서, 제3인터내셔널이라고도 한다.

원래 인터내셔널이란 1864년 런던에서 창립된 최초의 국제적 노동자 조직이다. 당시에는 아직 어느 나라에도 노동자 정당이 없었기 때문에 유럽과 미국의 노동조합, 협동조합, 노동자 교육단체, 사회주의자 등이 모여 조직하였다. 마르크스와 엥겔스는 이 조직을 통하여 노동자들의 정당, 혁명정당을 각국에 수립하도록 시도하였다. 1871년 파리코뮌 사건으로 인하여 각국의 탄압이 계속되어 1876년 해산하였다. 이를 제1인터내셔널이라고 한다.

제2인터내셔널은 1889년 7월 프랑스 혁명 100주년 기념일에 파리에서 설립되었다. 이때는 마르크스가 이미 사망하여 엥겔스의 지도로 조직되었다. 각국의 사회주의 정당, 노동조합 등의 느슨한 연합체로서의 형태를 지니고 명확한 강령이나 지도 기관을 가지고 있지 않았으며, 1900년까지는 상설 사무국조차도 없었다. 그러나 이 시기에 이르러 마르크스주의는 세계 노동운동의 주류를 점하게 되었고, 따라서 제2인터내셔널은 설립 후 10년 동안 노동운동의 확대에 주도적 역할을 하게 되었다. 그러나 제1차 세계대전 발발로 인하여 각국 노동자들의 느슨한 연합이 깨져버렸다. 각국의 노동자들은 사회주의 혁명 이상을 버리고 민족주의 이상을 좇아 스스로 부르주아 전쟁에 참전하는 국가의 도구로 전락하였다.

제2인터내셔널의 붕괴를 지켜본 레닌은 유럽 노동자들에 대해 강한 거부감을 가졌다. 제1차 세계대전으로 제2인터내셔널이 와해된 후, 레

제1, 2, 3인터내셔널의 비교

	설립자	설립목적	사상	결과
제1 인터내셔널	마르크스, 엥겔스	각국 노동자 정당설립과 노동운동지원	마르크스주의	파리코뮌 사건과 각국의 박해로 해체
제2 인터내셔널	엥겔스	각국 노동당과 노 동운동의 연계	마르크스주의	제1차 세계대전 으로 인한 세계노동자 연합의 붕괴로 해체
제3 인터내셔널	레닌	아시아, 아프리카 노동운동과 혁명 지원	마르크스- 레닌주의	스탈린의 숙청으로 해체

닌은 볼셰비키와 같은 정당이 세계 각국에 생겨나야 한다고 생각했다. 이러한 분위기에서 나타난 레닌의 코민테른은 자본주의 사회와 타협하려는 모든 사회주의 세력과의 단절을 의미했다. 레닌은 자신이 설립한 제3인터내셔널을 코민테른으로 명명하였다. 코민테른 설립으로 인하여 레닌의 볼셰비키와 독일의 사민주의, 러시아의 멘셰비키들과의 모든 교류가 단절되었다. 제3인터내셔널은 유럽의 사회주의를 온건파와 급진파로 분열시켰다. 코민테른에는 주로 노동운동의 좌파들이 모였는데, 기존 유럽의 노동운동가뿐만 아니라 아시아와 아프리카의 지지자들도 모였다. 1919년 모스크바에서 창립되어 마르크스-레닌주의를 사상적 기초로 중앙집권적 조직을 가지며 각국 공산당에 그 지부를 두고 있다. 프롤레타리아 독재를 통한 사회주의의 달성이라는 노선에 입각하고 있다는 점에서 제2인터내셔널과 구별된다. 제1, 2차 세계대전 사이에 특히 아시

아, 아프리카 지역의 공산주의자들의 투쟁을 촉진시켰다. 제3인터내셔 널은 스탈린에 의해 다수의 지도자들이 숙청된 후 1943년 해산되었다.

5) 코민테른과 조선의 독립운동가들

1919년 1월 독일에서 노동자 혁명이 일어났다. 그러나 봉기는 진압되고 혁명은 분쇄되었다. 1919년 3월에는 헝가리에서 사회주의 혁명이 일어났으나, 소비에트 정권 수립 6개월 만에 소비에트 정권은 전복되었다. 레닌과 볼셰비키들의 예상과는 달리 유럽의 선진 자본주의 국가에서의 사회주의 혁명은 실패했고, 이들 국가에서 노동자들은 움직이지 않았다.

유럽에서의 볼셰비키 혁명이 실패하자 레닌과 지도자들은 아시아로 눈을 돌리기 시작했다. 일제의 식민지인 조선과 열강이 진출하여 반식민지로 삼은 중국 그리고 프랑스의 식민지 베트남이었다. 이들 약소민족들의 식민지 해방운동은 사회주의 혁명과 일맥상통했다. 사회주의 혁명운동과 식민지 해방운동은 공통의 목적, 자본가세력과 제국주의에 대항하는 것을 목적으로 하였다. 따라서 많은 식민지 국가들의 독립운동가들은 소련의 지원을 받아 독립운동에 매진하였다. 베트남의 호치민이 대표적인 예이다. 1924년 코민테른 제5차 대회에 참석한 호치민은 약 2년간 모스크바에 머물면서 공산 혁명사상을 익혔다. 지금도 모스크바 크레믈과 레닌 도서관 사이에 그가 머물렀던 집이 보존되어 있다.

1919년부터 조선의 독립운동가 중 사회주의자들은 코민테른운동에 참여하고 있었다. '한인사회당'의 박진순은 레닌과 함께 코민테른 소위원회에서 활동했다. 박진순은 극동을 대표하는 코민테른 집행위원으로 선출되었다. 당시 거대한 식민지를 소유하고 있었던 유럽 국가들과 미국은 식민지 저항운동을 박해하는 세력이었고, 새롭게 등장한 사회주의 국가인 소련은 박해받는 식민지의 독립을 지원하는 형편이었다. 아시아와 아프리카의 식민지 국가들의 독립운동가들은 코민테른 참여에 적극적이었다. 따라서 조선의 독립운동가들의 코민테른 참여는 그 당시 당연한 것이었다.

1921년 11월 28일, 대한민국 임시정부 국무총리 이동휘, 박진순, 한글학자 이극로[8] 3명의 조선의 독립운동가들은 크레믈에서 레닌과 면담했다. 그 자리에서 레닌은 일제의 식민정책, 3.1 만세운동에 대한 설명을 들었다. 그리고 일제에 투쟁하는 조선의 독립운동가들에 대한 지원을 약속했다. 레닌은 조선의 독립운동가들이 방문할 때마다 거액의 지원금을 지급했는데 그 이유는 유럽에서의 혁명의 실패를 만회할 신생 아시아 내 사회주의 혁명의 필요성 때문이었다.

전 세계 사회주의운동의 전초 기지로 소비에트 러시아가 코민테른을 통해 적극적으로 식민지 해방운동을 지원하여 아시아에서의 사회주의의 확산을 이룩하고, 나아가 아프리카와 유럽, 미국과 같은 선진 산업 국가에서도 사회주의운동이 일어나 전 세계 사회주의 혁명을 성공시킨다는 레닌의 거시적인 구상의 일환이었다.

---

8 한글학자, 북한 정치인, 조선어학회 주간으로 있으면서 『조선어 사전』을 펴냈다. 1948년 북한으로 월북하여 최고인민회의 상임위원회 부위원장을 역임했고 북한 언어 규범화를 시도하여 '문화어 운동'을 주도했다.

3. 김알렉산드라와 독립운동

1) 신한촌, 독립운동의 허브

블라디보스토크 신한촌을 중심으로 고려인들은 무기 구입, 독립자금 모금 등을 통해 만주에서 진행되던 독립군들의 무장 투쟁을 지원하였고 간도 및 연해주 한인사회의 중심이 되었다. 한인사회의 지도급 인물들인 최재형, 최봉준, 문창범, 김학만 등이 협력해 1910년대 국내외 독립운동을 주도하기도 하였다.

국외 독립운동 기지로 신한촌은 항일 독립운동가들의 집결지였고 일본 세력이 미치지 않는 러시아 영토로서 자치기구 성격을 지니고 있었으며, 이범윤, 홍범도, 유인석, 이진룡 등의 의병장을 필두로 하여 그동안 국내외에서 애국계몽운동을 주도하던 인물 등 수많은 애국지사들의 동북아 네트워크 및 허브 역할을 했다고 할 수 있다.

헤이그 특사인 이상설, 이위종도 이곳을 거쳐 갔고, 국내에서 신민회를 조직, 활동하던 안창호를 비롯해 이종호, 이갑, 조성환, 유동열, 민족주의 교육을 실시하던 이동녕, 정순만, 미주에서 공립협회와 국민회를 조직했던 정재관, 이강, 김성무 등도 이곳에 집결하였으며 민족사학자 박은식, 신채호, 기독교계 이동휘와 대종교의 백순 등 애국계몽운동가들도 거쳐간 곳이다.

1911년 당시 신한촌에는 '권업회'라는 한인결사가 존재했었는데 1914년 9월까지 3년간 왕성하게 활동했던 조직이었다. 권업회는 조선 독립을 위한 계몽 활동, 민족주의 교육, 농업 및 상공업 권장 등을 통해 러시아 주재 조선인 사회의 정치적 위상을 높이고 이를 실천하는 방향으로 '독립전쟁론'을 그 이념으로 삼았다.

1914년 '대한광복군정부'가 조직되어 이상설을 대통령, 이동휘를 부통령으로 선출하고 국외의 독립운동기지 신한촌에서 대한광복군을 양성해 한반도로 진출하기 위한 강력한 항쟁을 준비하였다.

그러나 러시아가 제1차 세계대전에 참전하게 되면서 신한촌의 대한광복군이 일본과의 불필요한 오해와 분쟁을 가져온다 하여 러시아 정부에 의해 해산되었다.

2) 신한촌과 김알렉산드라

블라디보스토크 여학교를 졸업한 김알렉산드라는 부친의 친구 스탄케비치의 아들과 결혼하여 '스탄케비치'라는 성을 얻게 되었다. 러시아는 결혼 직후 남편의 성을 가지게 되는데 러시아 국민으로 인정받는 시민권을 가지게 된 것을 의미하고 초등학교 교사로 활동한 것으로 나온다.

이는 초기 김알렉산드라가 만주에서 이루어졌던 부친의 독립운동을 이어받기보다는 오히려 러시아 브나로드운동처럼 인민 교육을 통한 장기적인 독립운동을 시작한 것으로 보인다. 당시 1905년경 러시아는 러일전쟁의 패전 후유증으로 인해 한반도에서 완전히 철수했고 러시아를 통해서 독립운동을 전개한다는 것은 교육 부문을 제외하고는 상당히 제한적이라고 할 것이다. 부친 김두서의 영향을 받고 러시아의 브나로드운동에 영향을 받은 김알렉산드라의 교육 부문에서의 활동은 당연하다고 할 수 있다.

신한촌은 많은 조선 독립운동가들의 중간 기착지 역할을 하였고 김알렉산드라가 조선의 독립운동가들과 네트워크를 형성하였다는 것은 자연스러운 일이라고 할 수 있다. 기록에 의하면 김알렉산드라는 신한촌 내부에서 정치 활동에 참여했고 당시 무너져 가는 러시아제국을 대체하는 이념적인 대안을 찾기에 이른다. 그것은 바로 식민지 조선을 해방시키기 위해 볼셰비키에 가입하여 사회주의자들에게 적극적인 도움을 받는 방법이었다. 김알렉산드라는 1916년, 남편과 이혼하고 우랄로 갔고 그곳에서 볼셰비키에 가입했다.

3) 볼셰비키와 김알렉산드라

1916년, 러시아 사회민주노동당 볼셰비키당에 가입한 김알렉산드라는 사회주의를 통해 식민지 조선의 해방을 꿈꾸었던 것으로 보인다. 극동 하바롭스크 볼셰비키 지도자 중 한 사람이었고 주로 맡은 임무는 외국인들, 특히 한인들을 중심으로 한 선전선동이었으며, 1917년 내전이 발발하자 백군 퇴치와 아무르 지역 한인사회 형성에 노력을 기울였다.

1917-1918년 내전기에 김알렉산드라는 하바롭스크 볼셰비키당 인민위원회 외무위원으로 활동하였다. 볼셰비키는 상대적으로 세력이 빈약한 시베리아와 극동 지역에서 외국인, 특히 조선인들에 관심을 가졌고 조선 독립운동가들의 독립운동이 식민지 해방운동과 맥을 같이한다고 생각하여 이들을 포섭하여 공동 전선을 만드는 데 심혈을 기울였다.

김알렉산드라는 고려인 1세대 최초의 공산주의자였고, 짧은 기간이지

식민지 해방운동과 사회주의 혁명의 비교

	원인	목적	이데올로기	타도 대상	결과
식민지 해방운동	제국주의의 가혹한 식민지배	식민지 해방	민족 자결주의	자본가, 제국주의자들	제3세계 독립과 민족주의 혁명 확산
사회주의 혁명	자본가들의 가혹한 착취	노동자 혁명으로 사회주의 정권수립	마르크스-레닌주의	자본가, 제국주의자들	중국, 베트남 공산정부 수립

만 볼셰비키 극동 정부 수뇌부의 일원인 외무위원으로 활동하였다는 점에서 그녀의 발자취가 큰 의의를 가진다고 할 수 있다.

1917년 혁명으로 볼셰비키에 의해 소련이 건국되었고 볼셰비키의 지도자 레닌이 국가지도자로 등장하면서 김알렉산드라는 여성 볼셰비키로 레닌에 눈의 띄었다. 1918년 내전이 발생했을 때 볼셰비키들은 러시아 민족 외에도 많은 곳에서 사회주의 우군을 포섭했고, 극동 연해주에서는 김알렉산드라가 중심이 되어 신한촌을 중심으로 활발하게 진행되고 있는 식민지 해방운동의 참여자, 즉 조선 독립운동가 중에서 러시아 혁명에 합류자를 포섭했다. 일례로 독일 간첩으로 오인된 이동휘 선생을 석방하도록 했고 김립, 이동휘 등과 함께 한인사회동맹을 창설하여 극동과 시베리아 지역의 사회주의운동을 러시아인뿐만 아니라 다양한 국적의 외국계 주민들에게도 설파했다. 김알렉산드라는 볼셰비키당과 한인사회동맹을 잇는 중심 네트워크 역할을 한 것이다.

4) 김알렉산드라의 죽음

1918년 내전이 시작되면서 극동 연해주는 멘셰비키와 황제당, 자본가들이 중심 세력인 백군에 의해 지배되었다. 중앙 러시아에서 적군(볼셰비키)이 승기를 잡으면서 영국, 프랑스, 미국, 일본 등 외국군의 간섭이 시작되었고 일본은 블라디보스토크로 출병하여 백군과 연합했다.

러시아 극동 연해주의 상실은 이곳이 일제 침략에 용이한 교두보가 아니며, 조선 독립운동의 기반이 상실되는 것을 의미했다. 이러한 위기 상황에서 김알렉산드라는 한인사회당 의용대 100명을 조직하여 일제와 백군에 저항했다. 그러나 훈련된 일본군과 백군에게 한인사회당 의용대 100인은 중과부적이었고 김알렉산드라는 체포되어 1918년 9월 16일 처형되었다.

김알렉산드라는 사형을 선고받자 마지막으로 "8보만 걷게 해 주오"라는 소원을 부탁했다. 왜 8보냐고 물으니 "비록 가 보진 못했지만, 우리 부친 고향이 조선인데 8도라 들었다. 내 한발 한발에 조선에 살고 있는 인민들, 노동자들의 미래에 대한 희망, 새로운 사회가 실현되기를 바라는 마음을 담는다"라는 유언을 남겼다.[9]

---

9 성공회대학교 한홍구 교수 번역.

4. 여성독립운동가로서의 의의

김알렉산드라의 일생은 독립운동으로 시작해서 독립운동으로 끝난다고 할 수 있다. 부친 김두서는 함경도 출신 이민 1세대 인텔리겐치아였고 번역가로서 만주에서 독립운동가의 삶을 살았다.

부친 김두서의 영향으로 김알렉산드라는 '조선 독립'이라는 이상이 형성되었고 1895년 부친이 사망하기까지 만주에서 부친과 함께 독립운동을 했다.

1895년 블라디보스토크로 돌아온 김알렉산드라는 블라디보스토크 여학교에 입학하여 교사로 활동하였는데 당시 신한촌을 중심으로 독립운동가들과 네트워크를 형성했고, 브나로드운동에 영향을 받아 교육 활동을 했다.

그러나 1916년 이혼과 함께 우랄 지역으로 이주한 김알렉산드라는 볼셰비키에 합류하여 사회주의 독립운동에 매진하였다. 이 시기 김알렉산드라는 독립운동가들과 볼셰비키를 이어 주는 중간자 역할을 한 것으로 보인다. 식민지 조선의 독립운동가들과 레닌은 조선의 독립과 제국주의 타도라는 상호 의도하는 바가 비슷했다. 이를 통해 조선의 독립을 이룩하려던 김알렉산드라는 레닌과 한인사회당과 친선관계의 중심에서 다리 역할을 하고 있었다. 이러한 친분이 기반이 되어 레닌의 코민테른운동(제3인터내셔널) 중심에 조선의 사회주의 독립운동가들이 있었다고 할 수 있다.

따라서 김알렉산드라는 조선의 독립을 위해 사회주의 독립운동가들과 신흥세력인 러시아 공산당과의 동맹관계의 중심에 있었고 그 위치가 매우 중요한 여성독립운동가라고 할 것이다.

5. 김알렉산드라의 발자취

① 초기(1885-1905): 독립운동가 부친 김두서의 영향, 민족주의 경향.

② 중기(1905-1916): 블라디보스토크 여학교 졸업과 교사생활, 브나로드 운동에 영향, 신한촌 중심의 민족주의·사회주의 독립운동.

③ 말기(1916-1918): 볼셰비키 극동 연해주 외무위원, 하바롭스크 인민위원, 한인사회당 조직, 혁명가의 삶.

양승조(2018), 「19세기 후반 조선인 북방 월경이주(越境移住)의 장기적 조건으로서의 인
  구요소」, 『중소연구』 42권 3호, 한양대학교 아태지역연구센터.
이신욱(2009), 『러시아 정치사 I』, 동아대학교출판부.

고수선,

고문을 딛고 민의(民醫)가 된 제주 소녀

심옥주
한국여성독립운동연구소 소장

고수선(高守善, 1898-1989)

—

독립운동의 물결 속에서 여성교육의 신호탄이 되다

1. 제주 소녀, 독립의 빛을 품어 내다

모든 존재하는 것에는 이유가 있다. 하늘에 빛나는 무수한 별들이 각자의 자리가 있듯이 존재하는 것은 나름의 이유가 있다. 하늘에 빛나는 별이 빛이 강하거나 약하거나 또는 어느 자리에 있어도 빛을 발한다. 암흑 같았던 일제강점기, 그 시대의 별빛이 밝거나 덜 밝은 것은 상관없었다. 하늘에 빛나고 있다는 이유, 그 이유만으로도 독립을 향한 빛이 가진 의미는 충분했다. 여성독립운동가 고수선도 자신만의 빛을 발했던 별이었다. 멀리 제주에서 세 소녀가 상경했다. 이들은 기적 같은 일을 일으켰는데, 바로 고수선, 강평국, 최정숙이다. 맏언니였던 고수선은 시간이 흘러 독립운동에 투신하는 여전사가 되었고, 제주 최초의 여의사, 여성정치인, 사회복지가 등의 수식어가 앞서는 여성지식인이 된다.

필자는 2013년부터 제주 여성독립운동 연구차 제주도를 자주 방문했다. 제주 여성독립운동 연구를 위해 먼저 일제강점기 제주 독립운동의 지형을 파악하고 여성독립운동의 맥을 찾아 나갔다. 일반적으로 제주 여성독립운동이라고 하면 1932년 해녀항일운동을 떠올리지만 제주 여성

_____ 서대문형무소에서의 고문으로 손가락에 장애를 얻었다

은 그보다 먼저 스스로 배우고 깨쳐야 한다는 주체 의식을 가지고 있었다. 문맹퇴치운동과 애국계몽운동을 주도한 인물 고수선과 그의 벗 강평국, 최정숙은 근대 제주 여성의 역사가 되고 역사를 만든 선각자들이다. 단아한 고수선의 모습과 달리 그녀의 손가락은 서대문형무소에서 당한 고문으로 장애를 안고 있었다. 젊은 날의 고수선, 그녀에게는 어떤 일이 일어났을까.

1919년 3.1 만세운동은 고수선의 삶을 송두리째 바꿔 놓았다. 고종의 인산일인 3월 1일을 기해, 민족지도자 33인은 독립선언서를 낭독했고 탑골공원에 모였던 이들은 만세를 외쳤다. 탑골공원을 시작으로 만세 행렬이 쏟아져 나오면서 학생, 기생, 부인, 상인, 교사 등 다양한 연령과 계층이 참여했다. 같은 날 경성여자고등보통학교의 수업은 평상시와 같이 진행되고 있었다. 그때 학교 담벼락에 독립선언서 한 묶음이 툭 떨어졌다. 독립선언서 묶음이 발견되자 학교는 긴장했고, 교사들은 학생들이 움직이지 못하도록 교문을 자물쇠로 걸어서 폐쇄했다. 정오가 가까워 오자,

학생들은 학교 주변의 독립선언서를 발견하고는 학교의 긴박한 움직임을 알아챘다. 그날, 고수선은 오후 1시에 탑골공원에서 만세를 부르기로 했다는 약속을 전해 듣고 준비를 하고 있었다. 학교 인근에 뿌려지는 소식지와 독립선언서 묶음에 학생들은 교문으로 향했다.

하지만 교문은 굳게 폐쇄되어 나갈 수가 없었다. 그때, 한 여학생이 불쏘시개를 자르는 손도끼를 들고 굳게 닫힌 교문 앞에 서서 기숙사 대문을 힘껏 내리쳤다. 고수선이었다. 그 모습을 지켜본 다른 학생들도 돌과 칼, 도끼를 찾아내어 함께 교문을 부수거나 기숙사 창문을 넘어 교문 밖으로 나왔다. 전교생이 교문에 매달려 문을 열기 위해 뛰어든 순간, 굳게 닫혀 있던 교문이 열렸고, 여학생들이 쏟아져 나오기 시작했다. 전교생이 만세운동에 참여한 1919년 3월 1일의 경성여자고등보통학교의 모습이었다.

고수선은 제주 신성여학교를 1914년에 졸업한 뒤, 연락선을 타고 목포를 거쳐 서울 유학길에 나섰다. 경기도 수원의 권업모범장 여자잠업강습소에서 1년 동안 수학한 뒤, 관립 경성여자고등보통학교에 응시해서 편입학 과정 2학년에 입학했다. 경성여자고등보통학교는 최초의 관립 여학교로, 역사적 의미가 있는 교육기관이었다. 반면, 1910년 이후 친일파 관료였던 어윤적 교장이 부임하고 일본인 여교사가 채용되면서 민족말살 정책을 추구했던 일본의 교육의도와 그에 따른 황국신민화 정책이 수업에 반영되어 학생들의 저항이 컸던 곳이기도 했다. 그렇기에 더욱더 항일의식이 고조되면서 전교생은 만세운동에 참여했다.

경성여자고등보통학교는 국가 주도로 설립된 최초의 관립 여학교로

___ 고수선의 학창시절

한성고등여학교가 전신이다. 1908년 6월
에 입학생 첫 모집을 예고하자, 관립 여학
교 설립을 기념하여 순정효황후는 같은
해 5월 20일에 직접 휘지를 내렸다. 황후
의 휘지는 최초의 관립 여학교 설립이라
는 의미도 있었지만, 순정효황후가 여학
교에서 수학한 경험이 있었기 때문에 신

___ 동복을 입은 경성여자고등보
통학교 학생들

여성 교육이 중요하다는 것을 정확히 인지하고 있었다는 점에서 의미가
크다. 한성고등여학교는 1910년 4월 재동에 부지를 마련한 뒤, 근대식
목조 2층 교사를 갖추었고, 3년 뒤에는 교동(경운동) 교사를 마련하면서
벽돌 건물로 신축되었다. 광복 이후에는 오늘날 헌법재판소의 자리가 된

곳이 바로 학교 부지였으니, 서울 북촌의 중요한 부지에서 관립 여학교가 시작된 것이다.

2. 고수선, 격동기 제주에 신여성의 시작이 되다

고수선은 1898년 8월 8일 제주의 남제주군 대정읍 가파리에서 부친 고영조와 모친 오영원의 외동딸로 태어났다. 외동딸로 태어난 고수선은 집안의 귀여움을 독차지했다. 고수선의 부친과 모친은 모두 딸에 대한 사랑이 지극했고 교육적 열의가 매우 높았다. 외할아버지의 각별한 사랑도 받았는데, 어려서부터 총명하고 영특했던 손녀가 더욱 각별하고 귀하게 여겨져 애지중지했다. 가족의 극진함은 고수선이 성장하고 유학을 가는 과정에서도 드러난다. 서울로 유학을 갈 때, 고수선의 부모님 모두 서울로 이주해서 뒷바라지를 했다. 모친 오영원은 고수선이 서울에서 공부할 때나 일본에서 유학을 할 때에도 항상 동행했고 삯바느질을 하면서 생활 뒷바라지를 했다. 부모님의 적극적인 후원이 큰 힘이 되어, 학문적 관심과 열의가 유달리 강했던 고수선은 배움의 길에 적극적으로 뛰어들 수 있었다. 반면 공부를 시작하는 과정이 그리 순탄하지 않았다. 『제주신문』에 게재한 「내가 살아온 길」에서 고수선은 배움에 대한 열의를 불태웠던 날을 회상했다. 한밤중에 부모님 돈을 몰래 들고 야학교실로 뛰었던 열 살 소녀는 배움을 향한 열렬한 반항과도 같은 시간을 보냈다. 그저 배우는 것이 궁금하고 배우고 싶다는 호기심에 찾았던 야학은 고수선을 용기 있는 소녀, 도전하는 소녀로 만들어 놓고 말았다.

열 살 때 나는 여자이지만 야학을 다니고 싶어 집에서 4㎞나 되는 학
교를 그것도 밤에 부모 돈 엽전 9닢을 가지고 처음 나갔다….

고수선이 태어난 섬 가파도에서는 7살까지 살았는데, 가파도는 우리
나라 최남단에 있는 마라도와 제주도 본섬의 중간에 위치해 있다는 것
외에도 특별한 역사를 가지고 있었다. 네덜란드 선박 스페르웨르의 선장
헨드릭 하멜이 표류했던 곳이 가파도로 추정되며, 그들이 저술한 『난선
제주도 난파기』와 『조선국기』에 처음으로 우리나라가 소개된 곳이 가파
도였다. 거센 기류와 조류의 수역으로 외항선들의 표류와 파선이 잦았고
외지인의 모습도 간간이 목격되는 곳이었다.

자라면서 고수선의 배움을 향한 열의는 커져만 갔고 배움에 대한 갈증
은 더욱 깊어만 갔다. 어느 날 제주도에서 유명한 김응두 선생이 대정객
사에서 야간 강습회를 열어 학생들을 가르친다는 소식이 들려왔다. 그
소식을 들은 고수선의 마음은 집에서 4㎞나 떨어진 곳에서 열리는 강습
회로 향했다. 10살도 안 된 소녀가 야간 강습회를 찾아 밤길을 달리기 시
작했다. 무작정 집을 나선 지 한참 만에 야간 강습회가 열린 곳에 도착했
다. 야간 강습회를 듣기 위해 몰래 강습이 열리는 야학당에 도착하여 살
펴보니, 나이 많은 어른들과 젊은 사람, 학생에 이르기까지 다양한 사람
들로 가득 차 있었다. 수업을 듣는 내내 모든 것이 새롭고 신기한 듯 환
한 얼굴이 되어 있었을 무렵이었다. 갑자기 누군가 문을 두드리는 소리

가 들렸다. 벌컥 문을 열고 들어선 아버지는 잔뜩 화가 난 얼굴을 한 채, 고수선에게 손짓을 하며 밖으로 나오라고 했다. 그리곤 마당 한편에 세워 놓은 빗자루로 매질을 하며 야단치기 시작했다. 아버지의 고함소리는 마당을 울렸고, 어린 소녀는 잔뜩 겁에 질려 서 있었다. 그렇게 고수선은 아버지 손에 이끌려 집으로 향했다. 다그치는 아버지의 고함소리가 쩌렁쩌렁 메아리가 되어 고수선의 귀에 돌아왔고 정신없이 끌려가다시피 하며 걸었다. 그런데 잠시 한눈을 판 사이에 그만 미끄러져 저수지에 빠지고 말았다. 온몸에 통증이 엄습했지만 고수선은 아프다는 소리를 지를 새도 없이, 그 자리에서 벌떡 일어났다. 서러움에 쏟아지는 눈물과 저수지 물로 옷도 흠뻑 젖었다. 오랜 시간이 흘렀어도 고수선은 저수지에 빠지면서 탈골된 발등의 상처가 후유증으로 남았고, 어린 시절 고통스러운 기억으로 남아 있었다고 한다.

집에 돌아오니 어머니는 아버지에게 딸을 매질까지 했다며 부부싸움까지 벌어졌어요. 그 후부터 나는 동네 친구들과 산에 가서 나무도 하고 들판에서 열매를 따먹으며 다녔지요….

이후에도 고수선은 배움에 대한 그 간절함을 놓지 못했다. 잠든 꿈결에서도 배운 글을 중얼거렸을 정도로 공부에 대한 의지가 간절했다. 1910년 8월 29일, 일본으로부터 국권을 상실했다는 소식이 전해졌다. 과거부터 외세의 침략을 겪어 왔던 우리 민족이었지만 나라를 온전히 빼앗겼다는 것은 너무 참담한 소식이었다. 그때 아버지는 "우리 민족이 힘이 없고 배

___ 제주 신성여학교가 시작된 곳(1899)

___ 신성여학교 여학생(1902)

우지 못해서 나라를 빼앗긴 것이야…"라고 한탄한 뒤 딸을 조용히 부르고 물었다. "너는 아직도 글을 꼭 배우고 싶으냐?" 그렇게 아버지와의 수업이 시작되었다. 아버지는 딸을 마주 앉혀 놓고 우리글을 자상하게 하나하나 가르쳐 주기 시작했다. 아버지가 글을 소중히 가르쳐 줄 때면 고수선은 눈을 반짝이며 집중했다. 배우고 난 뒤에는 틈만 나면 읽고 쓰기를 계속 반복했다. 그런 딸의 모습을 지켜보던 아버지도 서서히 미소를 짓고 있었다. 고수선이 14세가 되자 딸의 본격적인 공부를 위해 제주도로 이사한 뒤, 고수선을 입학시키기 위해 학교를 알아보기 시작했다. 그곳이 바로 1909년 10월 18일에 정부로부터 설립 허가를 받은 제주 최초의 정식 여학교 '신성여학교'였다.

제주도 최초의 여성교육기관인 신성여학교의 설립은 1908년 뮈텔 주교에게 라크루 신부가 학교 설립 계획을 보고하면서 구체화되었다. 1902년 라크루 신부의 「초기 본당과 성직자들의 서한(1)」에는 27명의 학생과 교사로 구성된 초기 신성여학교의 모습이 소개되어 있다. 라크루 신부의 각고의 노력으로 1902년, 제주도 여학교가 설립되었고 '신성여학교'가 1909년 정식 학교로 등록되었을 때는 많은 학생들이 수학하고 있었다. 고수선도 1908년 한일사립학교(1911년 대정공립보통학교로 개칭)를 졸업한 이듬해, 신성여학교에 편입하여 1914년 3월 25일 1회 졸업생이 되었다.

신성여학교는 개교 당시의 유아 및 보통학교 초급반 수준 정도로 수업이 진행되었다. 시간이 지나면서 초등과정 4년과 중등과정 1년 과정으로 재정비되어 졸업한 학생이 고등보통학교 중등과정 2년에 편입할 수 있었다. 수업 내용은 수신(修身), 국어, 산수, 이과, 지리, 역사, 한문(습자), 체조, 창가(음악), 수예·편물, 교리 등으로 진행되었다. 특히 창가 수업의 경우, 오르간 소리에 맞춰 학생들이 노래를 불렀으며 그 시간을 즐겼다고 한다. 국어 수업은 『국어독본』교재로 공부를 했다. 수업 중에는 여러 나라 국기에 대해 배웠는데, 우리나라 국기는 태극과 팔괘가 있고, 일본 국기는 해를 강조했으며, 중국 국기는 용을 강조했음을 배웠다. 이어 지리와 산수도 공부했다. '일제강점'이라는 조국의 벽과 '여성'이라는 시대의 벽 사이에 있었던 제주 소녀는 경성으로 향했다.

3. 고수선, 만세를 외치고 고문에 갇히다

관립 여학교는 졸업 이후 관립 여학교에서 배출된 선배가 교사가 되어 사회에 진출했기 때문에 학생들의 관심이 높았다. 하지만 일본의 식민지 정책이 본격화되자, 총독부 산하에서 운영된 관립 여학교 교과수업 과정에서 일본인 교사와 학생 간의 충돌이 일어나기 시작했다. 경성여자고등보통학교에 갓 부임했던 시가 교장의 잦은 민족 차별적 언행에 학생들은 적개심을 표시하거나 일본인 교사와 대치하는 상황도 종종 발생했다. 고수선은 편입하고 첫 학기가 끝나자 학급에서 4등을 차지하며 우등생 반열에 올랐다. 특히 수학을 잘했던 고수선은 우등생으로 주목받곤 했는데, 어느 날 역사와 미술을 담당했던 일본인 시바다 교사의 수업 이후 감시 대상이 되었다. 2학년 역사 수업시간에 시바다 교사가 임진왜란에 대한 설명을 하던 중 "이순신은 아무것도 아니야. 그가 거북선을 만들었다는 것은 날조된 것이니 잘 알기 바란다"라고 말하자, 고수선은 자리에서 일어나 자신의 의견을 밝혔다. "선생님, 내가 학교와 부모님에게서 배운 이순신 장군은 아주 훌륭한 분입니다"라는 고수선의 의견에 다른 학생들도 함께 일어나서 항의하기 시작했다.

일본인 교사는 학생들의 단체 행동을 우려해 대략 수업을 마무리했지만 이후 고수선은 우등생에서 행실이 좋지 못한 학생으로 기록됐고 반항하는 학생으로 주목받는다. 학기를 마치고 전달받은 고수선 성적표 조행란(操行欄)에는 갑을병 중 '병'으로 가장 낮은 평가가 적혀 있었다. 이 외에도 미술 수업시간에 시바다 교사는 학생들에게 자랑스럽게 일장기를 그려 보라고 지시했고, 고수선은 일장기를 그리는 것이 마음에 내키지 않아서 교사의 눈을 피해 조심스럽게 태극기를 그리고 있었다. 이를 지켜보던 학생이 교사에게 신고하면서 고수선은 다시 한번 감시 대상이 되었다. 하지만 고수선은 물러서지 않았다. 오히려 강평국, 김일조, 노순렬 등 급우와 함께 '국기동지회(國旗同志會)'를 결성하여 태극기를 알리기 위해 하얀 천에 태극기를 그려서 소매 안에 꿰매고 다녔다.

1919년 1월 21일 고종황제가 갑자기 승하했다는 소식이 전해졌다. 총독부는 사인을 뇌일혈로 발표했지만 일본인이 독살을 했다는 소식이 퍼져 있었다. 학생들도 황제의 승하 소식에 충격에 휩싸였다. 고종황제의 장례가 치러지는 날, 수업을 알리는 첫 시간의 종이 울리자 각 교실에는 차가운 기운이 감돌았다. 그때 어느 교실에서 "아이고… 아이고…" 하는 곡소리가 들려왔다. 위아래 교실에서 학생들은 약속이나 한 듯이 곡을 따라 하기 시작했다. 당황했던 교사들은 처음엔 학생들을 달래기도 하고 진정하라고 설득했지만 학생들은 대답하지 않은 채, 여전히 곡소리만 계속할 뿐이었다. 학생들이 곡소리를 그칠 기미가 안 보이자, 교사들은 회초리를 들고 교탁을 두드렸다. 하지만 학생들은 앞을 응시하지 않은 채, 책상에 엎드려 엉엉 소리내어 울기 시작했다. 수업은 중단되었고 교직원 회의가 소집되었다. 회의를 마친 교장은 학생들에게 말했다. "오늘 오후 1시에 각 반 대표 한 사람이 대한문 앞 곡반(哭班)에 참가하고 다른 학생들은 수업을 계속하도록 한다."

교장의 말이 끝나자 고수선을 포함한 몇몇 학생들은 소복 단장을 하고 대한문으로 향했다. 망국의 설움이 채 가시기도 전에 고종황제의 승하 소식은 나라 잃은 설움을 배가시킨 충격적인 사건이 되었다. 학교에 남아 있던 몇몇 학생들은 점심시간이 되자, 슬픈 마음을 안고 강당으로 발길을 향했다. 오후 수업을 알리는 시작종이 울렸다. 하지만 강당에 모인 학생들은 꼼짝도 하지 않고 앉아 덕수궁을 향한 채 곡을 하기 시작했다. 기숙사 사감이었던 쓰지쿠 교사는 고수선, 김일조, 김숙자, 최은희를 사감실로 부른 뒤 주모자 색출에 나서기 시작했다. 주동인물로 고수선이 언급되었다. 그런데 마침 인공강우 실험을 하러 왔던 일본인 노무하라 마사효의 수업을 도와준 인연으로 보증을 받고 퇴학을 면할 수 있었다.

1919년 3월 1일 오후 1시에 탑골공원에서 만세를 부르기로 했다는 약속을 고수선도 전해 들었다. 그런데 경기고등학교 박규훈 학생이 급히 찾아와서 1시간 앞당겨진 12시에 만세 시위가 있을 것이라고 전했다. 그 소식을 들은 학생들은 닫힌 교문 앞에 서서 소리를 쳤고 고수선은 손도 끼를 들고 자물쇠를 힘껏 내리쳤다. 굳게 닫혀 있던 교문이 열리자 고수선은 덕수궁을 향해 뛰어다니면서 '대한독립만세'를 외쳤다. 태극기가 없는 이들은 모자나 수건을 흔들며 만세를 외치기 시작했다. 고수선은 쉼 없이 만세를 외치고 또 외쳤다. 정신을 차리고 보니, 머리는 헝클어져 있었고 신발도 한 짝이 벗겨진 채 맨발로 걷고 있었다. 멀리 용산 역에서 기마병들이 줄지어 몰려오는 것이 보여 세브란스병원으로 급히 몸을 숨겼다. 신발을 얻어 신은 뒤 학교 기숙사로 향했다.

고수선과 학생들이 학교에 들어서자, 어디선가 들리는 학생들의 비명소리와 일본 경찰의 고함소리로 교정이 가득 찼다. 일본 경찰은 만세 시위를 저지시키기 위해 서울 시내를 뛰어다녔고, 학교로도 몰려들어왔다. 일본 경찰은 소리를 치며 학생들을 강당으로 몰아넣고 한 학생씩 만세 시위에 가담했는지 조사하기 시작했다. 그러던 중 고수선이 나타나자, 일본 교사인 아사노가 물었다.

"너희들은 어디 갔다 오느냐"
"네. 우리들은 독립만세를 부르고 오는 길입니다"

"독립은 누구 맘대로 시켜 준다더냐?"

"우리 삼천만 국민이 모두 독립을 원하는 데 독립 만세를 왜 못 부릅니까, 그리고 왜 독립을 못 찾겠습니까?"

당당하게 답변하는 고수선을 바라보며, 아사노 선생은 말문이 막혔다. 일본인 교사와 고수선의 모습을 지켜보고 있던 학생들은 고수선에게 응원을 보냈다. 이어서 일본 경찰은 강건한 어조로 학생들을 한 사람씩 부르기 시작했다. 그때 어디선가 "기숙사에 폭탄이 터진다"라고 외치는 소리가 들렸다. 현장에 있던 교직원과 학생, 일본 경찰들은 모두 깜짝 놀라서 학교 교문을 향해 뛰기 시작했다. 그러나 폭발음은 물론 어떤 소리도 들리지 않았다. 폭탄 소동으로 인해 학교에서 진행된 현장심문은 마무리되었다. 길고도 길었던 3월 1일이 저물고 있었다.

일본 경찰은 많은 이들이 만세 시위를 했던 시내와 학교, 시장 등을 샅샅이 뒤지기 시작했고 주동자를 찾는 데 혈안이 되어 있었다. 시내 곳곳의 장소를 가리지 않고 급습했고 이상한 조짐이 조금만 보여도 출동했다. 일본 경찰의 검문, 검색이 강화되면서 서울 시내의 많은 학생이 잡혀갔고 경성여자고등보통학교에서도 학생 32명이 잡혀갔는데 고수선도 포함되었다.

학생들은 서대문형무소에서 회유와 협박, 고문을 당하면서 고통과 수치심에 시달렸다. 서대문형무소 밖으로는 그들의 고통스러운 비명소리와 만세소리가 간간히 흘러나왔다. 서대문형무소의 고수선이 들어선 고문방에도 고문관이 들어왔다. 고문관은 '고수선' 이름을 호명한 뒤 수치심을 일으키는 욕설과 함께 누구의 지시인지, 왜 참여했는지, 어떤 행동을 했는지 등을 다그쳐 묻기 시작했지만 고수선은 당당했다. 일본 경찰은 질문에 답을 하지 않자, 손가락 사이에 연필을 끼워 놓고 고통을 가하는 연필고문을 가했다. 입술이 파르르 떨리고, 고통은 온몸을 엄습해 왔다. 어린 소녀들에게 서대문형무소의 밤과 낮은 고문을 가하는 경찰과 고문에 치를 떠는 이들의 비명소리로 얼룩졌다. 수차례 고문이 이어졌음에도 큰 성과가 없자 일본 경찰은 결국 고수선을 포함한 경성여자고등보통학교의 30여 명의 학생들을 석방했다.

고수선은 서대문형무소에서 풀려났지만 일본 경찰의 주요 감시 대상자로 분류되어 자유롭게 행동할 수가 없었다. 감시를 피해 창덕궁 뒤에 있는 가정집에서 변장을 하고 혼자 숨어서 지냈다. 그러던 어느 날, 집을 잠시 비운 사이에 일본인 노무하라가 찾아와서 격려문을 남겼는데, 그가 남긴 것은 금 1돈, 현금 5원, 그리고 편지였다.

나라 잃은 민족으로서 자기 나라를 찾겠다는 것은 당연하지 않으냐.
어디까지나 완강히 투쟁해 나가라.

그렇게 얼마간의 시간이 흐른 뒤, 고수선에게 경성여자고등보통학교에서 졸업식이 열린다는 소식이 들려왔다. 그 순간 서대문형무소에 여전히 수감된 학생들이 눈에 선했다. 동시에 졸업식장에서 일본 국가를 부를 것을 생각하니 너무도 치욕스러워 졸업식에 참석하지 않았다.

4. 교사가 되어 전한 독립자금, 그리고 일본 유학

제가 외할머니께 들은 바로는 졸업장은 학교에서 보내왔고, 어머님은
삼일만세 시위 가담한 뒤 달포 동안 연락이 두절되었어요….

약 보름 정도 고수선의 행방은 묘연했다. 그리고 고수선의 장손 김욱
은 다음과 같이 전해 들은 이야기를 말했다.

민족대표 33인 중 한 사람인 박희도의 부탁을 받고 황해도에서 배를
빌려 두 명의 남자와 함께 어부로 위장하여 여순을 거쳐 상하이로 밀
항했다고 들었어요.

고수선과 박희도와 인연은 대한민국 임시정부와의 인연으로 이어졌
다. 사라진 보름 동안 고수선은 군자금 2만 원을 월경대에 숨기고 상하
이 임시정부에 전달하는 임무를 맡았다. 이후 충남 논산공립보통학교 훈
도로 임명을 받았다. 교사 자격증을 취득하고 논산의 시골 학교로 부임
한 고수선은 독립운동가와 대한민국 임시정부 관련 인물과의 교류를 계
속 이어 나갔다. 충남 논산의 만석꾼인 이교문과의 인연은 고수선의 삶
에 긍정적인 영향을 주었는데, 충남 논산에 도착했을 때, 우연히 찾은 하
숙집이 논산의 만석꾼 이교문의 집이었다. 이교문 부부는 고수선과 동갑
이었던 딸을 잃고 외로운 마음을 달랠 길 없어서 슬픈 나날을 보내고 있

었다. 그런 이교문 부부에게 고수선은 친딸과 다름없이 사랑을 줄 수 있는 존재였다. 고수선을 수양딸로 삼았던 이교문은 고수선의 군자금 마련은 물론 독립운동자금 모금 활동에도 큰 도움을 주었다. 고수선의 군자금 모금 활동은 1919년 3월 서울에서 독립 활동을 하던 중 박정식을 만나면서 진행되었다. 어렵게 찾아온 박정식은 대한민국 임시정부의 열악한 상황을 전하며 독립군의 군자금 모금을 부탁했고 고수선은 지역에서 군자금을 모금하기 시작했다. 고수선은 공적신청서에 다음과 같은 내용을 기재했다.

1919년 4월에 논산 공립보통학교 훈도로 임명, 재직하면서 애국심은 더욱 불이 붙었고 일경과 투쟁하기 위해 고심하는 동지 박정식 친우에게 군자금을 마련하기 위해 논산 지방 갑부인 손병직 씨로부터 당시 2,700원의 거액을 희사받아 넘겨준 사실이 있다.

하지만 박정식이 모금된 군자금을 가지고 임시정부로 떠난 뒤에 발각되고 말았다. 또한 고수선은 일본 경찰의 주요 감시 대상이 되어 가는 곳마다 미행과 감시가 따라다녔다. 일본 경찰의 압박은 심각했다. 그래서 고심 끝에 1년의 논산 교사생활을 정리하고 비밀리에 상하이로 향하는 배를 탔다. 당시의 상황을 고수선은 다음과 같이 증언했다.

중국으로 갈 때였던 것 같습니다. 조선 옷을 입고 가면 일본인들한테 자꾸 검문을 받고 의심을 받으니까 중국 옷을 구하는 데 어머니 몸에 맞는 것이 없더랍니다. 신발도 맞는 게 없고… 어머니는 키도 몸집도 크셨습니다. 중국에서 기차를 타고 며칠씩 갔는 지 어린 아기를 안은 사람이 함께 타고 갔는데 하루 종일 가도 아기 젖을 안 먹이더랍니다. 그게 의심받아서 걸렸는데, 아기가 산 아기가 아니라 죽은 아기였대요. 죽은 아기 안에 마약을 집어넣고 운반하다가 바로 옆에서 잡혀가는 것을 보았다고 어머니에게 이야기를 들었어요.

유달리 키가 컸던 고수선은 맞는 중국 옷을 구하기도 힘들었다. 우여곡절 끝에 구한 옷을 입고 이동했지만 기차 안에서 위험한 일들은 불시에 발생했기 때문에 힘든 나날의 연속이었다. 상하이에 가기로 결정을 내린 뒤, 고수선의 목표는 오직 독립지사들이 있는 상하이 대한민국 임시정부로 가는 것이었다. 배편과 기차편을 여러 차례 이용하여 험한 길을 거쳐 목적지에 도착했지만 더 큰 난관에 봉착하고 말았다. 상하이에 도착하자마자 고수선의 망명 사실이 알려지면서 수배령이 동시에 내려졌기 때문이다. 상하이에 있는 일본 경찰에게도 고수선의 망명 사실은 전달되었고 감시 대상이 되고 만 것이다. 살갗을 파고드는 차가운 바람과 일본 경찰, 정탐꾼, 그리고 열악했던 임시정부의 환경 속에 감시를 피해 숨어 다녔던 고수선은 상하이에 더 이상 머물기 힘든 상황이었다. 그래서 일본 도쿄로 유학을 가기로 결정을 내렸다.

진행자: 상하이에는 얼마나 계셨습니까?

고수선: 상하이에서 한 달 반?

진행자: 일본으로 다시 건너오신 거군요. 우리나라로는 언제 다시 들어
　　　 오신 겁니까?

고수선: 일본 가서 동경(도쿄) 요시오카의(醫)학교에 들어갔습니다. 제
　　　 가 특기가 수리입니다. 수학하고 물리, 화학… 그래서 거기를
　　　 총독부에서 입학하라고 하는데 그 학교 갈 리가 있겠습니까?
　　　 안 들어가고 우에노에서 데모를 일으켰어요. 우에노 공원에
　　　 서. 또 며칠 동안 수감됐었죠. 그러다가 요시오카의학교에 입
　　　 학했는데, 불행히도 그때 관동대지진이 일어났어요. 지진이 나
　　　 니까 그저 당하는 데로 찔러서 죽이는 겁니다.

　　　　　　　　　 — KBS 제주 '11시에 만납시다' 「항일제주」 마지막 중인 고수선 여사 편 중에서

　고수선은 1920년 4월 13일 일본 도쿄의 요시오카의학전문학교에 입학
을 했다. 일본의 의학전문학교에 입학한 뒤에도 여전히 일본 경찰의 감
시는 삼엄했고 쉼 없이 고수선을 따라다녔지만 일본 경찰의 눈을 피해
독립운동가들과 지속적으로 우에노공원의 비밀회합에 참여했다. 그때
관동대지진이 일어났다. 자연재해로 일순간에 도쿄는 마비되었고 일본
내의 조선인 학살 만행은 심각해졌다. 일본인들이 자경단을 조직하여 조
선인을 학살을 할 정도로 사태가 심각해지자, 고수선은 일본에 머문 지
2년 만에 다시 국내 귀국을 결정했다. 타국에서의 고단함 때문이었는지
고수선은 심장각기병으로 경성 총독부병원에 입원했다. 고단한 몸과 마
음으로 병원에 몸을 뉘고 있었지만 독립을 향한 열망은 여전했다. 병원
에 입원한 지 며칠 뒤 일본 경찰은 고수선의 입국 사실을 확인하고 종로

경찰서로 연행했다.

고수선의 체포 이유는 '3월 5일을 기해 다시 의거하자'는 내용의 전단지 배포의 주도자라는 이유에서였다. 고수선이 입국한 뒤, 3월 5일 의거 내용을 담은 전단지가 거리에 배포되었는데, 이를 주도한 인물로 고수선을 지목한 것이다. 일본 경찰은 고수선의 국내 독립 활동을 저지하기 위한 핑계를 찾아 고수선을 연행했고 각서를 요구했다. 그들은 '다시는 독립운동을 하지 않겠다는 각서를 써라'라며 각서를 쓴 뒤 돌려보내 주겠다고 말했다. 그러자 고수선은 다음 내용으로 자신의 생각을 적어 내려갔다.

> 내가 하고 있는 독립운동은 학생 신분으로 하기 때문에 잘 먹혀들지가
> 않더라. 그래서 나는 공부를 더욱 열심히 하여 사회의 훌륭한 사람이
> 되면 다시 독립운동을 하겠다….

각서를 받아든 일본 경찰은 눈이 휘둥그레졌다. 내용을 읽다가 화가 치밀어 올랐는지 윽박질렀다.

> 당시의 고문 중에 막대기를 손가락에 끼고 비트는 고문이 제일 아팠
> 다. […] 그러나 한창때라 심한 고문에도 용케 견디어 냈다.

종로경찰서 수사과장인 요시노는 "이렇게 지독한 처녀는 처음 본다"며 혀를 내두르기도 했다. 그렇게 혹독한 심문이 이어지고 혐의를 찾지

못하자 고수선을 서대문형무소에서 내보내 주었다. 아픈 몸에 치료도 완전히 받지 못한 채, 다시 고문을 받았던 고수선의 몸은 엉망이 되어 있었다. 고문으로 받은 손의 상처와 후유증이 심했고, 류머티즘 관절염에 걸린 것처럼 양손이 휘어져서 당분간 손가락의 정상 기능이 힘들 정도가 되었다. 그때 고문의 후유증에 대해 후손은 고수선이 나이가 든 뒤에도 시달렸을 정도로 힘들었다고 했다. '지금 이 상황에서 나는 조국에 어떤 역할을 할 수 있을까'라는 생각으로 고심했던 고수선은 경성의학전문학교의 문을 두드리기로 결심한다. 입학지원서를 작성하고 학교에 제출했다. 그런데 학교 측은 '문제 학생'이라는 이유로 입학을 거부하고 말았다. 일본 경찰 고등계에서 '사상범'으로 이름을 올려놓았기 때문에 고수선의 입학은 거부당한 것이다. 고수선이 종로경찰서를 찾아 담당 경찰에게 항의하자 담당 경찰은 '배일사상의 혐의는 있으나 반성의 기미도 있다'라고 메모를 전달해 주었다. 그렇게 입학 시험에 응시할 수 있었다. 시험 당일의 고된 우여곡절 끝에 고수선은 경성의학전문학교에 당당히 입학했다.

5. 고수선, 민의(民醫)가 되어 제주 여성을 일으키다

『동아일보』 1925년 3월 20일 자 기사에는 경성의학전문학교를 졸업하는 두 여성을 소개하고 있다. 26세의 윤보영과 27세의 고수선이다. 기사 내용에는 두 사람 다 남자들만 공부하는 경성의학전문학교에서 입학해 열심히 공부해서 영광스러운 졸업을 하게 되었다고 했다. "윤보영

양은 동대문 부인병원에서 실습을 하고 고수선 양은 총독부 의원내과
에서 실습을 했다"고 소개했을 정도로 젊은 여의학도에 대한 관심은 높
았다.

『한국 근현대 의료문화사』의 「한국인 여의사 열전」에는 1921년에 경
성의학전문학교 청강생이었던 세 명의 여학생의 사연을 담았다.

"조선에 여의사가 얼마나 되는지 아는가?"

"저번에 어느 신문을 보니까, 전부 18인이라고 하던데, 그게 다 조선
여자일까?"

"조선 여의사는 어느 학교 출신이 제일 많던가?"

"물론 일본의 여자 의학전문학교 출신이 대부분이지. 그리고 경의전
출신이 7, 8인 있나 보네. 중국의 의학교 출신도 있고, 미국의 의학교
에 재학 중인 분도 약간 있고"

"경의전 출신은 누구누구인가?"

"안수경, 김해지, 김영흥 씨. 그리고 함경북도 성진 제동병원에 가 계
신 김영실 씨와 개성 남성병원에 계신 고수선…."

1920년대에 여성이 의학전문학교에 진학하고 의사가 되는 것은 쉬운
일이 아니었다. 특히나 여성이 의학전문학교에 진학을 하는 것은 쉽지
않았다. 그런데 「한국인 여의사 열전」에서 소개한 고수선의 사연은 참
놀라웠다. 1921년에 고수선을 포함한 여학생의 사연을 소개한 엽서 기
록이 미국에서 발견되었다. 한국의 여자 의학생을 소개한 엽서는 선교사

로제타 홀이 미국 친지에게 보낸 것으로, 엽서에는 열악한 한국의 현실 속에 고군분투하고 있는 한국 여자의학생의 학비를 마련하는 데 도움이 필요하다고 호소하는 내용이 있었다.

tian women Students admitted into the

____ 미국 엽서에 소개된 후원 사연

엽서가 미국에 소개된 후, 얼마 지나지 않아 기적 같은 일들이 일어났다. 로제타 홀 선생이 소개한 청강생이 1년 뒤인 1922년 4월 15일 경성의학전문학교에 입학한 것이다. 물론 고수선도 포함되었다. 여성에 대한 차별적인 시각이 지배적이었던 그 당시 상황을 고려한다면, 고수선을 비롯한 여학생의 도전은 참 놀라운 일이었다. 그들의 도전은 또 다른 기적으로 이어졌다. 고수선은 1926년 3월 22일 의학전문학교를 졸업한 뒤 의사자격을 취득하고, 제주 여성으로는 최초로 여의사가 되었다.

고수선의 첫 발령지는 경기도 개성이었다. 개성군 소재 남성병원에서 26세의 젊은 나이에 어린아이들을 돌보는 소아과를 담당했다. 이때 고수선은 이후 고아원 활동과 사회복지 활동도 하였다. 개성에서 3년간 진료를 하던 중 부친은 고수선에게 제주에서 진료를 하면 어떻겠냐고 간곡하게 권유했다. 29세가 되었을 무렵, 부모님의 권유로 고수선은 고향 제주로 향했다. 이때 제주시 삼도동에서 '장춘의원'을 운영하고 있던 김태민을 만나 혼인을 해서 함께 의술을 펼치기 시작한다. 당시 제주는 의사수가 부족했기 때문에 병원은 바쁘게 운영되었다. 고수선은 소아과와 내과, 남편 김태민은 산부인과를 진료했다. 제주는 지역특성상 해녀 활동을 하는 여성이 많았고 그로 인한 질병도 많이 발생했다. 부부는 함께 어려운 이들을 무료로 진료하거나 진료비를 감해 주는 등 따뜻한 마음을 가지고 의술을 펼쳐 지역민들로부터 신임을 받았다.

고수선은 제주에서 의사로 활동하면서 제주 여성에게도 영향을 주었다. 그녀의 활동은 '제주여자청년회', '조선여자청년회', '제주각단연합 용호동맹조직' 등의 기사를 통해서 확인된다. 살펴보면, 1925년 12월에 제주여자청년회가 창립되면서 초대회장으로 선출되었고, 이후 1927년 2월 26일에는 '제주여자청년회'에서 대의회와 총회를 개최했을 때 행사 사회를 보았다는 활동 기사가 있다. 제주여자청년회에서는 교양, 선전, 근우회 지지, 야학 확장, 폐품 교정, 소여(所與)지도 등에 관한 내용을 다루었다. 그리고 서무부, 교양부, 사회부, 체육부 등에서 집행위원을 조직하여 활동했다. 1928년 1월 7일 자 동아일보 기사에는 제주여자청년회의 정기총회 집행위원 활동, 1929년 1월 15일 제주부인회가 창립되어 고수선이 회장으로 선임되었다는 내용이 있다.

고수선은 제주여성의 의식 변화를 주도하는 데 앞장섰다. 1925년 2월 25일에 여러 단체와 함께 발기한 '기근구제회'의 집행위원이 고수선의 남편 김태민이었는데, 고수선이 회장이었던 '제주부인회'를 비롯한 여러 단체가 참여했다. 1927년 7월 12일 자 『동아일보』에 실린 '부인여자강습회' 모금 활동 및 성금모금 결과를 보면 제주부인회 활동이 한 지역에 국한되지 않았다는 것을 알 수 있다. 1927년 10월 18일 '모슬포부인회' 창립과 '삼양부인회' 등 지역 부인회를 조직하여 제주 전역으로 활동 범위를 넓히며 제주 여성계몽운동에 힘썼다.

1943년이 되자, 태평양전쟁이 발발
했다. 전쟁이 한창이던 1943년, 고수
선은 가족과 함께 다시 육지로 피난
을 떠났다. 충청남도 당진에 도착하
여 겨우 자리를 마련하고 진료를 시
작한 지 1년이 지나자, 부부의 성실하
고 헌신적인 모습에 환자가 늘어나면
서 생활 여건이 좋아졌으며 마을 유
지가 될 정도였다.

___ 고수선과 아들

당시 많은 사람들이 육지로 피난을 갔지요. 저희는 기항지인 충남 강
진군에 머물기로 하고 그곳에 병원을 차렸지요.

어느 날, 10리 밖에 사는 산모가 빈사 상태에 있다는 소식을 접했다.
이 소식을 들은 고수선은 급히 진료가방을 챙기고 10리 길을 나섰다. 한
참을 걸어 도착해서 산모를 보니 심각한 상황이었다. 환자를 살리기 위
해 고수선은 자신의 피를 빼어 수혈을 했고, 죽음 직전에 있던 산모를 살
릴 수 있었다. 그때 산모와 고수선의 인연은 6.25 전쟁이 발발하고 가족
이 피난길에 올라 어려움에 처했을 때, 그 산모가 고수선을 찾아 헌신적
으로 돕는 것으로 이어졌다.

제주에서 배움에 대한 열의로 경성에 올라와, 자신과 조국의 미래에
매달렸던 여학생, 제주 최초 여의사로 어려운 이들을 도왔던 고수선의

____ 제주에서 경성으로 상경한 고수선과 친구들. 맨 왼쪽이 고수선.

묘비에는 '홍익인간'의 문구가 새겨져 있다. 널리 인간을 이롭게 했던 제주의 한 여성, 바로 고수선이다. 1949년 교육법이 제정되기까지 여성의 교육기회와 사회 진출은 그리 유연하지 못했다. 그 시기에 여성교육의 통로를 개척해 갔던 선두적인 여성, 고수선의 존재는 그 시대 젊은이들에게 자극제가 되고 귀감이 되었다.

정정화,
상하이 대한민국 임시정부의
자금을 조달하다

김형목
(사)선인역사문화연구소 연구이사

정정화(鄭靖和, 1900-1991)
—
대한민국 임시정부 요인들의 살림살이를 도맡다

1. 역사무대 주인공으로 여성이 등장하다

영화 〈암살〉, 〈밀정〉, 〈동주〉, 〈항거: 유관순 이야기〉 등은 대대적인 흥행몰이에 성공했다. 관객들은 이를 통해 우리 독립운동사 이면에 숨겨진 속살과 분위기 반전에 가슴을 두근거리며 관람하였다. 이제 독립운동사는 일상사와 동떨어진 이야기가 아니라 바로 지금 우리와 함께 공감하는 역사로서 성큼 다가오는 계기가 마련된 셈이다. 영화가 지닌 대중성은 역사 인식 심화를 위한 새로운 대안임을 절감한다. 암울하고 참담한 상황 속에서도 우리 할머니와 어머니 등은 결코 좌절하거나 사회적인 책무를 회피하지 않았다. 오히려 사회구성원으로서 인생 항로를 일구어 나가는 역동성을 제대로 보여 주었다.

개항에 따른 근대사회 도래는 삼종지도(三從之道)를 절대적인 가치관으로 알고 살아온 이 땅 여성들에게 커다란 변화로 이어졌다. 서구 열강은 힘을 앞세워 식민지 쟁탈전에 여념이 없었다. 일본은 온갖 감언이설로 동아시아의 평화로운 질서를 파괴하는 데 혈안이었다. 강자에는 약하고 약소국에는 무력 행사를 서슴지 않는 등 오직 자국의 이익을 얻기에 급급했다. 청일전쟁이나 러일전쟁은 일본이 동아시아 맹주로서 자리매김하려는 탐욕에서 시작되었다. 전쟁에서 승리한 일제는 제국주의 열강과 어깨를 나란히 할 수 있는 지위를 확보할 수 있었다. 만국공법을 위장한 '추악한' 뒷거래로 이제 약소국은 스스로 운명마저 결정할 수 없는 '식물국가'나 마찬가지였다. 망망대해 속에 버려진 돛단배와 같은 신세라고 해도 과언이 아니다.

식민지화에 대한 위기의식은 상상을 초월할 만큼 고조되는 분위기였다. 국권수호를 위한 다양한 방안이 모색되는 상황 변화로 이어졌다. 전통적인 여성들도 민족운동에 참여하려고 일어섰다. 각자가 처한 여건을 최대한 살려 온전한 독립국가를 건설하려는 대열로 결집했다. 의병운동에 참여한 윤희순과 양방매, 숙명여학교와 진명여학교를 설립한 엄귀비와 숙명여학교 교장 이정숙, 개성에 정화여학교를 설립한 김정혜, 안중근 의사의 어머니 조마리아, 백범 김구의 어머니 곽낙원 등이 대표적인 주인공이다. 이들은 아낙네의 너울을 훌훌 던져 버리고 '자기역할'에 충실했다. 이와 달리 역사 무대에서 이름조차 거론되지 않는 많은 여성들도 있었다. 특히 국채보상운동에 경쟁적으로 동참한 여성들에 관한 기록은 너무나 단편적이다. 자신의 이름조차 가지지 못한 상황과 무관하지 않다. 겨우 ㅇㅇㅇ 처, ㅇㅇㅇ 부실, ㅇㅇㅇ 모, ㅇㅇㅇ 딸 등으로 언급되었을 뿐이다. 이들은 역사 현장을 지키기 위해 자신들을 희생한 근대사의 주인공임에 두말할 필요조차 없다.

일제는 강제 병합 이후 우민화를 획책하면서 인간의 기본권마저 말살하는 만행을 저질렀다. 사회안정과 질서유지를 핑계로 자행된 즉결처분은 한국인을 '창살 없는 감옥'으로 내몰았다. 오직 '순종과 복종'을 강요하면서 이를 미덕이라고 장려하는 진풍경을 연출했다. 항일의식이나 민족의식을 아예 싹부터 없애려는 목적이 여기에 내포되어 있었다. 현모양처주의(賢母良妻主義)에 입각한 미풍양속 장려는 저들의 궁극적인 의도가 무엇인지를 보여 준다. 폭압적인 식민지배가 강화될수록 이에 비례하여 항일의식은 고취되어 나갔다. 1919년 3월 1일부터 5월 하순까지 전개된 3.1 만세운동이 이를 방증한다.

3.1 만세운동은 어린 여학생은 물론 노파나 주모까지 참여함으로 민족해방운동사에 뚜렷한 발자취를 남겼다. 이들은 인류의 보편적인 가치인 자유와 평화를 위한 항쟁을 이끄는 든든한 밑거름이었다. 식민지 시기 민족해방운동으로서 여성운동은 이와 맞물려 진전을 거듭할 수 있었다. 국외에 거주하는 여성들도 예외는 아니었다. 곤궁한 생활 속에서 이들은 독립운동가 동지들 생계까지 챙기는 등 헌신적인 활동을 벌였다. 대한민국 임시정부 요인의 부인들 활약상은 대표적인 사례로서 주목된다.[1] 군자금을 모금하거나 대적(對敵) 심리전에 앞장서는 한편 독립전쟁 전선에 직접 참여를 마다하지 않았다. 이들의 한국광복군이나 조선의용대에서 활약은 대원들의 사기를 크게 진작시켰다.[2] 사선을 넘나드는 두

---

1 이은숙(1975), 『민족운동가 아내의 수기 - 서간도 시종기』, 정음사; 정정화(1987), 『녹두꽃』, 미완; 정정화(1998), 『장강일기』, 학민사; 이준식(2009), 「대한민국임시정부와 여성 독립운동」, 『한국민족운동사연구』 61, 한국민족운동사학회.
2 지복영(1995), 『역사의 수레를 끌고 밀며』, 문화과지성사; 정혜주(2015), 『날개옷을 찾아서, 한국 최초 여성비행사 권기옥』, 하늘자연; 심옥주(2019), 「정정화/임시정부 안주인」, 『여성독립운동가 사전 1』, 천지당.

려움과 고통을 감내해야 하는 등 독립군 여전사로서 거듭 태어났다.

이 글의 목적은 대한민국 임시정부 '안주인'이자 '종부'로 평가받는 정정화의 인생 역정과 민족운동사에서 차지하는 위상을 올바로 자리매김시키는 데 있다. 그녀는 시아버지와 남편 등 가족들의 독립운동을 후원하거나 자녀교육 등을 도맡았다. 여기에 생계를 위한 경제 활동을 병행하는 등 막중한 역할도 주저하지 않았다. 심지어 독립운동자금 모금을 위하여 여섯 차례나 국내로 잠입하는 모험을 감행하였다. 헌신적인 희생정신은 임시정부 요인들의 지속적인 독립전쟁을 견인할 수 있는 버팀목이나 마찬가지였다. 남편이자 동지인 김의한의 적극적인 외조는 변화에 부응할 수 있는 자신감을 일깨워 주었다.

2. 민족 운명에 맞서다

정정화는 1900년 8월 3일 서울에서 아버지 정주영과 어머니 김주현 사이 2남 4녀 가운데 셋째 딸로 태어났다. 할아버지 정낙용은 무관으로, 1896년 고종이 아관파천 할 때 고종과 세자를 호위했으며 공조판서를 지냈다. 아버지 정주영도 무과에 급제한 후 전라우도 수군절도사, 경상좌도 병마절도사 및 경기도와 충청도의 관찰사를 역임했다. 할아버지는 1904년에 모든 관직에서 물러났고, 아버지도 1905년 수원유수를 마지막으로 벼슬에서 물러났다.

명문가에 태어난 영특한 정정화는 근대교육을 전혀 받지 못하였다.

아버지는 딸을 유난히 귀여워하였지만 여성교육에 대해서만큼은 상당히 부정적이었다. 제대로 된 교육을 받지 못했지만 『천자문』과 『소학』까지 익혔다. 조혼 풍속에 따라 11세가 되던 1910년 가을에 동갑인 안동 김씨 김의한과 결혼했다. 남편과의 신혼생활은 시집살이라기보다는 '소꿉장난'과 같은 생활이었다. 시댁은 서울 북부에 있는 백운장(白雲莊)으로, 1만 여 평의 숲이 집을 둘러싼 커다란 저택이었는데, 인왕산 호랑이가 집에 나타날 정도였다. 시아버지 김가진은 공조판서, 농상공부대신, 경상도와 충청도 관찰사 등을 지냈다. 두 집안은 조선 중기 이후 권력을 독점하던 노론계였다.

남편은 매동보통학교를 졸업한 후 중동학교 중등과에 입학하여 신학문을 배우는 데 열정적이었다. 이에 비해 대갓집 맏며느리로서 역할은 생각보다 쉽지 않았다. 남편을 통하여 세상 돌아가는 이야기를 듣는 게 유일한 즐거움이었다. 1914년 할아버지가 사망하자, 친정 식구는 3년상을 치른 후 충청남도 예산군 대술면 시산리 고향으로 이사했다. 다행히 큰오빠 정두화는 서울에 남아 그녀의 고민을 들어주고 해결책을 알려 주는 정신적인 지주가 되어 주었다. 시댁에도 자주 방문하여 시아버지와 장시간 이야기를 나누곤 했다.

경술국치 이후 시아버지는 칩거하면서 비통한 나날을 지냈다. 3.1 만세운동은 고령인 시아버지에게 새로운 변화를 모색하는 결정적인 계기였다. 1910년대 최대 규모 비밀결사체인 '조선민족대동단'이 조직되었는데, 정정화의 시아버지가 총재로서 추대되었다. 5월 하순에 이르러 3.1 만세운동 열기가 점차 수그러지자 조선민족대동단은 격문을 배포하는 등 분위기 반전에 노력했다. 이를 감지한 일제는 단원들에 대한 검거에 혈안이었다. 결국 임원은 본부를 상하이로 옮기기로 결정하였다.

한편 김가진은 대한민국 임시정부에 참여하려는 의지를 나타내었다. 이때 내무총장 안창호는 특파원 이종욱을 국내로 파견하였다. 이종욱은 대동단 간부인 전협 등과 협의한 후 극비리에 김가진의 망명을 추진했다. 김가진과 김의한은 이종욱의 안내로 10월 경의선 열차를 타고 신의주를 거쳐 안둥(현 단둥)에 안착하였다. 이곳에서 이륭양행(怡隆洋行)을 경영하는 아이랜드 출신 조지 엘 쇼로부터 많은 도움을 받았다. 이들 망명은 상하이 임시정부는 물론 국외 항일세력에게 새로운 독립운동의 가능성을 모색하는 계기이자 희망이었다. 반면 일제는 고위관료를 지낸 김가진의 망명과 이어진 의친왕 망명 기도로 당황하였다. 야만적이고 폭압적인 식민지배의 실체가 만천하에 폭로되었기 때문이다. 더욱이 김가진은 중국 신문에 3.1 만세운동 당시 일제의 만행을 고발하는 등 한인사회의 항일의식 고취에 적극적이었다.[3] 대신을 지낸 노정객의 활동은 임시정부에 대한 한인사회의 적극적인 지원을 견인하는 버팀목과 같은 존재였다. 다음 기사는 이러한 사실을 보다 구체적으로 보여 준다.

김가진 옹은 대륙보 기자에게 대하여 담(談)하여 왈 「일본의 한국 내에서 하는 행동은 차마 발표하지 못할 것이 많으니 일부 인사가 일본

---

3   김형목(2007), 「이달의 임시정부 인물 – 동농 김가진 지사」, 『독립정신』 36, 대한민국임시정부기념사업회, 7쪽.

의 만행에 관한 보도에 대하여 의심을 생(生)함도 무리는 아니라. 일본이 한국 여자에게 행한 만행으로 보아도 사람으로는 신용할 수 없으리만큼 흉악하니 귀보에 게재된 바는 아직 진상이 반도 못 되는 것이라」하고 한국 독립운동의 진상에 대하여 옹은 「한족 중에는 어떤 계급이나 어떤 부분도 독립을 요구치 않은 자 없나니 독립의 요구는 실로 폭행과 압제하에 재(在)한 한족 전체의 절규라. 노동자나 귀인이나 일심으로 한국의 독립을 광복하기로 결심하였나니 이 결심은 최후의 일인이 생존할 때까지 변치 아니하리라. 일본이 만일 독립의 절규를 없이하려 할진대 한족의 전멸(全滅)을 도(圖)하는 외에 다른 방법이 무(無)하리라」.[4]

이 무렵 정정화는 결혼한 지 8년 만에 첫 딸을 낳았으나 불행하게도 갓 태어난 딸이 죽어 깊은 슬픔에 잠겨 있었다. 그러던 어느 날 시아버지와 남편이 홀연히 사라졌다. 부자의 망명 소식을 들었을 때 정정화는 당황하지 않을 수 없었다. 당시 심정을 다음과 같이 회고했다.

첫아이를 잃은 갓 스물 아낙네의 말을 못 하는 심정, 남편 없는 시댁에서의 고달픈 시집살이, 며느리를 친딸처럼 감싸 주시고 귀여워해 주시던 시아버님의 구국이라는 대의를 위한 망명, 이 모든 조건이나 상황은 앞으로 내가 어떻게 처신해야 할 것인지에 대해 판단을 흐리게 하

---

4 「최후의 일인까지」, 『독립신문』(1919. 11. 20.).

는 안개였다. […] 짧디짧은 하루해도 이 궁리 저 궁리로 여삼추같이 길게 느껴지곤 했다. 그러면서도 마음 한구석에서는 이상한 변화가 일어났다. 무엇인가 내 길을 찾아야겠다는, 마음속 깊은 곳으로부터 거센 욕구가 일어났다.

정정화는 고민 끝에 자신도 상하이로 망명을 결심했다. 그녀는 아버지를 찾아갔다. "아버님, 제가 상하이에 가서 시아버님을 모시면 어떨까요. 제가 시댁에 남아 있는 것보다는 시아버님 곁에서 시중을 들어 드리는 것이 나을 것 같아요." 아버지는 흔쾌히 허락하며 시아버지께 전하라며 거금 8백 원을 내주었다. 1920년 1월 초순 한겨울 밤 서울역 대합실에 서성거리는 여인이 있었다. 주인공 정정화는 앞으로 다가올 운명에 초조한 심정을 외면한 채 의주행 열차에 몸을 실었다. 새로운 인생 항로를 찾아 나서는 착잡한 순간이었다.

최종 목적지인 상하이로 가서 만날 사람은 이미 망명한 시아버지와 남편이었다. 떠나는 심정은 불안함과 착찹함이 밀물처럼 몰려왔다. 생소한 곳을 찾아 나서는 여정은 그리 간단하지 않았다. 고난의 여정임이 틀림없었으나 포기하기에는 이미 늦었다. 어차피 스스로가 선택한 길이 아닌가. 의주를 거쳐 압록강 철교를 무사히 통과하여 낯선 펑티엔에 도착할 수 있었다. 열차로 산해관, 톈진 등지를 지나 마침내 목적지 상하이에 무사히 안착했다. 무턱대고 한국인이 사는 곳을 수소문해서 찾아갔다. 운이 좋아서인지 이곳에는 임시정부 임시의정원 의장인 손정도가 살고 있었다. 곧바로 프랑스 조계 베러루[貝勒路] 융칭팡[永慶坊]에서 그리던 시아버지와 남편과 재회한 후 새로운 환경에 적응하기 시작했다.

3. 아낙네에서 '워킹맘'으로 거듭나다

식민지기 무수한 여성들은 가부장적 질서 속에서 가장의 결정에 따라 망명사회 일원이 될 수밖에 없었다. 어쩌면 '잔인한' 운명이었으나 특별한 방법이 없었다. 낯선 이국땅에서 새로운 환경에 적응하는 것은 생각보다 쉽지 않았다. 언어 불통에 따른 소통 부재는 많은 어려움이 뒤따랐으나 엄연한 현실이었다. 정정화는 모든 것을 스스로 결정하고 직접 행동에 옮겼다.[5]

하지만 만남의 기쁨도 그리 오래가지 않았다. 이곳에 오기 이전까지 임시정부에 대한 기대는 대단하였다. 하루하루 고단한 삶을 살아가는 지사들을 보면서 생계유지가 가장 급선무이자 현실적인 문제라는 것을 알았으나 현지에서 생계비를 마련할 수 있는 별다른 방도가 없었다. 상하이에서의 생활은 참으로 비참할 정도로 곤궁하였다. 대부분 독립운동가들의 삶도 비슷한 형편에서 벗어나지 못했다. 조국광복에 전념하느라 변변한 수입이 없었다. 시아버지를 방문하는 요인들에게 식사를 대접하는 일도 만만치 않았다. 결단을 내려야 하는 순간이 다가오고 있었다.

5　김형목(2014), 「정정화, 대한민국임시정부의 살림살이를 말하다」, 『기록IN』 26, 국가기록원, 43쪽.

정정화는 시아버지, 남편 등과 의논한 후 임시정부의 밀령에 따라 국내 잠입을 결행하기로 마음을 다잡았다. 3월 상하이에서 이룡양행 배편을 이용하여 신의주 대안(對岸)인 안둥에 도착하였다. 이곳에서 최석순의 도움으로 무사히 신의주에 도착하여 세창양복점에 묵으면서 국내 정세에 대한 상황을 살폈다. 다음 날 기차를 타고 서울로 들어올 수 있었다. 최석순은 기차표까지 마련하여 주면서 격려를 아끼지 않았다.

> 몸조심하라요. 자기만 생각할 것이 아니라 남도 생각을 해야 되는 일이야요. 기래야 또 들어올 수 있으니까니. 명심하라요. 내래 솔직하게 한마디 하갓는데, 젊은 아주머니레, 더구나 귀골(貴骨)로 곱게 산 사람이 이런 일을 하리라고는 꿈에도 생각 못했시다. 독립운동하는 유명한 사람들이레 하나같이 다 이런 험악한 일을 하는 건 아니디요? 기렇디요? 나같은 놈이나 하는 일인 줄 알았거든.[6]

이처럼 일제강점기에 줄기차게 전개된 항일운동은 이처럼 드러나지 않은 숨은 인사들의 도움으로 가능할 수 있었다. 기대와 달리 서울에서 모금 활동은 생각보다 쉽지 않았다. 여기에 더해 3.1 만세운동 이후 고조되었던 민족의식은 기만적인 문화통치에 의하여 점차 퇴색되어 가는 안타까운 현실이었다. 독립운동자금을 내놓을 만한 자산가나 명망가는 그녀와 만남조차 꺼리는 분위기였다. 겨우 일가의 도움으로 모금한 돈을

---

6 정정화(1998), 「압록강을 건너다」, 『장강일기』, 학민사, 60쪽.

가지고 잠입한 경로를 역순으로 다시 상하이로 향하였다. 압록강에 쪽배를 띄웠으나 칠흑 같은 어둠 속에서 국경수비대가 일거수일투족을 노려보고 있는 것만 같았다. 긴장된 순간의 연속이었다. 3일을 걸려 안동에서 상하이까지 도착하였다. 예상보다 적은 독립운동자금 모금에도 임시정부 요인들은 극찬을 아끼지 않았다. 정정화 자신은 미안한 마음을 가눌 길이 없었으나 그럼에도 한동안 임시정부 가족과 동포사회 화제의 주인공은 바로 정정화였다.

이후 정정화는 연통제를 활용하여 국내 잠입을 감행하였다. 목숨을 걸고 칠흑 같은 어둠을 틈타 압록강을 건너야 하는 대단한 용기가 필요했다.[7] 정정화는 이후에도 다섯 차례나 국내에 들어왔다. 조그마한 쪽배에 의지한 결행은 혈기왕성한 청년조차 감히 실행할 수 없는 대단한 모험이었다. 그럼에도 20대 초반의 정정화는 스스로 선택하고 실행에 옮겼다. 일본 경찰에 체포되어 무수한 고초를 겪었으나 결코 좌절하거나 회피하지 않았다. 자신이 선택한 길을 묵묵하게 걸어 나갔을 뿐이다. 감내하기 힘든 난관조차도 더 이상 장애물이 아니었다. 대한민국 구성원으로서 당연히 결행해야 할 사명감으로 충만하였다.

처음 상하이로 갔을 당시 정정화는 단지 며느리로서 시아버지를 모시고 남편인 김의한을 도와야 한다는 인식에만 머물러 있었다.[8] 즉 삼종지도를 당연한 아녀자의 숭고한 미덕으로 알고 행동하는 전통적인 여인에

7 김자동(2012), 「어머니의 망명」, 「어머니 국내 잠입활동」, 『상하이 일기 - 임정의 품안에서』, 두꺼비.
8 김형목(2007), 「이달의 임시정부 인물 - 동농 김가진 지사」, 같은 책, 7쪽.

___ 중국 자싱의 은신처에서 찍은 임시정부 인사의 단체 사진(앞줄 왼쪽에서 두 번째가 정정화)

불과한 존재였다. 현지 조계지에서의 이방인 생활은 커다란 충격과 아울러 현실 인식을 심화시켰다. 다양한 경험과 신문, 잡지 등을 통하여 급변하는 국제정세를 분석하는 능력을 키웠고, 자신에게 부여된 역할이 무엇인지를 점차 체득하기에 이르렀다. 개인의 안락한 삶보다 국가와 민족을 위한 일의 중대함을 새삼스럽게 자각하였다. 이제 며느리나 범부 아내로서 역할에 안주하기에 현실은 녹록하지 않았다. 정정화는 한국 독립운동사에서 여성의 지위와 역할을 한 단계 발전시킨 인물로 거듭나는 순간을 맞았다.[9]

---

9   김형목(2014), 「정정화, 대한민국임시정부의 살림살이를 말하다」, 같은 책, 43쪽.

1921년 늦은 봄 정정화는 두 번째로 국내에 밀파되었다. 맡은 임무를 성공리에 끝내고 상하이에 안착할 수 있었다. 이러한 와중에 안둥과 신의주 거점은 일본 경찰에 발각되고 말았다. 조지 엘 쇼는 안둥에서 추방되었으나 한국인 독립운동가들에 대한 지원을 중단하지 않았다. 가족과 함께 상하이로 왔다가 밀정으로 오해를 받아 많은 고초를 겪었다. 더구나 집안의 오빠인 정필화도 임시정부 경무국에 체포, 처단되는 쓰라린 비애를 맛보았다. 일제의 회유에 따른 한인사회에 팽배한 불신감은 이러한 상황으로 귀결되었다. 곤궁한 생활과 감시의 눈초리가 도사리고 있는 곳은 바로 상하이 한인사회였다. 그렇다고 마냥 넋을 놓고 있을 수만 없는 상황에 직면하고 있었다.

현지에는 여성단체인 '대한애국부인회'가 활동하였다.[10] 이들은 대부분 신식교육을 받은 이른바 신여성이었다. 돌출적인 행동이 많고 오만하다는 이유로 초기에는 교민사회에서 별다른 호응을 받지 못하였다. 교포사회 분열상은 생각 이상으로 큰 파열음을 내고 있었다. 정정화는 이들과 일정한 거리를 두면서 새로운 변화에 적응할 수 있는 다양한 학문 수용에 진력을 기울였다. 어릴 때부터 배운 한학은 이를 가능케 하는 요인이었다.

성재 이시영과 세관 유인욱은 좋은 스승이었다. 성재는 한학과 역사 서적을 가져다주면서 격려를 아끼지 않았다. 유인욱은 국제정세를 이해

---

10 강영심(2012), 「김순애(1889~1976)의 생애와 독립운동」, 『한국근현대사연구』 63, 한국근현대사학회.

하기 위하여 영어가 중요하다고 강조했고, 아울러 영어 공부를 성심껏 도와주었다. 정정화는 이들의 도움으로 중국 고전과 접할 수 있는 모든 책을 닥치는 대로 읽고 생각했다. 독학에 가까운 학습이었으나 시세 변화를 점차 인식할 정도로 즐겁게 공부했다. 새로운 세계에 대한 도전은 지적 호기심을 자극하는 동시에 사회적인 책무감을 더욱 절감시켰다.

네 번째 국내로 들어온 정정화는 아버지에게 미국으로 유학을 보내 달라고 했고 전통적인 가치관을 지닌 완고한 아버지였음에도 이를 흔쾌히 허락하였다. 그런데 갑작스러운 시아버지의 죽음으로 원대한 계획은 졸지에 무너진 공든 탑이 되고 말았다. 더욱이 지원을 약속한 아버지마저도 1923년 음력 2월 4일 타계하였다. 이들 내외는 커다란 정신적인 충격을 받았다. 스스로 가정을 책임지고 이끌어나가야 하는 운명이었다. 미국으로 유학은 좌절되었으나 학문에 대한 열정은 조금도 식지 않았다. 서울 친정에 머물면서 '조선여자교육협회'가 운영하던 근화학원에서 영어를 배웠다. 임시정부 요인들을 도와주면서 국제정세에 대한 이해는 더욱 절실한 현안으로 다가왔다. 다섯 번째 국내로 들어왔을 때는 6개월 동안 친정집에서 문학, 역사와 관련된 서적을 독서로 소일할 만큼 열정적이었다. 방대한 독서는 자신의 나아갈 올바른 방향을 모색하는 밑거름이 되었다. 임시정부의 공식적인 임무를 띠지 않아 약간 여유를 가질 수 있는 일종의 '휴식시간'이었다.[11] 1930년 7월 여섯 번째 귀국은 외아들 후동(후일 '자동'으로 개명)을 할머니와 외할머니에게 보여 주기 위함이었다.

---

11 김형목(2015), 「독립전쟁과 독립운동가 아내들의 일상사」, 『전쟁과 유물』 7, 전쟁기념관, 102쪽.

시댁 형편은 말이 아니었다. 가세는 기울 대로 기울어 겨우 호구를 연명하는 정도였다. 그는 오빠 집을 왕래하면서 6개월 정도 정양을 한 후 다시 상하이로 돌아갔다.

4. 대한민국 임시정부의 '종부'로서 자리매김하다

상하이에서 생활은 그저 하루 세끼를 거르지 않으면 너무나도 행복한 나날이었다. 식생활은 주먹밥을 겨우 면할 정도였다. 반찬은 밥을 먹기 위한 한두 가지에 불과하였다. 미역이나 김 따위는 드물었으나 배추 종류는 다양하여 여러 가지 반찬을 만들어 먹을 수 있었다. 이마저 풍성하게 먹는다는 것은 특별한 경우로 극히 한정되었다. 배추로 만드는 반찬은 제일 가격이 저렴하였기 때문에 소금에 고춧가루를 범벅해서 절여 놓았다가 먹었다. 당시 상황을 김구는 다음과 같이 회고했다. "나는 임시정부 정청에서 자고 밥은 돈벌이 직업을 가진 동포의 집으로 이집 저집 돌아다니면서 얻어먹었다." 백범 스스로도 '거지 중의 상거지였다'고 할 정도로 곤궁함 그대로였다.

부인 최준례의 사망 이후 굶주림에 지친 백범은 "후동 어머니, 나 밥 좀 해 줄라우?"라면서 자주 방문하곤 했다. 그때마다 "암요, 해 드려야지요. 아직 점심 안 하셨어요? 애 좀 봐 주세요. 제가 얼른 점심 지어 드릴게요" 하면서 정성을 다하였다. 소찬에도 달게 먹는 백범을 바라보면서 미안한 마음과 함께 새로운 희망을 가지게 되었다.[12] 임시정부 주석인 백범이 이러한 처지였으니 다른 요인들도 별반 다르지 않은 빈궁함 그대로였다.

의복은 한복이 아니라 전통적인 중국 옷인 창산(長衫)을 입었다. 어른이나 아이들 모두 이를 입을 수밖에 없었다. 그것도 아주 헐값에 천을 사서 직접 만들었다. 국내를 들어올 때도 신의주까지 이러한 옷을 입고 와서 싸 가지고 온 한복으로 갈아입었다. 일종의 변장인 셈이다. 특히 장정 시기 임시정부 요인들 대부분도 중국 옷을 입었다. 일제 감시와 추적에서 벗어나 신변을 보호하려는 의도에서 비롯되었다. 무장대원들도 마찬가지였다.

신발도 식생활이나 의생활처럼 구두나 운동화 등 가죽, 고무 제품은 감히 엄두조차도 내지 못할 실정이었다. 헌 헝겊 조각을 몇 겹씩 겹쳐서 발 모양을 내고 송곳으로 구멍을 내서 마(麻)라는 단단한 실로 촘촘하고 단단하게 바닥을 누벼서 신고 다녔다.[13] 이마저 바지런히 살림을 잘 꾸리는 집안에서 가능한 형편이었다. 대부분은 짚신을 끌고 다니는 정도로 빈약하였다. 구두는 고사하고 운동화만 신고 다녀도 사치에 속할 정도였다. 임시정부와 인연을 맺은 25년간 받은 선물 중 최고의 특별한 선물은 이시영이 사 준 구두였다. 이처럼 의식주는 겨우 풀칠을 하며 누더기를 걸치고 사는 빈궁한 살림살이에 불과하였다. 곤궁한 생활에도 어느 누구 하나 불평불만이 없었다.

---

12 신명식(2010), 『대한민국임시정부의 안살림꾼 정정화』, 역사공간, 55쪽.
13 김형목(2014), 「정정화, 대한민국임시정부의 살림살이를 말하다」, 같은 책, 46쪽.

한편 윤봉길 의거 이후 항일독립운동가에 대한 대대적인 검거 열풍이 불었다. 프랑스 조계는 더 이상 안전한 곳이 아니었다. 임시정부 요인들과 가족들은 몰래 상하이를 탈출하여 안전한 곳으로 이동하지 않을 수 없었다.[14] 충칭에 정착할 때까지 장장 8년간의 이동생활이 시작되었다. "물 위를 떠도는" 임시정부 생활이 길어지면서 대가족 내의 여성들 모두 자녀들을 미래 독립운동가로 키우는 것을 엄정한 본분으로 인식하는 분위기였다. 그 가운데 중차대한 임무를 수행하는 중심 인물로 정정화가 우뚝 서 있었다. 그는 가정에만 머물지 않고 독신으로 사는 원로 독립운동가들의 수발을 자청해서 들었다.[15] 임시정부나 한국광복군과 관련된 대·소사가 있으면 여성들을 이끌어 책임지고 마무리를 지었다. 부군 김의한은 부인과 매사를 상의하여 처리할 만큼 아내의 의견을 존중하였다. 자상한 남편에 대한 보답으로 정정화도 운동 노선과 대인관계에 대해 적극적인 조언을 아끼지 않았다.

정정화는 천부적으로 겸손함과 근면성을 갖추었으며, 주위 사람을 이해하고 포용하는 데 뛰어난 능력을 발휘하였다. 고단한 피난살이 속에서도 대가족이 공동생활을 유지할 수 있었던 비결은 그녀와 같은 '종부'가 있었기 때문이다. 이런 점에서 '대한민국 임시정부의 절반을 떠받친 여성'의 앞자리에 그를 앉히는 것이 전혀 무리가 없어 보인다. 특히 백범의 모친 곽낙원 여사에 대한 존경심에 관한 일화는 심금을 울리기에 족하

---

14 한상도(2007), 『대한민국임시정부 II – 장정시기』, 독립기념관 한국독립운동사연구소 한국독립운동사편찬위원회.

15 정정화(1998), 「강물 위에 뜬 망명정부」, 같은 책, 88쪽.

다. 생신을 맞아 정정화와 엄항섭의 부인 연미당은 곽낙원 여사에게 비단옷을 선물했다.

> 난 평생 비단을 몸에 걸쳐 본 일이 없네. 어울리지를 않아. 그리고 지금 우리가 이나마 밥술이라도 넘기고 앉아 있는 건 온전히 윤 의사의 핏값이야. 피 팔아서 옷 해 입게 생겼나. 당장 물려 와.[16]

이들은 대꾸도 못 하고 모직 옷으로 바꾸어 드렸다. 난징에서 생활할 때도 생신 축하연을 베풀려고 하자, "돈으로 주면 내가 먹고 싶은 음식을 만들겠다" 하고는 그 돈으로 권총 2자루를 사서 독립운동에 쓰라고 내놓았다. 엄격한 생활 자세는 임시정부 요인 안사람들을 각성시키는 준엄한 어른이자 진정한 사표(師表)였다.

정정화는 어려운 형편에도 자녀들을 미래의 독립투사로 자라도록 노력을 아끼지 않았다. 1941년 10월 임시정부 산하에 3.1 유치원을 설립하여 연미당, 이국영, 강영파, 김병인 등과 함께 교사로 나섰다. 일제의 패망이 다가오자 귀국에 대비하여 한글교육을 강화했다. '한국애국부인회'가 결성될 때 훈련부 주임을 맡은 이래 아동 국어강습반을 조직하는 등 민족의식을 일깨웠다. 또한 개천절과 3.1절이나 국치기념일에 기념식을 거행하여 대동단결 도모에 앞장섰다.[17]

---

16 신명식(2010), 같은 책, 64쪽.
17 신명식(2010), 같은 책, 106-110쪽.

5. 장엄한 서사를 기록으로 남기다

정정화, 김의한 부부의 삶에서 특히 주목해야 할 것은 통일단결의 정신이다. 이들 부부는 몇 명 되지 않는 중국 관내의 한인세력조차 이리 갈리고 저리 찢겨서 이렇다 할 중심세력이 없이 국제사회에서 인정을 못 받는 것을 안타깝게 여겼다.[18] 이들은 중국 관내와 옌안의 독립운동세력이 좌우 이념을 뛰어넘어 하나로 합치기를 갈망하였다. 부부는 시종일관 김구와 정치노선을 함께하였지만, 당파를 달리하는 김규식, 최석순 가족과도 친하게 지냈다. 한국독립당 일부 인사들이 끝까지 의심의 눈초리를 거두지 않았던 김원봉도 편견 없이 대하였다.[19] 좌우 통합을 바라보는 관점은 일견 평범하고 소박한 것 같지만 사실은 사람에 대한 이해와 국제 정세에 대한 폭넓은 식견과 무관하지 않았다. 김의한이 좌우 통합을 추진하는 김구를 지지하고, 이를 반대하는 한국독립당 내 보수적인 인사들과 의견을 달리할 때도 큰 힘이 되었다.

해방 이후 이념적인 갈등으로 어수선한 분위기에도 전혀 흔들리지 않았다. 오직 자신들이 선택한 올바른 길을 묵묵하게 걸어갔다. 부부는 해방 후에도 단독 정부 수립에 반대하며 남북 협상에 의한 통일정부 수립에 동참을 마다하지 않았다. 이승만 정부는 도지사급 감찰위원을 정정화

---

18 김형목(2014), 「정정화, 대한민국임시정부의 살림살이를 말하다」, 같은 책, 47쪽.
19 정정화(1998), 「조선의용대와 광복군」, 같은 책.

에게 제의했으나 단호하게 거절하였다. 해방된 조국에서도 부부의 삶은 고단한 일상의 연속이었다. 그래도 외아들 김자동을 올곧게 키웠고, 후손들도 민주화를 위한 여정에 열심히 동참했다. 6.25 전쟁 와중에 남편이 납북되어 이산가족이 되는 아픔을 감당해야 했다. 더욱이 북한의 부역자로 낙인이 찍혀 고초를 겪었다. 하늘이 무너지는 아픔도 가슴에 고이 묻고 조국통일과 민주화를 위하여 작은 밀알이 되었다.

이러한 삶은 사후에도 많은 사람에 회자되고 감동을 주었다. 2001년, 국가보훈처와 독립기념관은 '8월의 독립운동가'로 정정화를 선정하였다. 독립기념관은 한 달 동안 정정화와 관련된 특별전시를 개최했다. 1998년 8월 극단 '민예'는 창립 25주년 겸 대한민국 정부 수립 50주년 기념공연으로 정정화의 일대기를 다룬 연극 〈아, 정정화〉를 연강홀에서 초연하였다. 2001년 8-9월에는 극단 '독립극장'이 〈아, 정정화〉를 〈치마〉로 바꾸어 대학로 문예회관대극장에서 공연했다. 2002년 8월 극단 '독립극장'은 일본의 도쿄와 오사카에서 〈치마〉를 공연하였다.[20] 510석의 공연장이 4회 모두 만석을 이룰 만큼 성황이었다. 정정화의 삶은 공연이 끝난 다음 민단과 조총련계 모두가 출연진들을 격려할 정도로 좌우 이념을 초월했다. 2015년 8월 14일에도 〈달의 목소리〉라는 연극으로 우리를 찾아온 적이 있다.

조국에 대한 헌신과 이웃에 대한 배려로 집약할 수 있는 정정화의 참된 가치는 1987년 2월 발간된 『녹두꽃』에 그대로 녹아 있다. 1998년 8월

---

20 김형목(2014), 「정정화, 대한민국임시정부의 살림살이를 말하다」, 같은 책, 48쪽.

에는 이를 보완한 『장강일기』가 출판되었다. 구술사 형식으로 정리된 이 책은 임시정부 초기 운영되었던 연통제의 구체적 운영 실태 규명에 중요한 단서를 제공한다. 또한 윤봉길 의거 이후 임시정부가 감내한 8년에 걸친 대장정의 실상을 온전하게 복원할 수 있는 중요한 기록물이다. 임시정부는 1932년 상하이를 떠나 자싱 → 항저우 → 난징 → 광저우 → 구이린 → 치장 → 충칭까지 이르는 대장정에 돌입하였다. 여정은 사무실 임대료는 고사하고 입에 풀칠하기도 어려운 고난의 연속이었다.[21] 일제의 무자비한 공습은 생명마저 위협하는 막다른 골목으로 내몰았다. 다행히 중국 국민당의 지원으로 근근이 생명줄을 부지할 수 있었다. 이 책은 식사조차도 제대로 하지 못하는 빈궁한 임시정부 요인들의 일상사에 접근할 수 있는 소중한 기록문화유산임에 틀림없다. 고난의 연속에도 정정화를 비롯한 임시정부 가족들은 전혀 좌절하지 않고 오직 조국독립을 향한 의지를 불태웠다.

---

21 김형목(2020), 「아름다운 인연, 대한민국임시정부의 '안살림꾼' 정정화와 이를 도운 김의한」, 『독립기념관』 4월, 독립기념관.

참고자료

강영심(2012), 「김순애(1889~1976)의 생애와 독립운동」, 『한국근현대사연구』 63, 한국근
    현대사학회.

김성은(2008), 「대한민국 임시정부와 여성들의 독립운동: 1932~1945」, 『역사와 경계』 68,
    부산경남사학회.

김자동(2012), 『상하이 일기 – 임정의 품안에서』, 두꺼비.

김형목(2007), 「이달의 임시정부 인물 – 동농 김가진 지사」, 『독립정신』 36, 대한민국임
    시정부기념사업회.

_____(2014), 「정정화, 대한민국임시정부의 살림살이를 말하다」, 『기록IN』 26, 국가기
    록원.

_____(2015), 「독립전쟁과 독립운동가 아내들의 일상사」, 『전쟁과 유물』 7, 전쟁기념관.

_____(2020), 「아름다운 인연, 대한민국임시정부 '안살림꾼' 정정화와 이를 도운 김의
    한」, 『독립기념관』 4월, 독립기념관.

『독립신문』

신명식(2010), 『대한민국임시정부의 안살림꾼 정정화』, 역사공간.

심옥주(2019), 「정정화/임시정부 안주인」, 『여성독립운동가 사전 1』, 천지당.

윤정란(2008), 「독립운동가 가족구성원으로서 여성의 삶」, 『한국문화연구』 14, 이화여대
    한국문화연구원.

이은숙(1975), 『민족운동가 아내의 수기 – 서간도 시종기』, 정음사.

이준식(2009), 「대한민국임시정부와 여성 독립운동」, 『한국민족운동사연구』 61, 한국민
    족운동사학회.

정정화(1987), 『녹두꽃』, 미완.

_____(1988), 『장강일기』, 학민사.

정혜주(2015), 『날개옷을 찾아서, 한국 최초 여성비행사 권기옥』, 하늘자연.

지복영(1995), 『역사의 수레를 끌고 밀며』, 문화과지성사.

한상도(2007), 『대한민국임시정부 II - 장정시기』, 독립기념관 한국독립운동사연구소 한국독립운동사편찬위원회.

권기옥,
중국에서 독립 날개를 펼치다

김경록
군사편찬연구소 선임연구원

권기옥(權基玉, 1901-1988)
—
한국 최초의 여성조종사

1. 일제의 강점에도 한국의 하늘은 열렸다

1) 한국사의 흐름과 일본의 군사화

동아시아의 역사는 유구하다. 세계 4대 문명의 하나라 불리는 황하 문명을 근간으로 형성된 한자 문화권은 동북아시아를 비롯한 동아시아의 여러 지역에 지대한 영향을 미쳤다. 한반도와 주변 지역은 오랜 기간 한민족의 생활권으로 중국의 한족문화와 밀접하게 연관되면서도 독자적인 발전을 거듭하여 한국사의 큰 흐름을 이루었다.

한반도의 한민족은 고대 귀족제, 중세 귀족관료제, 근세 양반관료제를 거치면서 사회제도를 정비하고 유학(儒學)을 근간으로 한 학술 발전으로 수준 높은 국가 단계를 달성했다. 그러나 조선의 왕도정치, 민본정치는 시대변화의 정세로 인하여 갈등과 화합의 과정을 경험하고 개항기에 강력한 군사력을 갖추지 못하고, 근대화에 대한 다양한 논쟁으로 일원적인 개혁을 이루지 못했다.

이에 비하여 일본은 미국의 함포외교에 의해 개항된 이후 국가방위의 수준을 넘어서는 군사력 강화를 달성함으로써 주변 국가에 대한 침탈을 목적으로 하는 군국주의로 나아갔다. 동아시아의 전통적인 국제질서였던 중국 중심 국제질서에 대한 최초의 내부적 도전이었던 청일전쟁에서 의외의 승리를 거둔 일본은 조선에 대해 군사적인 강점을 강화했다. 이후 러일전쟁에서 서구 강대국이었던 러시아를 패배시킴으로써 보다 군국주의적 경향으로 나아갔다.

2) 일제강점기의 한반도 모습

1910년 대한제국을 불법적으로 병합한 일본은 대한제국시기부터 근대화의 과정을 철저하게 식민지 정책으로 전환시켰다. 조선은 대원군의 쇄국 정책이 개방 정책으로 전환되자 적극적으로 근대서구 문명을 받아들였다. 이 과정에서 정치, 군사적으로 일본의 불법적인 강압이 강화되자 조선의 국왕, 고종은 대한제국을 천명하고 근대국가로서의 모습을 갖추기 위해 다양한 근대화 정책을 펼쳤다. 대한제국의 근대화는 적지 않은 성과를 거두었으며, 이를 용납하지 못한 일본은 대한제국의 각종 국부(國富)를 침탈하여 식민지화를 위한 토대로 삼았다.

대한제국의 수도였던 한양은 세계에서도 가장 일찍 전기 설비가 가설되고, 전차가 놓여 일반 백성들이 이용하였으며, 각종 물질문명이 소개되어 생활에 적극 활용되었다. 가장 대표적인 분야가 전차, 전기시설, 항공 분야이다.

일본은 기대하지 않았던 청일전쟁의 승리로 동북아시아의 강자로 부상했다. 동학농민혁명 시기에 서울 소재 일본공사관 및 일본인의 안전을 도모한다는 핑계로 불법적으로 경복궁을 점령한 일본은 고종을 압박하

___ 일본의 식민통치 선전 활동으로 용산연병장에서 최초 비행을 한 일본 오토리호의 모습. 1913년 4월 5일 자 『매일신보』는 비행 장면과 함께 이를 대대적으로 보도했다(ⓒ 대한민국 신문 아카이브)

여 「조일군사동맹」을 체결하고, 청군을 퇴패시키며 산둥반도까지 진출하였다.[1] 물론 삼국간섭의 국제정세 변화로 할양받은 지역은 반납되었지만, 대신 조선을 무력으로 강점하였다.

이후 일본은 러일전쟁의 승리를 기점으로 대한제국을 병합하기 위한 불법 조치를 취하고, 결국 강제병합을 이룬 뒤 만주를 통한 대륙 진출을 도모했다. 이 과정에 을사의병을 시작으로 전개된 의병, 독립군, 광복군으로 이어지는 독립전쟁에 대해 철저한 탄압과 방해 작업을 시행했다.

한편, 일본은 한국을 병합한 뒤 대륙 진출의 전진기지로서 각종 병참기지를 건설했다. 일본은 중일전쟁이 보다 격화되자 항공력을 강화하여

1 김경록(2014), 「청일전쟁기 일본군의 경복궁 침략에 관한 군사사적 검토」, 『군사』 93, 국방부 군사편찬연구소; (2015), 「淸日戰爭 初期 朝日盟約의 강제체결과 일본의 군사침략」, 『한일관계사연구』 51, 한일관계사학회.

전력의 우위를 확보하고자 하였다.[2] 지상 병력이나 해군력을 통한 전쟁 수행과 함께 항공력은 광범위한 작전범위를 가졌으므로 유용한 전력으로 인식되었기 때문이었다. 일본의 항공기 생산현황을 통해 이를 확인할 수 있는데, 1940년대 일본의 항공기 생산은 다음 표와 같다.

일본의 항공기 생산 현황(1941-1945)[3]

연도 구분	1941년	1942년	1943년	1944년	1945년	계
전투기	3,180	6,335	13,406	21,058	8,263	52,242
연습기	1,485	2,171	2,871	6,147	2,523	15,201
기타	419	355	416	975	280	2,445
계	5,088	8,861	16,693	28,180	11,066	69,888

항공기 생산은 일본 육군성과 해군성이 경쟁적으로 요구하여 태평양전쟁이 발발하면서 급격하게 늘어났다. 일본의 항공기 생산체계는 육군성과 해군성이 요구하면 군수성의 항공병기총국이 종합하여 재료제조사와 부품제조사, 항공기 제조회사에 발주하여 생산하는 체제를 갖추었다.

항공기 생산공장은 실제 일본 본토를 벗어나지 못했는데, 이는 항공기 생산체계의 인프라 문제도 있지만, 무엇보다 보안의 문제가 있었기 때문으로 판단된다. 대신에 점령 지역의 전략요충지에 항공력 운용에 필요

---

2 김경록(2008), 「해방 이후 남북한의 공군력 인식과 한국전쟁 준비과정」, 『군사』 67, 국방부 군사편찬연구소.

3 富永謙吾 編(1975), 「太平洋戰爭」 5, 『現代史資料』 39, みすず書房.

한 시설을 구축했다. 그 대표적인 시설이 비행장이다. 일제강점기 한반도는 식민통치하 한국인이 동원되어 항공력 운용에 충원되었다. 주로 징병과 동원으로 항공력 운용에 관여된 한국인이 매우 많았다. 비행병으로 징병된 인원만 한반도에 1,000명이었으며, 관동군에 충원된 인원도 100명이었다. 주된 동원은 한반도에 비행장을 건설하는 노역이었다. 노역에 동원되었지만, 보안의 문제로 비행장은 군사기밀로 취급되었다. 유례없이 한반도 전역에 건설된 비행장은 대륙으로 향하는 일본 항공대의 작전범위를 고려한 조치였다.

공군력에 대한 높은 인식을 가졌던 광복군도 한반도에 건설된 비행장 현황에 대해 늘 관심을 가지고 조사했다. 1944년 광복군이 파악한 군용비행장은 경성, 평양, 회령, 울산, 신의주, 다사도, 겸이포, 원산, 대구, 목포, 대전, 마산, 나남, 철원 등지였다. 이 외에 민간 비행장도 포함되어 해방 직후 한반도에는 여의도, 울산, 송정리, 청진, 신의주, 평양, 원산, 제주, 사리원, 진남포, 회녕, 다사도, 겸이포, 대구, 대전, 마산, 나남, 철원 등 총 18곳의 비행장이 존재했다. 이처럼 일제강점기 한반도에는 항공력에 관련된 많은 비행장 및 항공 종사자가 존재하여 한국인이 항공에 대해 높은 인식을 가지는 환경이 되었다.

2. 권기옥, 독립의 열망을 품다

권기옥 지사가 태어나 성장하던 시기에 대륙에서 큰 변화가 있었다.

청말 서구세력의 중국 진출과 제국의 무능은 청 제국의 종말을 초래하였으며, 중앙권력의 공백은 중앙과 지방의 분파적인 세력을 등장시켰다. 청말 민국초기(사건으로 보면 신해혁명 이후) 지방 군사세력을 일반적으로 군벌이라 하는데 이들은 철저히 권력지향적이고, 사적 관계에 기반하며, 이익관계에 따라 외세와 연합하는 세력들이었다.

북양군(北洋軍)과 신군은 공화세력과 타협하여 신해혁명을 일으키고 권력을 장악했다. 명청시대 이후 군사지휘 체계의 특징에서 특정 군사지휘관이 임의대로 지휘권을 행사할 수 없도록 제도화되었지만, 중앙황제권이 약화되면 제도는 무용지물이었다. 중앙권력의 부재 상황은 군벌시대를 초래하고, 이들 군벌은 상호 간 이익관계에 따라 충돌과 연합을 거듭했다. 군벌 자신의 세력 확장을 위해 상대 군벌을 모략과 위협으로 복속시키거나 이익을 분배하기도 했다. 개략적으로 중국 군벌은 청말부터 1920년대까지 강고하게 존재했으며, 장제스의 북벌을 통해 제압되어 공식적으로 사라졌다. 그러나 군벌은 국민당 정부에서 분파를 이루어 잔존했다가 중일전쟁과 국공내전으로 소멸되었다.

청말 북양군을 기반으로 리홍장[李鴻章]·위안스카이[袁世凱] 등이 군림했던 북양군벌, 위안스카이 사후 리위엔홍[黎元洪]·단치루이[段棋瑞]·쉬수정[徐樹錚]의 안휘군벌, 펑궈어장[馮國璋]·차오쿤[曹錕]·우페이푸[吳佩孚]의 직례군벌, 장줘어린[張作霖]·장쉬어량[張學良]의 봉천군벌, 장쉬어량 이후 완푸린[萬福麟]·위쉐어종[于學忠]·왕수창[王樹常]·조우주어화[鄒作華]·리두[李杜]·마잔산[馬占山] 등의 동북군벌, 펑위샹[馮玉祥]을 중심으로 장즈지앙[張之江]·루종린[鹿鍾麟]·푸주오위[傅作義]·송저위엔[宋哲元]·양후청[楊虎城]·한푸쥐[韓

復榘]·장즈종[張自忠]·장팡[張鈁]·순리엔종[孫連仲]·팡빙쉰[龐炳勛]·스이요산[石友三] 등의 서북군벌, 옌시산[閻錫山]을 중심으로 쉬용창[徐永昌]·쉬위엔찬[徐源泉]·샹전[商震]·양아이위엔[楊愛源] 등의 산서군벌, 탄이엔칸[譚延闓]을 중심으로 자오헝티[趙恒惕]·탕셩즈[唐生智]·청치엔[程潛]·허지엔[何鍵]·리우지엔쉬[劉建緖]·허야오쥐[賀耀組] 등의 상계군벌, 시옹커우[熊克武]·리우시앙[劉湘]·리우웬후이[劉文輝]·량선[楊森]·판원후아[潘文華]·단마오쉰[但懋辛]·왕주엔쉬[王纘緖]·루차오[呂超]·당스쥔[唐式遵]·왕린지[王陵基]·순전[孫震] 등이 난립한 사천군벌, 리종런[李宗仁]·바이종시[白崇禧]·황샤오훙[黃紹竑]·리핀시엔[李品仙]·시아웨이[夏威]·황쉬추[黃旭初]·루롱팅[陸榮廷] 등이 활동한 계계군벌, 첸지용밍[陳炯明]·첸지탕[陳濟棠]·리지선[李濟深]·장파쿠이[張發奎]·위한모[餘漢謀]·루오주오잉[羅卓英]·쉬어위어[薛岳]·차이팅지에[蔡廷鍇]의 광동군벌, 탕지야오[唐繼堯]·룽위운[龍雲]·루한[盧漢]·쥐페이더[朱培德]의 운남군벌, 신강군벌, 마가군벌, 장제스의 직속세력으로 황포군관학교출신을 주축으로 구성된 국민혁명군(황포계)이 있다.

이들 군벌은 홍망성쇠를 거듭했으며, 독립군과 광복군이 위치한 지역에 따라 큰 영향을 주었다. 이들 군벌은 일제강점 이후 연해주와 만주에서 벌어진 독립군의 독립전쟁, 임시정부의 군사외교 활동, 광복군의 독립전쟁에 큰 영향을 미쳤다. 일례로 장제스의 국민당 정부에 우호적이었던 탕지야오 등 운남군벌은 임시정부의 요원들을 운남육군항공학교에 입학시켜 조종사 교육을 수료하도록 돕기도 했다.

일본과 중국을 둘러싼 임시정부와 독립군의 독립전쟁에 러시아도 큰 영향을 미쳤으며, 무엇보다 독립전쟁의 공간이었던 만주와 연해주 일대

_____ 권기옥이 비행 교육을 받았던 운남육군항공학교의 연습기와 유시천 교장

는 시기별로 격변하였다. 일본은 한반도에 조선주차군(駐箚軍)을 배치한 뒤 간도 지역의 독립군에 대한 대대적인 토벌작전을 감행하였고, 남만주로 진출하여 관동군을 구성한 뒤 중국의 군벌을 압박함으로써 독립군의 독립전쟁에 치명적인 압박을 가했다.

이러한 시대 배경에서 권기옥은 1901년 1월 11일 평안남도 평양부 상수구리 152번지에서 출생하여 유년기 평양을 중심으로 학창시절을 보냈다. 1919년 3.1 만세운동에 참여한 뒤 임시정부의 자금 모금 및 일제의 수탈통치기관 폭파 등 독립 활동에 관여되어 1921년 중국으로 망명하였다. 항주의 홍도여학교에 입학하여 1923년 6월에 졸업한 권기옥은 인성학교 교사생활을 거쳐 운남육군항공학교에 입학하였다.

3. '한국인', '여성'이라는 선입견을 깨고 하늘을 날다

대한민국 임시정부는 독립 활동 및 독립전쟁에 필요한 인원을 양성하기 위해 중국 정부와 협의하여 위탁교육을 시행하였다. 일반적으로 각지의 군관학교 내지 군사학교에 위탁 교육하였지만, 권기옥은 항공학교를 희망하여 지원하게 되었다. 실제 명목이 위탁교육이었지만 중국인도 아니고, 각지에 설립된 군사학교가 대부분 군벌 출신들이 해당 지역을 담당하여 운영하였기 때문에 교육 입학 및 수료가 쉽지 않았다. 그나마 지속적으로 입학하는 학교는 한국인이 선후배로 존재하여 어려움 속에서도 교육을 받았지만, 첫 입교생으로 들어가는 군사학교는 상상을 초월하는 고난이 있었다.

___ 권기옥의 항주 홍도여학교 졸업증명서

___ 1922년 항주 홍도여학교 시절의 권기옥

당시 윈난(운남)은 탕지야오가 총독으로 지배하던 지역으로 베이징이나 상하이에서 상당히 떨어진 지역이었다. 권기옥이 이런 운남육군항공학교를 지원하고자 하였던 점은 몇 가지 의미를 확인시켜 준다. 첫째, 상하이나 대도시를 중심으로 임시정부의 직책을 맡아 수행할 수 있음에도 불구하고, 윈난의 항공학교를 지원한 점은 권기옥의 독립 활동이 적극적이었음을 확인시켜 준다. 둘째, 일반 군사학교 내지 군관학교가 아닌 항공학교를 통해 조종사로 성장하고자 하였던 점은 권기옥이 구상한 독립 활동이 명확한 현실판단에 기반하여 실천 가능하고 효율적인 방법을 모색하였던 것으로 판단된다. 강력한 군사력을 보유한 일본군을 대상으로 독립전쟁을 수행함에 항공력이 효율적이다는 점을 인식하였기 때문이다. 이는 당시 베이징의 남원항공학교와 보정항공학교, 광동항공학교, 운남항공학교 등 중국의 4개 항공학교 가운데 권기옥은 입학이 가능한 학교를 물색하여 군벌이 설립하였더라도 운남육군항공학교를 선택하였다. 셋째, 매우 높은 도전의식을 가지고 노력하였던 성격을 확인할 수 있다. 졸업은 고사하고 입학마저 어려운 항공학교를 임시정부 요인의 도움으로 추천장을 받아 어렵게 입학할 수 있었다. 입학뿐만 아니라 중국인도 과정을 수료하기 어려운 상황임에도 운남육군항공학교 최초의 여성 조종사라는 점은, 교육환경의 열악함을 고려한다면 권기옥의 도전의식을 높이 평가할 수 있는 부분이다.

운남육군항공학교, 즉 운남항공학교는 윈난(운남), 구이저우(귀주) 총독이었던 탕지야오가 항공 관련 인원을 양성하기 위해 1922년 창설한 학교였다. 운남항공학교에 앞서 중국의 항공사를 간략하게 살펴보면,

1903년 12월 17일, 라이트 형제(Wilbur & Orville Wright)가 플라이어(Wright Flyer) 1호로 비행 시대를 시작한 이후, 1905년 호광총독 장즈동이 일본으로부터 산전식(山田式) 기구를 구매하여 정찰 목적으로 활용하면서 항공작전이 시작되었다. 1909년 정식으로 육군기구예비법이 제정되고, 1910년 베이징에 항공조직이 창설되어 정찰, 연락 업무를 담당하면서 중국 공군의 역사가 시작되었다. 한편, 1913년 당시 대총통이었던 위안스카이는 베이징에 남원항공학교를 설립하고 프랑스제 코드롱(Caudron) G.4 쌍엽훈련기 12대를 구매하여 조종사를 양성했다. 이후 북경 정부는 지속적으로 비행기를 구매 및 항공정비를 훈련시켰다.

중국 공군사의 본격적인 시작은 1913년 쑨원이 "항공구국(航空救国)"을 제창하면서였다. 각지의 군벌 및 중국 정부는 항공 분야의 유용성을 인식하고 항공 관련 인재를 양성하고, 정비사를 훈련시켰다. 이 시기 항공 분야는 공군과 민간의 구분이 없이 발전했다. 난징 정부는 1928년 난징에 항공반을 창립하고, 항공학교를 각지에 설립하였다. 1934년에 항공서(航空署)를 항공위원회로 바꾸어 공군 발전을 담당하도록 하였으며, 중일전쟁이 발발하자 1937년 육군총사령부에 두었던 공군을 정식 독립시켰다. 중국 공군은 중일전쟁에서 소련, 미국과 연합작전을 수행하였다.

──── 쑨원의 항공 인식과 항일전쟁의 지향점을 보여 주는 '항공구국' 글씨
(『救国杂志』 1931년 창간호)

윈난은 지리적으로 산이 많고 계곡이 깊어 육로로 교통하기에 어려운 지형이었다. 이를 고려하여 탕지야오는 항공을 통한 윈난의 발전 및 군사적 확장을 의도했다. 그 시작은 중요 전략요충지에 비행장을 건설하는 것이었다. 먼저 쿤밍의 우자바 공항을 건설했다. 우자바 공항은 당시 베이징의 난위안 공항, 항저우의 지안치아오 공항과 함께 중국의 3대 공항이었다. 탕지야오는 이후 지속적으로 비행장을 건설하여 중일전쟁이 발발하기 전까지 윈난 각지에 24개 비행장을 건설했다. 이들 비행장은 중일전쟁 시기 중국 공군의 중요 공군 자산으로 활용되었다.

운남항공학교는 쑨원의 "항공구국" 이념에 따라 1922년 겨울, 쿤밍의 남쪽 교외에 개교하였다. 운남항공학교의 개교 소식은 중국의 전역으로 퍼져 전국에서 입학하고자 지원자가 모여들었다. 1기생으로 입학생은 30명이었는데, 이 가운데 권기옥, 이영무, 장지일, 이춘 등 4명의 한국인도 포함되었다. 1926년 7월에 1기생이 졸업한 뒤, 1935년 4월에 이르기까지 조종사와 항공기계기술자 약 200여 명을 배출하였다.

운남항공학교에 입학한 권기옥은 운남육군진무당의 17기생들과 함께 6개월간 공동 군사훈련을 받았다. 이후 1년 6개월의 항공훈련이 시행되었다. 훈련기는 프랑스에서 코드롱 80마력 쌍엽기 20대를 구매하기로 하였는데, 한 차례 연기되었다가 1923년 9월에 쿤밍에 도착하여 교육생의 훈련에 이용되었다. 훈련생에 비하여 훈련기는 개인별로 배정될 수 있었기에 조종훈련은 매우 전문적으로 운영될 수 있었다. 훈련생들은 자신의 비행기 수리 업무도 겸해야 했기에 비행기에 대한 전문 지식을 가질 수 있었다. 과정 중에 일본의 암살 위협에도 불구하고 권기옥은 운남

___ 운남육군항공학교에서 첫 단독 비행에 성공한 권기옥의 기념사진

항공학교를 우수한 성적으로 졸업하였다. 30명의 입교생들은 지상 실습 이후 비행적성검사를 거쳐 19명이 비행과에 입과하고, 나머지 입교생들은 기계과에 입과했다.

1925년 2월 28일, 1기 졸업생은 모두 26명이었는데, 비행과 12명, 기계과 14명이었다. 이 가운데 한국인은 3명이었다. 처음 입교 시 한국인이 4명이었지만, 이춘을 제외한 3명이 졸업했다. 운남항공학교 1기생이 졸업한 뒤 난징 정부의 북벌이 시행되자 운남항공학교 학생들은 이에 종군했다. 2기생은 1927년 졸업했는데, 비행과 15명, 기계과 23명이었다. 운남항공학교는 1922년부터 1935년까지 4개 기수에 걸쳐 조종사 142명(그중 여성조종사 13명), 정비사 100명을 양성했다. 권기옥이 비행교육을 받으며 인연을 맺거나 운남항공학교 동문으로 연결된 인물들은 향후 임시정부의 독립 활동에 큰 인적 자산이 되었다.

항공학교 졸업 이후 권기옥은 임시정부와 중국 정부 사이에 연락 업무

를 수행했다. 이는 학교생활 중에 같
이 훈련받았던 동기생들과의 인연으
로 [중국으로부터] 도움을 구할 수도
있었으며, 중국군사학교를 졸업하여
중국군에 임명될 수 있었기 때문이었
다. 권기옥은 1926년 4월 20일에 직
예파였다가 국민당 정부에 소속된 펑
위샹의 군대에 배속되어 항공처 부비
행사로 근무했다. 7월에 펑위샹의 군
대가 해산하자 네이멍구 지역으로 이
동하였다.

____ 중국 공군으로 활약할 무렵의 권기
옥(왼쪽에서 두 번째)

　1927년 난징을 접수한 장제스는 난징에 국민당 정부를 수립하고, 동로
군 항공사령부를 난징으로 이동시킨 뒤 새로 발족한 항공서에 흡수시켰
다. 이에 권기옥은 1927년 3월 국민정부의 동로군 항공사령부 1대 소속
비행원으로 근무했다. 당시 장제스가 여러 군벌을 국민당 정부에 복속시
키며 군벌의 무기를 접수하였다. 이 시기 권기옥은 선전 업무를 부여받
고 항저우에서 비행기를 접수하기도 했다. 군벌로부터 접수한 비행기가
늘어나자 권기옥은 비행 연습시간을 최대한 늘려 곡예, 편대, 정찰, 공중
전, 폭격에 이르기까지 조종기술을 연마했다.

　6월에는 항공서 항공 제1대 상위관찰사로 근무하고, 1928년 간첩 혐
의로 체포되었다가 난징의 항공대로 복귀했다. 1932년 상하이사변이 일
어나자, 권기옥은 정찰 업무를 수행하여 무공훈장을 받았다. 1933년 5월

에 항공서 교육과 편역원으로 근무하다
가 7월에 항저우 항공대 중앙항공학교 비
행교관으로 취임했다.

1935년 연초에 항공위원회 부위원장
송미령이 권기옥에게 선전비행을 제안하
여 대일 선전 임무를 수행하기 위한 계획
을 세우고 추진 과정에 7월 일본군의 베
이징 진주에 따라 선전 비행이 취소되었
다. 당시 항공위원회는 중국군의 핵심기

—— 독립지사 이상정과 결혼한 권
기옥

구로 위원장 장제스, 비서장 숭메이링, 실무 첸칭원 등 주요 권력자가 포
진해 있었다. 항공위원회 비서 숭메이링은 선전 비행을 통해 중국 청년
들에게 비행의 안전성을 과시하고, 항공 사상을 고양하고자 했다. 선전
비행의 효과를 극대화하기 위해 여성조종사를 투입하기로 한 숭메이링
은 당시 여성조종사로 최고 기량을 가졌던 권기옥과 미국에서 비행교육
을 받은 중국인 여성조종사 리위에잉으로 정했다. 중국 공군의 어머니로
불리는 숭메이링은 장제스와 함께 1934년 화북, 서북 등 10여 개 성(省)을
순시하며 험난한 중국 지형에 공군의 활용성을 충분히 인식하였다. 물론
일본군의 침략에 이미 항공력이 활용된 점도 감안되었다.

이후 권기옥은 난징 항공위원회로 이동하였다. 중일전쟁이 발발하여
국민당 정부와 임시정부가 충칭으로 이동하자 권기옥도 충칭으로 이동
하여 중국육군참모학교 교관으로 영어, 일본어, 일본인 식별법 등에 대
해 교육했다.

_____ 장제스의 국민당 정부가 동로군 항공사령부를 통해 군벌 쑨촨팡의 공군을 인수하자, 인수팀으로 도착한 권기옥과 일행들

　1940년대에 접어들면서 권기옥은 전면적으로 임시정부 활동에 직접 참여하여 독립전쟁을 위한 업무를 수행했다. 우선적으로 한국애국부인회 재건에 참여하였다. 1943년 임시정부가 「대한민국임시정부 잠행관제」를 제정하여 공군을 명시하면서 공군 건설계획을 세웠다. 이 시기 중국군에 소속되었던 최용덕, 권기옥, 김영재, 김진일, 손기종, 염온동, 이사영, 이영무 등이 한국광복군(이하 광복군) 비행대 창설을 구상하였다. 이 해 7월에 참모처 처장으로 임명된 최용덕이 국무위원회에 공군의 필요성을 역설하고, 공군 건설을 공식으로 건의하면서 공군 건설이 구체화되었다.

　권기옥의 공군 건설계획은 최용덕의 구상과 연결되어 보다 구체적인 제안으로 완성되었다. 1945년 3월 최용덕이 기초하여 군무부가 임시의정원에 제출한 「한국광복군 건군 및 작전계획」에서 광복군 비행대의 편성과 작전이란 결실을 맺었다. 이 계획에 의하면, 광복군 비행대의 편성과 운용 방안을 구체적으로 제시한 것으로 비행기는 미 공군으로부터 빌

리고, 조종사는 중국 공군에 복무 중인 한국인 장교를 광복군으로 전환시켜 비행대를 편성, 광복군 총사령부와 국내 지하군(地下軍)과의 연락 임무를 맡도록 한다는 것이었다. 또한 중국을 중심으로 하던 군사계획을 확대하여 태평양 지역에서 일본군을 격파하면서 북상하고 있는 미군과의 연합에 비중을 둔다는 계획이었다. 즉 임시정부가 현실적으로 직면한 한계를 감안하여 미국을 주된 지원국으로 상정하여 미국 항공대를 기준으로 공군을 건설하고자 한 것이다.

임시정부가 중국에 수립되면서 중국 정부와의 관계는 독립전쟁에 큰 영향을 미쳤다. 당시 난징 정부는 항공력에 대해 큰 관심을 가지고, 특히, 두헤의 『제공권』이 번역되면서 이를 통해 공군력이 가지는 전략적 함의를 이해하고, 적극적으로 공군력을 건설하고자 했다. 난징 정부는 "공군력과 방공력이 없으면 국방이 없다[无空防即无国防]"는 인식까지 할 정도로 공군력에 대해 깊은 이해를 가졌다. 상하이전투에서 비록 3개월간 전투하였지만, 일본 육전대에 상하이를 내어주면서 난징 정부는 충칭으로 임시수도를 옮겨야 했으며, 가장 잔혹한 난징대학살을 경험하였다.

중국 정부는 지속적으로 항공력 건설에 전력하여 각지에 비행장을 건설하고, 항공학교를 설립하여 조종사를 양성하였으며, 비행기 생산공장 및 비행기 도입을 이어 나갔다. 중국 정부는 중일전쟁의 발발과 함께 중국 공군을 창설하여 제공권을 확보하고자 하였다. 이러한 중국 정부의 공군에 대한 관심과 정책은 자연스럽게 임시정부에 자극을 주었으며, 임시정부의 공군 건설 노력으로 이어졌다.

1919년 거국적인 3.1 만세운동의 영향으로 수립된 대한민국 임시정부는 내정과 외곽 단체를 정비하고, 외교와 군사를 병행하면서 독립운동의 중심체로 위치했다. 그러나 일제의 탄압과 동북아 정세의 변화로 인해 1923년부터 1936년까지 임시정부는 시련을 거쳤다. 이 과정에서 국민대표회의를 개최하여 독립운동 각 계파 간의 대립과 분열을 경험했다. 임시정부는 지도제 변경과 정부의 개편을 거쳤다. 특히, 임시정부는 이봉창의 일황 폭살 기도, 윤봉길의 침략 원흉 폭살, 항저우에서의 활동 등을 통해 독립 활동을 지속했으며, 임시정부 내에 제 정당이 설립되어 독립 활동에 대한 다양한 의견이 표출되었다. 다양성과 함께 시대상황을 고려하여 제 정당을 통합하려는 노력이 있어 결국 양대 정당 체제가 성립되었다.

임시정부의 독립활동에 큰 변화는 중일전쟁의 발발이라 할 수 있다. 중일전쟁이 발발하자 임시정부(1937-1945)는 헌법, 조직에 있어 전시 체제의 정비를 이루었다. 구체적으로 임시헌법, 약법을 통해 3개 처의 임시정부 수립을 선포하고, 제1차 개헌으로 대통령제로의 정부 통합, 제

2-3차 개헌으로 수난기를 극복하기 위한 집단지도 체제로 전환되었으며, 제4-5차 개헌으로 전시 체제와 주석 중심의 일원적인 지도 체제를 갖추었다.

중일전쟁과 임시정부의 독립 활동은 밀접하게 연관되었다. 임시정부는 1930년대 초반의 국제환경에 큰 영향을 받았으며, 중일전쟁 발발과 동시에 중국 정부와 연계하여 독립 활동을 강화하였다. 태평양전쟁의 발발은 임시정부가 중국 정부를 통해 미국과 연계되는 결과를 가져왔다. 임시정부의 독립 활동은 광복군의 성립과 함께 본격적인 독립전쟁으로 나아갔다. 이러한 임시정부의 역사적 의의는 임시정부의 이념과 건국강령에 명시적으로 표현되었다.

임시정부는 수립 이후 지속적으로 군사와 외교를 주요 활동 분야로 일본에 대한 독립 활동을 전개했다. 이는 중국이란 타국의 영토에 정부를 수립한 입장에서 당연한 활동 분야이면서, 임시정부의 모든 외교 활동이 군사적 성격을 가지며 군사 활동이 외교적 성격을 가지는 이유이기도 하다. 즉 임시정부의 군사와 외교 활동은 많은 제약이 있었으며, 이에 대한 평가에 있어 단순한 시대상황만이 아닌 임시정부라는 제약이 고려되어야 한다.

이뿐만 아니라 일본은 청일전쟁 이후 군사적으로 강대국으로 성장하였으며, 제1차 세계대전 전승국으로 국제적으로 그 위상이 상승되고 영향력이 강화되었다. 임시정부가 수립된 이후 대일 독립 활동은 많은 제약이 있어 효율적으로 전개되기 어려웠다. 이것이 변화된 계기는 일본이 중국과 전쟁당사자로 등장한 중일전쟁의 발발이었다. 실제 임시정부는 중일전쟁 이전까지 본격적인 독립전쟁을 전개하기 어려워 대일 전쟁보다는 군사력 배양에 우선을 두었으며, 제1차 세계대전 이후 군사적 효용성이 높아진 공군력에 대한 인식을 바탕으로 독립전쟁을 준비하였다.

임시정부의 군사 활동은 1919년 4월 11일에 제정된 「임시헌장」과 같은 해 9월 11일에 공포된 「임시헌법」, 11월 5일에 공포된 「법률 제2호 대한민국 임시 관제」 중 군사에 관한 내용에 포함되었지만, 구체적인 군사 활동은 존재하기 어려워 연해주와 만주 일대의 독립군이 이를 담당했다. 대신 임시정부는 파리강화회의에 참석하고, 미국을 대상으로 외교 활동을 전개하였다.

1920년에 접어들면서 임시정부는 연해주와 만주 일대 독립군을 지원하여 사관학교 설립, 비행대 편성 문제, 군사법규의 정비 등을 시행했다. 그 성과에 있어 법규 정비는 「육군 임시 군제」, 「육군 임시 군구제」, 「임시 육군무관학교 조례」, 「군사경위 근무조례」, 「경위근무세칙」, 「군무부 임시 편집위원부 규정」을 제정함으로 제반 규정을 정비하고 무관학교 관련하여 중국 정부와 협조하에 성과를 거두었을 뿐이다. 이는 임시정부 군무부가 형식상으로 서간도군구, 북간도군구, 시베리아 강동군구의 정점에 있었지만, 물적 기반이 원거리로 떨어져 있고, 재정의 취약성으로 영향력을 행사하기에 제약되었다.

임시정부는 군사조직 측면에서 군무총장 휘하에 참모부를 두어 군사 지휘 체계를 갖추고, 무엇보다 군사지휘관을 양성하기 위해 1920년 초에 육군무관학교를 설립하여 중국에 거주하는 한국인을 대상으로 독립군 장교로 양성하고자 했다.

이처럼 임시정부는 1920년대까지 기본적인 군제를 갖추는 방향으로 정책을 추진하였으며, 1930년대 일본군의 대대적인 독립군 탄압과 국제 정세의 변화로 군사 분야에 대한 큰 진전을 확보하지 못했다. 본격적으로 임시정부의 군사제도 및 군사력 확보 노력이 성과를 거두기 시작한 것은 중일전쟁 발발과 중국 정부와의 긴밀한 관계가 회복되면서였다.

중일전쟁으로 중국 정부는 충칭으로 임시수도를 옮기고 전 전선에서 항일전쟁을 전개했다. 임시정부도 중일전쟁 발발로 인해 군사위원회를 설치하고 독자적인 군사력 건설을 추진했다. 우선 충칭에 정착하면서 내부적으로 여러 정파를 통합하여 한국독립당 중심의 체제를 갖추는 한편, 전시 상황을 고려하여 주석을 중심으로 한 단일지도 체제를 갖추었다. 또한, 중일전쟁을 독립전쟁과 연계하여 독자적인 군사력을 확보하고자 1940년 9월 17일 한국광복군을 창설하였다. 광복군의 창설은 임시통수부로 관제 변화가 필요한 사항이었다. 이에 1919년 9월 20일 공포한 「대한민국 임시 관제」를 통해 중대본영직제를 폐지하고 군사의 최고통수권을 가진 「대한민국 임시통수부 관제」(1940.11.1.)를 제정하였다. 주석이 임시정부 수반으로서 일원적인 군사지휘 체계를 갖추기 위한 관제 변화였으며, 「한국광복군 공약」(1941.11.28.)을 발표하여 일본의 침탈을 제거하여 주의와 사상 여하를 막론하고 한국인 모두가 국군이 될 의무와 권리가 있다고 천명했다. 즉 독립전쟁을 위해 한국인은 국군의 일원으로 나서야 한다고 공포한 것이다. 이러한 천명은 광복군 모집을 위한 징모분처 설치로 이어져 중국의 각지에서 한인청년을 대상으로 초모(招募) 활동을 전개했다. 그 결과 300여 명의 광복군이 구성되었다.

광복군 창설 이후 최대의 문제는 중국군의 통제 여부였다. 중국에서 창설되는 군대이다 보니 물론 중국군의 통제와 지휘가 있다는 점은 임시정부가 인정하지만, 중국군사위원회에서 광복군 창설 시 요구한 「한국 광복군 행동 9개 준승」은 이후 광복군의 활동에 많은 제약이 되었다. 이후 연합군과의 연합작전을 명분으로 임시정부는 준승의 폐지를 중국에 요구하여 달성했다.

한편, 임시정부는 1942년부터 세력통합을 이룬 뒤 광복군의 국내지대를 결성하여 독립전쟁을 수행하고자 하였다. 이 시기 임시정부는 명실상부한 독립전쟁의 중추기관으로 위상을 가졌으며, 임시정부의 군대로서 광복군은 대한민국의 정통성 있는 국군의 모태로서 자리매김하였다.

임시정부는 광복군의 통괄 조직으로 군무부의 역할과 기능을 규정하기 위해 「대한민국 임시정부 잠행관제」(1943.03.30.)를 제정했다. 이 임시정부 잠행관제에 공군이 명시적으로 제시되었다.

제1조 군무부장은 육·해·공군 軍政(군정)에 관한 사무를 掌理(장리)하며 육·해·공군원은 군속을 통할하고 소관 각 관서를 감독함.

임시정부잠행관제에 제시된 내용에서 군무부 내 군사과에 "육·해·공군 建制(건제) 及(급) 開平時(개평시) 전시편제와 계엄 연습 검열에 관한 사항"(1항)과 "각 군 비행대에 관한 사항"(3항)을 규정하여 공군 편제와 운영에 관한 업무를 밝혔다. 군무부 내에 공군 편제와 운영을 제시한 점은 물론, 1919년의 「대한민국임시관제」에서 육·해군만 언급한 점보다 발전한 것이지만, 무엇보다 시대상황을 고려한다면 1920년대부터 공군력을 명확하게 인식하고 권기옥처럼 공군인을 양성하려고 하였던 임시정부의 노력이 결실을 거둔 것이다. 현실적으로 1920-1930년대는 중국 정부도 공군력에 대한 인식만 존재하였을 뿐 군대조직으로 공군을 창설하지 못했다. 임시정부는 타국에서 독립전쟁을 수행하는 입장에서 재정과 모든 문제에 한계가 있었기 때문에 미국에 독자적으로 비행학교를 설립하여 공군력을 양성하고자 하였다.

임시정부는 중국 공군에서 활동하던 공군인을 임시정부 주요 보직에 임명하여 공군력 건설을 위한 구체적인 계획을 수립하도록 하였다. 그 첫걸음은 최용덕을 참모처장으로 삼아 공군 건설 실무를 담당하도록 한 것이며, 권기옥을 비롯한 공군을 이에 집결시켰다. 임시정부는 '공군설계위원회'를 설치하고, 「공군 설계위원회 조례」를 통과시켜 공포했다. 최용덕, 윤기섭, 김철남, 이영무, 김진일, 권기옥, 이연호, 권일중이 참여한 공군설계위원회는 광복군의 공군에 대한 청사진을 마련했다. 조례에는 현실적인 상황을 고려하여 구체적인 방향이나 방침보다 조직과 인사를 제시하였다.

태평양전쟁의 발발과 함께 중국 정부도 마찬가지였지만, 임시정부는 미군의 역할에 기대했다. 미군과 보다 적극적인 협의를 통해 독립전쟁에서 한미연합 공군을 건설하여 광복군 공군의 실질적인 기틀을 마련하고자 했다. 이를 위해 무엇보다 미군을 포함한 연합군과 연합작전에 참전함으로써 임시정부의 역할을 확대하고자 했다. 임시정부는 미군을 대상으로 공군 건설을 위한 구체적인 접촉을 시도했지만, 현실적으로 어려움에 봉착하여 구체화되지는 못했다.

광복군의 공군 창설에 대한 구체적인 계획은 1944년에 세워졌다. 1944년 10월 12일, 임시정부국무위원회 주석 김구의 명의로 의정원장 홍진에게 발송된 "법률추인안(法律追認案) 제출(提出)의 건"에 의하면, 임시정부 국무위원회는 「대한민국 잠행관제」와 「공군 설계위원회 조례」를 추인해 줄 것을 요구했다. 이때 추인 제출된 「대한민국 임시정부 잠행관제」에서 군사적 조항으로 국무회의 시 필요한 경우에는 군사장관과 각부 차장을 출석시켜 의견을 진술하도록 할 수 있으며, 1941년 반포된 법에 의거하여 통수부를 유지시키며, 참모부에 대한 상세한 내용이 규정되어 있었다. 즉 참모부는 국방과 용병에 관한 모든 계획을 통솔하고, 총장 1명, 차장 1명, 참모 몇 명으로 조직하며, 참모부의 상세한 규정은 법으로 별도로 정한다고 하였다. 또한, 군무부의 군무부장은 육·해·공군 군정에 관한 사무를 장리(掌理)하며 육·해·공군원은 군속을 통할하고 소관 각 관서를 감독하고, 군사부 휘하에 총무, 군사, 군수, 군법의 4과를 두었다.

1944년 임시정부의 한국광복군을 실질적으로 지휘하였던 김구는 한국광복군의 작전계획을 명시적으로 천명하였다. 이때 제시된 「한국광복군 건군급 작전계획」은 방침, 지도요령, 부서와 진행 방법, 보급연락과 정보 등 4부분으로 구성되었다. 구체적으로 방침에서 김구는 한국의 완전 독립을 쟁취하고, 동아시아의 영구한 평화를 확보하기 위해 국내외 전체 한국 동포를 동원하여 광복군을 확대하며, 동맹군과 연합작전을 전개하여 일본을 격멸하고자 했다. 이를 위해 작전계획은 중국, 미국과 협

「대한민국 임시정부 잠행관제」 군사부의 직무표[4]

科(과)	職務(직무)
總務科(총무과)	通則(통칙)에 依(의)함
軍事科 (군사과)	• 육·해·공군 建制(건제)와 開平時(개편시) 戰時編制(전시편제)와 戒嚴演習檢閱(계엄연습검열)에 관한 사항 • 단대 배치, 전시법규, 軍紀儀式服制(군기의무복제)에 관한 사항 • 각 군비행대에 관한 사항 • 각 군위생의정에 관한 사항 • 함대, 해상보안운수통신에 관한 사항 • 각 科(과) 군무관 임면보충에 관한 사항 • 각 科(과) 군병적, 전시명부, 考績表(고적표)에 관한 사항 • 각 科(과) 軍兵員(군병원) 모집에 관한 사항 • 賞功恩給褒獎給暇(상공은급표장급가)에 관한 사항 • 각 군 유학생, 학교에 관한 사항
軍需科 (군수과)	• 兵器(병기), 器材(기재)에 관한 사항 • 被服(피복), 糧食(양식), 馬匹(마필), 物品(물품)에 관한 사항 • 군자운용, 경리연구심의에 관한 사항 • 건축, 폐물처분에 관한 사항 • 군수관 교육에 관한 사항
軍法科 (군법과)	• 군사법규에 관한 사항 • 각 科(과) 군 감옥에 관한 사항 • 군인심판, 감옥직원의 인사에 관한 사항 • 군법회의에 관한 사항

상하여 동의를 얻어 실시하고자 했다.

이상의 방침을 구체화하기 위해 중국, 태평양, 한국 등 세 방면으로 지

---

4 국사편찬위원회(2005), 「法律追認案 提出의 件」(1943), 『대한민국 임시정부 자료집』 권6 임시의
정원 5, 국사편찬위원회.

도요령을 제시했다. 중국 경내에서 임시정부는 중국 정부와 협정한 「원조 한국광복군 판법」에 의거하여 광복군을 확대하고 작전을 추진하고, 태평양 방면으로는 미군과 협조하여 미군의 원조를 얻어 추진하고자 했다. 한국 국내에서 광복군의 지하군을 조직하여 파괴와 소란을 일으켜 군수생산과 운수를 방해함으로서 일본군의 전력이 대륙으로 이동하는 것을 저지하고, 연합군이 한국으로 진공작전할 때 내부에서 함께 작전하도록 했다.

김구는 이상과 같은 광복군의 확대 및 작전계획에 비행대를 만들어 작전할 것을 주장한 점이 주목된다. 광복군의 비행대는 우선 중국과 태평양에서 광복군 비행대를 조직하여 각지에 연락·운수작전을 수행하고, 연합군 비행대와 공조하여 작전한다고 하였다. 세부적으로 중국 방면의 광복군 비행대는 중국 공군에 복무하는 한국인 비행 관련자를 기초로 조직하고, 연락 및 운수용 항공기를 조차(租借)하여 광복군 소재지의 연락과 병력 운송을 담당하도록 계획했다.

조종사의 양성은 중국, 미국과 협상하여 중국, 미국의 항공학교에 위탁 훈련시켜 양성하고자 했다. 조종사가 양성되면 중국과 미국으로부터 비행기를 빌려 광복군 비행대를 정식으로 조직하고 연합군과 연합작전을 수행하도록 했다. 작전지역은 일본군 점령지역 및 한반도이며, 작전은 선전과 지하군 간의 연락·원조를 위주로 계획했다. 만약 광복군의 비행대 실력이 독자적으로 작전이 불가능한 수준이라면 연합군 비행대에 소속시켜 지휘받아 작전을 수행하도록 하고, 광복군 총사령부가 필요로 하는 항공 연락 및 병력 수송을 연합군 비행대가 응해야 한다고 주장했

「한국광복군 건군급 작전계획」의 부서와 진행방법[5]

방면	부서	추진방법
중국	광복군 총사령부	• 임시로 중국의 각 地區(지구)에 배치하여 편성·지휘하고, 군사훈련반을 부설하여 훈련을 분담함. • 전투부대 편성이 완료되면 광복군 총사령부는 부대 소재지로 이전하여 직접 부대를 지휘하여 중국군과 연합 작전을 수행하고, 전구 사령부는 초모와 훈련을 지속함.
중국	광복군 戰區(전구) 사령부	• 중국 내에서 戰區(전구)별로 사령부소재지에 한국광복군 초모처를 분설하고, 초모처에서 전선의 교통요점과 일본군 후방에 요원을 파견하여 兵運(병운)과 民運(민운)을 겸행하여 일본군의 한국 출신자를 회유하고, 정보를 수집함. • 초모처에서 모집한 요원을 군사훈련반에서 훈련시켜 우수요원을 선발하여 특수훈련을 시킴. • 일반 훈련을 받은 요원은 전투부대에 편제하고, 중국군 지휘하에 전선에 파견하여 중국군과 연합작전함. • 특수훈련을 받은 요원은 한국과 일본군 점령지 후방에 파견하여 地下軍(지하군)을 만들어 정보와 謀略(모략) 공작을 진행함. • 중국군의 동의를 얻어 미군의 기술 인원을 초빙하고, 미군의 장비를 받아 특수훈련을 받음.
태평양	광복군 태평양파견 사령부	• 미국과 태평양작전 미군의 협조를 얻어 태평양 특정 지역에 한국 광복군 태평양 파견 사령부를 설치하고, 광복군을 조직·훈련·작전을 통할함. • 미군에게 포로로 잡힌 한국인과 인원으로 전투부대를 편성하고 훈련시켜 미군과 연합하여 해상으로 한반도에 진입함.
한국	파견본부	• 비밀보장을 위해 중국과 태평양에서 파견된 요원을 중심으로 공작하여 한반도 내 파견본부와 연락하고, 최종 광복군 총사령부에서 총괄함. • 한국 내 地下軍(지하군)은 1기(약 6개월간)에 조직·선전·정보공작을 수행하고, 2기(약 4개월간)에 파괴·소란공작을 수행하고, 3기(1기·2기 수행중)에 무장 근거지를 만들어 일본군과 전투하고, 한국인으로 일본군 가운데 한국인출신으로 혁명을 일으키도록 함. • 대륙과 태평양에서 동맹군의 국내 진공에 내부에서 공조함. • 한국 내 지하군을 건설하기 위해 미군의 기술, 물자협조가 필요함.

다. 한편, 태평양 지구의 광복군 파견사령부 소속 비행대의 조직은 재미한인 가운데 조종사를 기초로 구성하고, 중국 방면과 동일하게 추진하고자 했다.

이상과 같은 임시정부의 공군력 건설 노력은 현실적으로 재정 문제에 봉착하여 어려움이 있었다. 임시정부는 세입세출에서 세출의 대부분을 군사비로 운영했다. 예를 들면, 1944년 「대한민국 이십오년도 세입세출 예산서」의 '세출부' 전체 예산 중, 군사비가 96%를 차지하고 있다.

4. 독립을 넘어 펼친 여성조종사 권기옥의 영원한 꿈

공군 건설을 추진하던 권기옥은 1945년 해방을 맞이하여 주변을 정리하고, 1949년 완전 귀국하였다. 귀국 이후 임시정부에서 의견을 같이하였던 신익희의 추천으로 국회의 국방위원회 전문위원으로 활약했다. 1948년 신설된 외무국방위원회는 1951년 국방위원회로 명칭을 바꾸었다. 국방위원회 전문위원으로 권기옥은 국군의 초창기 정비와 체제 확립에 기여하였다. 중국에서 함께 독립전쟁을 수행하였던 최용덕은 국방부차관으로, 이영무는 육군항공군사령관으로 활약했다. 권기옥은 6.25 전쟁 기간뿐만 아니라 1955년까지 전문위원으로 국군의 국방체계

---

5 국사편찬위원회(2006), 「조직 – 한국광복군과 작전계획」(1944), 『대한민국 임시정부 자료집』 권11 한국광복군 Ⅱ, 국사편찬위원회.

___ 해방 이후 귀국하여 국방위원회 전문위원으로 국군조직 정비와 공군력 강화에 기여한 권기옥

확립에 노력하였다.

국방위원회 전문위원 활동을 마친 권기옥은 이후 『한국연감』을 편찬하여 대한민국의 발전상을 기록하였다. 또한, 중국에서 활동을 기반으로 한중문화협회 부회장을 역임하며 한중교류를 활성화했다.

이상과 같이 일제강점기 중국과 일본을 중심으로 한 국제정세하에서 권기옥은 국내에서 독립 활동을 전개하다가 중국으로 망명하여 임시정부의 추천으로 항공학교를 졸업하고 중국 공군의 일원으로 독립전쟁을 수행하였다. 귀국 이후 공군 창설 및 독립에 기여하고, 나아가 한중관계의 우호 증진에 기여함으로 군사외교를 펼쳤다. 이러한 권기옥의 독립 활동을 공군사적 관점에서 보면 첫째, 권기옥의 독립 활동 및 독립전쟁

___ 국방위원회 전문위원으로 활동하던 권기옥이 미공군 헤스 중령과 함께 수송기에 탑승한 모습

수행은 민간인 신분에서 이루어진 것이 아니라 대한민국 임시정부의 공인을 받아 군인 신분으로 이루어졌음을 확인할 수 있다. 물론 임시정부의 정식 직임을 가진 것은 1940년대이지만, 임시정부의 추천을 받아 중국 항공학교에 입교하여 조종술을 배우고, 중국 공군에서 주요 보직을 담당하거나 작전을 수행하였다.

둘째, 권기옥이 보여 준 독립전쟁기 중국 공군에서의 활약은 중국으로 하여금 임시정부의 독립전쟁에 대한 인식 전환을 가져왔다. 여성으로 운남육군항공학교에 입교하여 우수한 성적으로 비행과를 졸업한 점은 주변의 한국여성에 대한 인식 변화뿐만 아니라 임시정부로 대표되는 한국의 독립전쟁 의지를 각인시키기에 충분했다. 또한, 중국 정부의 최고권력자 중 한 명이었던 숭메이링이 권기옥을 통해 선전비행을 추진하려고 하였던 점도 이를 반영한다.

셋째, 권기옥의 독립 활동에 대한 평가는 임시정부의 독립 활동 평가로 연결된다. 결론부터 말하면 공군사적으로 권기옥의 독립 활동을 평가하는 것은 임시정부의 독립 활동에 대한 평가나 마찬가지이다. 권기옥의 항공학교 입학, 최초의 여성조종사로 졸업, 중국 공군에서 보여 준 조종사로서의 활약, 임시정부 공군 건설계획 참여 등의 평가는 임시정부와 함께 고려되어야 한다. 권기옥 개인의 관점에서 평가할 문제가 아니다. 즉 임시정부의 조직적인 노력이나 정책적 추진이 없었다면 권기옥 개인의 독립 활동은 존재할 수 없기 때문이다.

넷째, 공군사의 관점에서 권기옥의 위상은 중국 공군사에서의 숭메이링과 동일하다. 앞에서 간단하게 언급되었지만, 중국 공군사에서 숭메이링이 차지하는 위상은 대단하다. 중국 공군의 필요성을 절감하고, 체계적으로 공군인을 양성하기 위해 전국에 항공학교를 설립하고, 국민에게 항공사상을 배양하기 위해 선전비행을 계획하였으며, 공군 발전 계획을 수립한 항공위원회 비서장으로 역할함으로써 공군을 독립시키는 데 큰 공헌을 하였다.

오히려 숭메이링은 절대권력자로서 자신의 의지와 계획을 실현하는 데 아무런 어려움이 없었던 반면, 권기옥은 일제강점기 나라 잃은 한국인으로 조종 훈련과 연습마저 쉽지 않았다. 열악한 환경에도 불구하고 독립전쟁 및 광복된 대한민국에 공군의 건설과 발전을 지향했던 인물이다. 대한민국 공군의 어머니로 평가됨에 부족함이 없다.

다섯째, 대한민국 정부 수립 이후 공군의 창설과 분리에 기여하였다. 권기옥은 해방 이후 국회의 국방위원회 전문위원으로 활동하며 국군의 제도 정비와 체제 정착에 기여했다. 당연히 공군으로서 공군의 창설과 독립을 지원하였다. 이러한 기여는 이미 독립전쟁을 수행하는 과정에 발견한 공군력에 대한 인식을 바탕으로 조종사로 성장한 측면에서 확인

된다.

여섯째, 공군사의 관점에서 군사외교의 전형을 보여 주었다. 국군의 일원으로 공군은 타국 공군과의 활발한 군사교류를 통해 국익에 충실한 군사외교를 전개해야 한다. 독립전쟁 기간에도 임시정부와 중국군과의 연결고리 역할을 수행하였던 권기옥은 해방 이후에도 한중군사교류를 위해 활발하게 활동했다. 대만을 방문한 권기옥이 마주한 대만국방부 주요 인물들은 독립전쟁 기간 함께 활동하였던 전우였으며, 특히 권기옥이 비행교육과 정보교육을 시켰던 학생들이 성장하여 대만 군부의 지휘관이었다는 점에서 향후 군사외교의 한 단면을 제시한다.

한중일 간 첨예한 외교 문제로 현재도 진행 중인 역사전쟁의 경우, 일본은 지속적으로 일제강점기를 미화한다. 이에 맞서 한국과 중국은 역사의 사실관계를 밝혀 역사전쟁의 맹점을 지적한다. 일례로 청일전쟁에

_____ 노년의 권기옥

대한 일본의 해석과 중국의 해석은 전혀 다르다. 일본의 주장에 대해 중
국은 뼈아픈 과거의 치욕을 잊지 말고 새로운 '중국의 꿈[中國夢]'을 강조한
다.[6] 독립운동사, 공군사도 이와 연관된다. 지난 2015년 중국은 일본의
중국 침략으로 인한 난징대학살을 강조하면서 난징의 항공열사공묘에
한국인 전상국과 김원영의 추모비를 세웠다.[7]

6 김경록(2014), 「중국학계의 청일전쟁 연구경향과 인식」, 『전쟁과 유물』 6, 전쟁기념관.
7 『동아일보』(2015.05.26.).

참고자료

국사편찬위원회(2005), 『대한민국 임시정부 자료집』 권6 임시의정원 5, 국사편찬위원회.

_____(2006), 『대한민국 임시정부 자료집』 권11 한국광복군 Ⅱ, 국사편찬위원회.

김경록(2008), 「해방 이후 남북한의 공군력 인식과 한국전쟁 준비과정」, 『군사』 67, 국방부 군사편찬연구소.

_____(2014), 「중국학계의 청일전쟁 연구경향과 인식」, 『전쟁과 유물』 6, 전쟁기념관.

_____(2014), 「청일전쟁기 일본군의 경복궁 침략에 관한 군사사적 검토」, 『군사』 93, 국방부 군사편찬연구소.

_____(2015), 「淸日戰爭 初期 朝日盟約의 강제체결과 일본의 군사침략」, 『한일관계사연구』 51, 한일관계사학회.

『문화일보』(2015.05.26.)

冨永謙吾 編(1975), 「太平洋戰爭」 5, 『現代史資料』 39, みすず書房.

윤선자(2016), 『권기옥, 대한독립을 위해 하늘을 날았던 한국 최초의 여류비행사』, 역사공간.

사진 출처: 권기옥 지사 유족.

유관순,
3.1 만세운동의 횃불을 들다

심옥주
한국여성독립운동연구소 소장

유관순(柳寬順, 1902-1920)
—

민족혼을 담아 3.1 만세운동을 꽃피우다

1. 3.1운동의 샛별, 유관순 열사를 주목하다

밤하늘에 떠 있는 수많은 별들을 보고 있으면, 유난히 빛을 발하는 '샛별'을 발견한다. 우리나라에서 보이는 샛별은 밤하늘에 어둠을 뚫고 서쪽에서 빛을 발하거나 새벽 동트기 전 빛을 뿜어내고 있다. 그 빛의 파장은 과학적 공식이나 지구와의 거리 계산 수치를 적용해서 유추하는 행성의 크기나 밝기를 넘어선다. '어둠 속에서 빛나는 별', 그 이유 하나만으로도 많은 이들에게 위안을 주고 희망을 품게 한다. 필자는 암울했던 역사의 한 자락이 밤하늘을 가득 메운 어둠이라면, 유관순 열사와 같은 이들은 샛별 같은 존재였다고 생각한다. 그 비유를 통해서 한 인물을 영웅화하거나 3.1 만세운동 전체를 통괄하는 존재로 평가하는 것에 안주하지 않는다. 험난했던 지난 역사의 가운데, 암흑기였던 우리가 발견

___ 보통과 3년 때의 유관순(1916)

_____ 유관순이 순국한
서대문형무소 지하감옥
발굴 모습(1991)[1]

할 수 있는 샛별과 같은 존재, 그들은 의로움과 민족정신을 품고 있었던 순수한 청년이었다. 또 다른 이유에서는 제도의 틀을 넘어 빛을 발한 존재였다. 유교사회의 울타리 안에서 남녀칠세부동석, 남존여비 사상을 강요받았던 시대에 3.1 만세운동을 기점으로 구국의지를 품은 여성이 기존의 틀을 넘어 항일투쟁의 대열에 들어섰고, 그 변화는 여성독립운동의 한 맥락으로 이어졌다.

암울했던 시대에 스스로 빛을 발한 순수한 청년으로 유관순만 떠올리지 않는다. 전국의 수많은 학생들이 있었고 함께 만세를 외쳤던 교사, 부인, 기생, 상인, 농민 등 주목받지 못한 여성이 항쟁의 대열에 서 있었다. 그들은 어떠했을까. 마치 발트해에서 길을 잃은 선원이나 어부를 도와주었던 가상의 요정, 클라바우터만[2]과 같았다. 길을 잃고 어둠 속에 갇혀

1 『경향신문』(2005.10.11.).
2 클라바우터만(Klabautermann)은 발트해에서 선원이나 어부를 도와주는 역할을 하는 가상의 요정이다. 클라바우터만은 때때로 바다에 빠진 선원을 구해 주기도 하는 존재로 묘사된다. 클라바우터만의 이름은 '소리를 내다'라는 의미의 저지 독일어의 단어인 'klabastern'에서 유래하였으며, '(선박에 난 구멍을) 메우다'라는 의미의 단어인 'kalfatern'에서 유래하였다는 설 또한 제

있었던 이들을 구해 주었듯이 독립운동 과정에 여성도 스스로 국권을 회복하는 길에 동행했다. 그로부터 많은 시간이 흘렀다. 우리의 지난 역사를 거슬러 바라볼 때, 역사의 암울했던 시기에 한 줌의 빛이 되어 준 클라바우터만과 같은 존재가 바로 이들이 아니었을까. 3.1 만세운동 과정에서 여성도 남성 못지않게 적극적이었다. 특히 만세운동 준비 과정에서 여학생의 활동은 결코 남학생에 뒤지지 않았다. 1919년 3월 1일부터 4월 8일까지 3.1 만세운동 과정에서 여학생이 참여한 곳을 살펴보면, 전국적이었다. 특히 주목된 건 선천의 보성여학교, 평양의 숭의여학교, 원산의 루시여학교와 진성여학교, 서울의 경성여자고등보통학교, 정신여학교, 함흥의 영생여학교, 개성의 호수돈여학교, 대구의 신명여학교, 광주의 수피아여고, 김책의 보신여학교, 부산의 일신여학교, 전주의 기전여학교, 마산의 의신여학교, 공주의 영명여학교, 목포의 정명여학교 등 전국 여학생의 거국적인 참여였다. 그것은 만세운동을 준비 과정부터 시작되었고 만세 시위 현장에서 태극기를 손에 들었던 순간도 마찬가지였다.

우리가 유관순 열사에 특히 주목하는 이유는 무엇일까. 그것은 상징성 때문일 것이다. 상징적 인물을 통해서 3.1 만세운동의 성격을 명확히 확인할 수 있기 때문이다. 상징은 인간세계의 본질을 형성하는 근본 실체이며, 인간이 사회화되고 문화를 수용하며 발전시켜 가는 모든 과정은

기되고 있다. 위키백과(https://ko.wikipedia.org/wiki/%ED%81%B4%EB%9D%BC%EB%B0%94%EC%9A%B0%ED%84%B0%EB%A7%8C).

상징적 과정이라고 할 수 있다.[3] 또는 사람의 감정과 정서에도 영향을 주어 사회구성원들에게 동기를 부여하고 구체적인 행위도 유발시킨다. 집단적인 행동으로 나타나는, 그 인정하는 대상 또는 대상체를 통해서 공감하고 기억하는 것, 그것이 만세운동으로 표출되었다. 일제에 저항하는 비폭력 저항의 상징으로 '태극기'는 민족의 응분된 감정을 표출하는 수단이었다. 우리 국민이라면 누구나 역사에서 일제의 침략과 만행, 그리고 국내외에서 민족 전체가 항일의지를 피력한 3.1 만세운동을 잊지 못한다. 그 기억은 현재의 상징을 넘어 지난 역사로 투영된다. 순수하게 나라를 사랑하는 마음을 펼쳤던 여학생, 그 이미지가 대표 인물인 '유관순 열사'를 통해서 희생의 상징으로 각인되고 고착화되었다. 그래서 필자는 유관순을 3.1 만세운동의 샛별로 비유한다.

2. 충청 소녀 유관순, 사애리시 여사와 만나다

유관순은 1902년 충청남도 목천군 이동면 지령리에서 부친 유중권과 모친 이소제의 3남 2녀 중 둘째 딸로 태어났다. 유관순의 집안은 일찍이 기독교와의 인연으로 개화사상에 깨어 있었다. 조부 유윤기와 숙부 유중무에 이어 부친 유중권과 모친 이소제는 기독교를 수용했는데, 충남 공

---

3 유영옥(2012), 「대한민국을 대표하는 상징성에 대한 고찰」, 『한국보훈논총』 11-4, 한국보훈학회, 42쪽.

주의 기독교 감리회 선교 활동의 영향
을 받았기 때문이다. 사회개혁·부녀자
계몽·교육사업 등에 관심을 가졌던 유
관순의 부친은 인재양성에 기여하기 위
해 흥호학교를 운영하였다. 교육현장
은 개화의식이 사회변화를 이끄는 역할
을 한다고 보았기 때문이다. 유관순의
오빠 유우석이 공주의 영명학교에 진학

___ 사애리시

하고, 유관순이 영명여학교에 진학하게
된 배경도 이와 무관하지 않다. 충청도에 살았던 16세 소녀가 서울로 상
경하여 이화학당과 인연이 된 것은 결코 우연이 아니었다. 앞서 언급했
듯이 충남 공주 지역에 선교사가 정착하면서 교회가 설립되었다. 여기서
이어진 선교 활동으로 개화의식과 인간존중의식이 지역민에게 전달되
었다.

　충남 공주에 서양 여성이 등장한 것은 1898년 가을이었다. 대한제국
에 첫 입도한 선교사들은 1885년 4월과 5월에 연이어 내한한 미 감리회
선교사였다. 고종황제의 허락을 받은 개척 선교사는 아펜젤러와 윌리
엄 스크랜튼, 메리 스크랜튼 가족이다. 대한제국은 선교사들에게 자국에
서 종교 활동과 지방 여행을 금하길 바란다는 의사를 전달했고, 이에 따
라 초기의 선교사들은 학교와 병원을 설립하고 교육과 의료 사역에 집중
했다. 하지만 시간이 지나면서 선교사와 기독교에 대한 지역민들의 반응
이 호의적으로 변하기 시작했고 선교사들은 지방 도시로 방문을 나선다.

1892년 8월, 미 감리회 한국선교회는 서울 외에도 인천, 평양, 원산, 대구, 수원, 공주 등에 구역회를 조직하고 선교사를 파견하였다. 당시 외국인 선교사가 지방 곳곳에 모습을 보이자 지역민들은 신기한 눈으로 그들을 바라보았다.

> 달성회당에 계신 로부인께서 그 자네 시크란돈 목사를 다리시고 수원
> 으로 향하야 공주까지 나려가시는대 어젓게 길을 떠나셧다니 이거슨
> 전혀 시골 형제에게 전도함을 위하심이라[4]

공주에는 1898년과 1899년에 메리 스크랜튼이 아들 스크랜튼과 함께 순회전도차 방문했는데 생경한 외국인 선교사에 마을 사람들의 시선은 집중되었다. 전통적으로 '양반 도시'로 알려진 공주는 충청도 일대에 영향력을 행사하는 곳이다. 그곳에 공주교회가 설립되자 관심은 집중될 수밖에 없었다. 초기에는 서울의 엘라싱선교부 부지를 남감리회 여선교부가 공주로 옮겼는데, 당시 부지를 구입하지 못한 선교사들은 어려움에 처했다. 소박한 시골 마을 같았던 공주에 들어선 선교사의 소회는 다음과 같다.

> 지금 공주 관찰부 압헤 집 하나를 사고 형제 김동현 씨가 그 집에 들고
> 날마다 전도하는 데 동리 사람들이 밋지 안코 비망을 하나 그러나 장

---

4 「시골에 전도함」, 『대한그리스도인 회보』(1898.05.04.).

찻 흥왕하야 평양성에 교가 흥왕함 갓치 하나님을 섬기는 백성들이 만

흘 줄 밋삽니이다[5]

1902년에 가을, 공주의 선교사들은 공주 관찰부가 위치한 봉황동에 초
가집 한 채를 마련하고 선교사를 파견했지만 화재로 철수를 하고 말았
다. 이어 1903년 7월 파견된 선교사들은 공주 하리동 부지에 초가집 두
채를 구입하여 선교 활동과 함께 시약소로 사용하는 의료 활동을 시작했
는데, 그곳이 바로 첫 공주교회이며 오늘날 공주제일교회이다. 1903년
부터 맥길 선교사가 공주 지역에 기독교 기반을 구축한 뒤 1905년에 귀
국하자, 후임으로 공주 선교부는 사애리시(A. H. Sharp, 史愛理施) 선교사가
부임했다.[6] 사애리시 선교사는 미 감리회 여성해외선교회의 파송으로
국내에 입국한 뒤, 서울 배재학당 교사로 활동을 이어 오고 있었다. 사
애리시 선교사의 이력에서 특이한 것은 우리나라에 입국한 뒤 국내에서
1903년 6월 30일 약혼자 로버트 아서 샤프(R. A. Sharp)와 결혼을 하고 함
께 국내에서 활동을 했다는 점이다. 어쩌면 그들은 한국에서 혼인한 최
초의 선교사인지도 모른다. 사애리시 선교사는 서울 상동교회와 경기도
지방 여성 선교 활동을 주관하며 학생들의 교육에 힘쓰는 활동을 이어
가던 중 1904년 4월에 공주 선교부로 파송을 받는다. 사애리시 여사는

---

5 「공주의 교회를 새로 설립함」, 『신월학보』(1903.01.).
6 사애리시 선교사(1871-1972)는 캐나다 온타리오 출생이며, 미국에서 브룩클린연합선교훈련
  원과 오하이오 오벌린대학을 졸업, 한국으로 파견된 미 감리회의 무어 감독과 인연이 되어
  한국 선교를 지원했다.

6월 공주 선교부로 답사 여행을 떠났다. 그리고 1905년 11월 공주 시내가 한 눈에 보이는 하리동 언덕 2층집에 사애리시 부부는 입주했다. 사애리시 선교사의 등장은 외모만큼이나 생소한 서양식 집으로 지역민의 관심을 받았는데, 선교사의 집을 '대단한 집'으로 불렀다. 당시 서민들에게는 2층집이 낯설고 신기했으며 그곳에 사는 푸른 눈의 외국인 부부의 모습은 관심을 불러일으켰다.

> 우리 집은 모든 사람에게 대단한 관심을 불러일으켰다. 어떤 때는 '대단한 집'을 보겠다며 사람들이 떼를 이루어 찾아왔다. 그들이 방 하나하나 건너다니면서 나누는 말을 듣는 것이 참 재미있었다. [⋯] 그들이 지저분한 것과 깨끗한 것의 차이를 구분하기 시작하면서 아름다움에 대해 얼마나 무지했는지를 알아가고 있다는 점이다.[7]

사애리시 선교사는 남편 로버트와 함께 활동을 이어 갔다. 하지만 1906년 2월 말 로버트는 논산과 강경 지역에 선교 활동을 하러 갔다가 전염병에 감염되고 말았다. 더욱 안타까운 것은 전염병이 발병한 지 보름 만에 세상을 떠난 것이다. 사애리시 선교사의 상실감도 컸지만 외국인 선교사의 부재는 지역민에게도 아픔으로 전달되었다. 1906년 4월 공주 지역은 공주교회 부흥운동이 일어나면서 기독교인 수가 급격히 증가하기 시작했다. 당시 출석한 기독교인이 2백 명이 넘었다는 사실은 공주

---

7 Mrs. A. H. Sharp(1906), "Evangelistic Work of Chung Chung Province", *KMF* Jul. , p.163.

선교부의 성공적인 부흥을 의미한다. 이처럼 사애리시 선교사의 등장은 공주 지역에 영향을 주었다. 우선 외국인 여자 선교사의 첫 등장만으로도 주목받으며 여성선교 활동의 가능성을 부각시켰다. 그뿐만 아니라 선교 활동을 통해 지역 여학생과 교류할 수 있는 기회를 열게 되었으니 자연스럽게 유관순과의 인연으로도 이어진 셈이다.

유관순의 독립운동을 알기 위해 주변 환경에 대한 이해와 유관순에 영향을 준 기독교와 사애리시 선교사의 영향을 파악하는 것에 주목한다. 그 환경이 유관순으로 하여금 어떻게 항일의식을 고취시켰고 행동으로 옮기게 하였는가를 찾는 것으로 유관순의 활동의 연결고리를 확인할 수 있기 때문이다. 먼저 유관순이 성장한 지역은 공주라는 점이다. 1919년 아우내 장터 만세운동이 전개된 지역도 충남 공주 지역이며, 기독교와의 연관성은 공주 만세운동에 큰 영향을 주었다. 유관순이 자란 충남 공주는 교통과 상업의 요충지로, 서울과 충남을 연결하는 통로와 같은 곳이었다. 지리적으로 선교사의 기독교 전파가 활발한 곳으로, 유관순이 있는 지령리 마을에도 이미 1901년경에 교회가 설립될 정도로 마을 곳곳에 기독교는 스며 있었다. 지령리 마을이 타 지역보다 기독교가 빨리 수용되었고, 항일의식이 강한 지역이었다는 배경을 이해하는 것이 먼저일 것이다. 그 배경을 찾아보는 과정에서 필자는 1907년 10월 『황성신문』의 한 기사를 살펴보았다.

일본군 수비대가 병천에서 의병과 충돌하였으니···[8] 일본군에 의해 우리 양민이 억울하게 피살···[9] 한국인의 장례 행렬을 의병대로 의심한

일본군이 총을 난사하여 양민 2명이 사망하고 1명이 부상했다.[10]

    지령리 마을은 의병운동, 국채보상운동이 전개되어 항일의식이 강하게 형성되어 있었다. 이 지역에서 1907년 10월과 11월에 전개된 의병운동과 국채보상운동으로 인해 일본군과 지역민의 충돌은 불가피했다. 일본군은 충남 목천의 사자골교회 신자 3명을 총살했고 지령리교회당에 불을 질러 전소시켰다. 이 일본군의 잔악한 행동에 지령리교회 교인과 지역민들은 항일의식이 강하게 형성되었다. 또한 시간이 흘러 지령리교회를 복원함으로써 결국 종교를 통해 항일의지를 표현한 셈이다. 이처럼 지역의 항일정서와 기독교와의 상관관계는 지역 교회가 단순히 종교적 상징만을 함축하고 있지 않았다는 것을 의미한다. 충남 지역에서 기독교를 수용한 것은 향촌사회의 변화와 밀접한 연관을 갖는다. 개항 이후 서양문물을 접했던 지역민은 스스로 타협할 수 있는 사고방식을 수용해야 하는 입장에 있었다. 또는 서울을 왕래하면서 변화하는 사회 소식을 들은 충남의 전직관리와 몰락 양반층은 기독교를 수용함으로써 충남의 향촌사회는 성리학적 질서로 회귀하기보다 문명개화를 통해 난국을 타개해 나가야 한다는 흐름이 형성될 수 있었다.[11] 일제의 침략과 함께 근대화의 조류가 사회에 스며들면서 유교적 공동체 기능은 약화되고 있었다.

8　『황성신문』(1907.10.02.).

9　『황성신문』(1907.10.19.).

10　『황성신문』(1907.10.20.).

11　송현강(2003), 「충남·천안지역의 개신교 수용과 용두리 교회」, 『유관순 연구』 2, 백석대유관순연구소, 35쪽 참조.

그때 그들을 결속시킬 정신적 공동체가 필요했다. 이 시기에 지령리교회의 사건은 향촌사회에서 기독교를 더욱 주목시켜 기독교의 영향을 확인시키는 계기가 되었다. 또한 지령리 마을의 기독교 확산은 유관순 집안의 영향력 확산과도 맞물려 있다. 더욱이 유관순 집안의 유빈기(柳斌基)와 조인원(趙仁元), 케이블 선교사(E. M. Cable)가 불탄 지령리교회 재건을 주도하고 유관순의 숙부 유중무(柳重武)가 선교사가 된 것은 유관순의 성장기 영향과 무관하지 않다. 그 환경 속에 유관순은 5세 전후부터 쉽게 기독교를 접했고 개화의식, 근대교육을 받을 수 있는 환경, 그리고 항일의지가 형성되는 환경 속에서 성장함으로써 3.1 만세운동의 필요성을 정확히 인식하고 있었다.

다음으로 유관순의 가계와 사애리시 선교사의 인연을 살펴보자. 유관순의 정확한 출생지는 충청남도 목천군 이동면 지령리이다.[12] 고흥(홍양) 유씨(高興 柳氏)인 부친 유중권(柳重權)과 전주 이씨(全州 李氏)인 모친 이소제(李少悌)의 삼남이녀 중 둘째로 태어났다. 형제는 언니 계출(癸出)과 오빠 우석(愚錫), 두 동생 인석(仁錫)과 관석(寬錫)이 있다. 가족관계에 대해 필자는 집안인물의 독립운동을 참고하여 유관순의 가계도를 다음 면에 정리하였다.[13]

유관순의 생월일은 명확하지 않다. 생월일에 대한 이설(異說)이 있는

---

12 출생할 당시 최초 주소는 지령리이며, 1914년 일제의 토지측량사업에 의해 번지가 부여되었다. 이후 1995년 천안시가 천안군과 통합하면서 현재 충청남도 천안시 병천면 용두리 338번지가 되었다.

13 필자는 유관순의 독립운동이 집안 인물의 독립운동과 상호 관련성이 있다고 보고 집안 인물과 함께 가계 현황을 정리하였다.

유관순 집안의 가계도

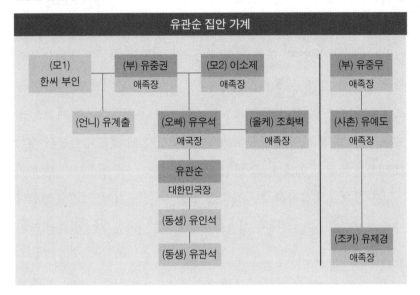

것은 오늘날 호적과 족보 나이의 차이에서도 나타난다.[14] 우리나라의 호
적은 1909년 4월 1일부로 공포, '법률 제8호 민적법'에 의해 신고가 실시
되었다. 공포일인 1909년을 기점으로 이전 출생자의 경우, 법적으로 규
제 대상이 아니었으므로 늦게 신고하거나 또는 정확한 신고 유무를 확인
할 수 없었다. 그래서 유관순의 정확한 생년월일을 명확하게 정리하기
는 어려운 현실이다. 유관순의 출생부터 성장하기까지 세심한 기록은 현

---

14 유관순의 생년월일을 살펴보면, 호적상으로는 1902년 11월 17일(양력 12월 16일)로 기록되어
있고, 경성복심법원 판결문과 수형기록표는 1902년 12월 17일, 「고흥류씨 세보」에는 유관순
이 처녀로 순국했기 때문에 이름조차 기록되어 있지 않지만 「고흥류씨 검상공파 세보」에는
1904년 3월 15일생으로 기록되어 있다.

재 남아 있지 않다. 과거에는 여성이 족보에 이름을 올리거나 여성 활동이 기록되는 경우가 거의 없었다. 이후 인물의 활동이 두드러졌을 때 주목하게 되기 때문에 대부분 여성의 성장기 기록을 확인하기는 쉽지 않다. 하지만 유관순과 함께 성장했던 친우들의 증언과 학교기록, 관련 인물 등을 통해서 우리는 유추해 보고, 그 인물 됨됨이를 그려 볼 수 있다. 유관순과 함께 수학했던 보각 스님과 남동순 여사는 다음과 같이 증언하였다.[15]

> 유관순은 어려서부터 성격이 활달하고 의협심이 강하며 매사에 적극적인 태도를 지니고 있었다. 남에게 지기 싫어하는 성품이었으며 키도 컸다.

유달리 키가 컸던 유관순은 학교를 다닐 때면 검정치마에 흰 저고리를 입고 빨간 댕기를 하고 가죽신을 신고 다녔다. 증언자료에서는 유관순이 의협심이 강했던 것으로 표현되는데, 그것은 성장기의 가풍과 지령리 사건 등에 영향받은 것으로 판단한다. 윌리엄스(F. E. C. Williams) 선교사의 기록 *The Korea Mission Field*에 의하면 1913년 공주 지역에는 9개 교회 부속 학교가 있었고 보통학생 230명, 고등보통 34명이었고 별도로 여성 해외선교회가 운영되고 있었는데 여학교는 3개 학교 100명 정도였다.[16]

---

15 김기창(2003), 「유관순 전기문(집)의 분석과 새로운 전기문 구상」, 『유관순연구』 2, 천안대학교 유관순 연구소, 103쪽.

16 F. E. C. Williams(1913), "Seven Years of Education Work in Kong Ju District", *KMF* Jul., pp.134-134.

유관순은 1914년 영명여학교에 입학하여 1916년 영명여학교 보통과 2학년을 수료했는데 그 시기에도 여학생 수는 100여 명 정도였다. 유관순이 3학년이 되면서 이화학당에 다니게 되어 학교에서 교육비를 부담하는 교비생으로 전학 가게 되었다. 그 배경에 사애리시 선교사의 추천이 있었다. 사애리시 선교사는 유관순의 사촌언니인 유예도(柳禮道)를 먼저 이화학당에 추천 입학시켰다. 추천 입학은 모든 학생이 신청해서 교비생으로 갈 수 없었기 때문에 유관순의 이화학당 입학은 사애리시 선교사의 무던한 노력이 배경이 되었다.

사애리시 선교사가 유관순을 처음 만난 곳은 바로 '지령리교회'이다. 천안과 공주 일대에 교회를 순회하러 왔던 사애리시 여사는 지령리교회 주일학교에 열심히 다니는 유관순을 자주 지켜보며 신뢰감을 키웠다. 유관순도 사애리시 여사의 헌신적인 사회봉사 활동에 감동을 받고 그녀를 존경하게 되었다. 늘 자신감 넘치고 쾌활한 유관순을 유심히 지켜보던 사애리시 선교사는 어느 날 유관순을 조용히 불렀다.

관순 양, 공부하기를 원한다면 내가 서울의 이화학당에 보내 줄 테니 우선 영명학교에서 학교 교육을 받아 보는 것은 어때요?[17]

유관순과 사애리시 선교사의 인연은 영명여학교 입학 이전부터 시작된다. 유관순이 영명여학교 보통과에 입학할 즈음, 부친은 홍호학교 경

---

17 공주영명중·고등학교, 『영명 100년사』, 영명100년사 편찬위원회, 588쪽.

___ 영명여학교 보통과 제1회 졸업생(1913)

영으로 경제적인 어려움에 처해 있었다. 그때, 유관순의 손을 내밀어 준이가 바로 사애리시 선교사였다. 유관순은 사애리시 선교사를 따라 공주에 왔고 영명여학교를 계속 다닐 수 있었다. 그리고 1916년 4월초, 유관순은 이화학당에 진학했다. 유관순의 이화학당 진학으로 모교 영명여학교와 지령리 마을에는 서울 소식이 전해졌고 배움의 의미가 후배들에게 전달되어 자극제가 되었다.

앞에서 살펴봤듯이 사애리시 선교사는 공주에서 남편과 정착했지만 안타깝게도 남편을 여읜다. 그 뒤, 어렵게 지내는 소녀들의 교육을 후원했는데, 그들 중에는 유관순뿐만 아니라 박인덕, 임영신, 노마리아, 전밀라 등이 있었다. 사애리시 선교사는 충남 논산읍에도 1909년 영화여학교와 진광남학교를 설립했다. 1928년 예배당을 세우는 활동을 이어 가며 강경, 연산, 은진, 노성 지방을 순회 활동에 나섰다. 그리

___ 1918년에 완공된 서양식 여학교 건물

고 사회복지 활동, 유치원 설립 등의 업적을 남겼다. 일제로부터 선교 활동도 감시의 대상이 되면서, 태평양전쟁이 일어난 후 사애리시 선교사는 강제 추방되었다. 1939년이었다. 어린 여학생들을 품던 사애리시 여사가 1919년 3.1 만세운동이 전개되고 소녀들이 죽음에 이르는 과정을 지켜보며 그 아픔이 가슴에 사무쳤을 것이라는 생각이 든다. 사애리시 선교사는 미국으로 강제 추방된 뒤 1972년 미국 샌디에고에서 별세, 캘리포니아 파사데나 납골원에 안장되어 있다.

3. 유관순, 3.1 만세운동 정신의 횃불을 들다

서울 이화학당에 상경한 유관순과 사애리시 선교사의 만남! 우리는 순간의 만남이 역사의 시작점이 된다는 것을 모른다. 시간이 한참 흘러 유관순의 활동이 여성독립운동 역사의 한 자락이 되고 보니, 두 사람의 만남은 큰 바다로 향하는 하나의 시작점에서 만날 수밖에 없었던 것이다. 유관순은 1916년 4월 초, 이화학당 보통과 3학년에 입학했다. 이화학당에서 유관순과 함께 기숙사 방을 사용했던 보각 스님은 유관순과의 만남을 회상하며 다음과 같이 증언한 바 있다.

사촌언니인 유예도와 유관순이 함께 이화학당에 왔을 때 유관순은 나보다 한 학년 아래였어요. 관순이 사촌언니가 한 방에 있어서 머리도 빗겨 주고 친동생같이 5년을 같이 지냈지요. 그렇게 독립만세운동을

___ 유관순의 이화학당 시절 사진(윗줄 맨 오른쪽)

부르게 되었어요.

　유관순은 학당에서 포용력 있고 밝은 성격으로 늘 솔선수범해서 동료
와 선생님으로부터 사랑을 받았다. 매일 텅 빈 기도실에서 늦은 밤이나
새벽에 기도를 하고 학생들과 시국과 사상에 대해서도 활발한 토론을 벌
였다. 특히 이화학당의 '이문회(李文會)' 영향을 많이 받았다. 이화학당은
최초 여성교육기관으로 신지식양성, 선교 활동, 이문회를 비롯한 여러
서클 활동을 통해서 사회문제에 대해서도 토론했다. 1910년 9월에는 대
학과가 설치되어 수업 외에 조국 독립을 기원하는 기도회, 시국토론회,
외부인사 초청 시국강연회 등이 개최되면서 선후배 간의 만남이 이루어
졌다. 이때부터 유관순이 사회를 보는 시각도 달라지기 시작한다.

　1905년 을사조약 이후 일제의 탄압이 본격화되면서, 학생들의 수업과 토론도 제한당하기 시작했다. 그러던 중 1919년 1월 청천벽력 같은 고종황제의 서거 소식이 들렸다. 고종황제의 서거 소식을 들은 이화학당 학생들은 자발적으로 상복을 입었다. 같은 해 2월 28일에는 선후배가 교류하는 이문회 정기모임을 통해 어려운 시국을 위한 결의를 하고 전교생이 만세를 부르자는 제안이 나왔다. 여학생들은 태극기를 그리고 만세운동을 준비했다. 3월 1일이 되자 교사들은 학생들을 보호하기 위해 교문 출입을 막아섰다. 그때 유관순과 이화학당에 함께 수학한 서명학, 김복순, 김희자, 국현숙 5인은 결사의지를 확인한 뒤 소복을 입은 채로 기숙사 뒷담을 넘었다. 이들은 기숙사를 빠져나와 남대문으로 향하는 시위 행렬에 합류했는데, 당시 유관순과 함께 목숨을 걸고 결사의지를 밝힌 5명을 '5인의 결사대'라고도 부른다. 이화학당 학생들은 3월 5일에도 학생연합 시위운동에 적극 참여한다. 이화학당 학생의 참여에, 학교는 교문을 잠그고, 교정 곳곳을 지키며 학생들의 만세 시위를 막았다. 이들은 학교 뒤 성곽을 타고 시위 장소인 남대문을 향하며 만세 시위를 이어 갔는데, 그 과정에서 일본 경찰의 저지를 당하거나 검거되자, 마을 주민들은 학생들이 몸을 숨기도록 보살펴 주어 무사히 귀교하도록 안내했다. 3월 5일 시위로 많은 학생들이 검거되고 투옥되었다. 이화학당 학생 중에는 신특실과 유점선, 노예달이 검속 투옥되었고 교사 김독실도 서대문형무소에 투옥되었다. 유관순도 만세를 부르다가 잡혔지만 곧 석방 조치 되었다.

전국적으로 만세 시위가 확산되자, 일제는 3월 10일 전국적으로 휴교령을 내렸다. 유관순은 사촌언니 유예도와 함께 기차를 타고 고향 천안을 향했다. 고향에서 유관순은 부친 유중권과 마을 사람들에게 서울

___ 1920년 이화학당 교직원(© 이화 100년사)　　　___ 유관순과 친구들(© 독립기념관)

의 만세운동 소식을 전했고, 마을 유지들의 협조를 얻어 4월 1일(음력 3월 1일) 아우내 장날에 만세를 부르기로 한다.

　음력 2월 그믐, 용두리 뒷산 매봉에서 거사를 재확인하는 봉화가 올랐다. 이틀 뒤 아우내 장터로 가는 길목에 유관순이 서서 장터로 들어오는 모든 사람에게 태극기를 나누어 주었다.[18] 아우내 장터로 향하는 이들은 옷 속에 태극기들을 감추었다. 아우내 장터 만세운동은 지령리 마을이 총 본부격으로 하여 이루어진 것으로 보인다. 부친 유중권, 모친 이소제, 지령리교회 교사인 숙부 유중무와 조인원(조병옥 부친) 등 유관순 일가가 앞장섰다. 성남면과 수신면 사람들은 마을에서 만세 시위를 하다 지령리 주민들과 함께 연합 시위를 하기로 약속하고 아우내 장터로 모여 들기 시작했다. 아우내 장터로 들어오는 세 방향의 길목에는 책임을 맡은 사람들이 서 있고, 장터로 들어오는 사람들은 태극기를 들었다. 아우내 장터 만세운동의 주요인물인 조인원의 아들 조병옥은 자신의 회고록을 통

18　이화여자고등학교(1994), 『이화여자 100년사』, 이화100년사 편찬위원회, 162쪽.

해서 유관순에 대해 다음과 같이 기록하였다.

> 당시 이화여학교를 다니다가 서울서 3.1 운동에 참여하여 열렬히 독
> 립운동을 한 바 있는 유관순 양이 향리로 돌아온 것을 기회로 유관순
> 양의 부친 유중권 씨와 상의하여 나의 부친은 유관순 양을 설득한 후
> 병천시장에서 군중을 모아 가지고 독립만세 시위운동을 하자고 제의
> 하였던 것이다. 물론 나의 부친 및 유중권 씨도 유관순 양을 통해서 서
> 울 소식을 소상히 알게 되었던 것이다.[19]

4월 1일 갈전면 병천 시장에서 전개된 만세운동에는 3,000여 명의 지
역민이 참여했다. 그날 정오가 되자 장터는 독립만세 소리로 가득 채워
지지 시작했다. '대한독립'을 쓴 태극기가 앞섰고 만세를 부르는 소리는
장터를 울렸다. 일본 경찰들이 시위 군중을 총검으로 찌르고 군중에게
발포를 시작하자, 수십 명의 사상자가 발생했다. 격분하는 목소리가 허
공을 맴돌았다. 시위 군중은 천안과 병천 일대에서 만세를 외치면서 항
의하다가 피살되거나 주재소로 끌려갔다. 유관순의 부친은 "어째서 사
람을 함부로 죽이느냐" 하며 항거하다가 그 자리에서 즉사했고 모친 또
한 일본 경찰의 총검에 찔려 그 자리에서 목숨을 잃었다. 아우내 장터의
만세 시위에서는 유관순의 부모를 포함한 19명이 순국했다. 처참한 광
경 앞에 모두가 소리 내어 저항했다. 조국 독립을 향한 염원이 장터를 진

---

19 조병옥(1959), 『나의 회고록』, 민교사, 24쪽.

___ 3.1 만세운동 당시 아우내
장터로 불렸던 장소

동시켰던 그때, 그들의 손에는 어떤 무기보다 강력한 태극기 한 장이 들려 있었다.

충남 지역에서는 총 111회의 시위가 있었다. 그중 75회는 만세 시위였다. 횃불 시위의 경우 45회로 기록되어 있으나 실제는 훨씬 더 많았을 것으로 추정된다. 대규모 시위는 71회였고 참가인원은 대략 3만 내지 5만 명으로 추산된다. 일제 측 기록에는 사망 39명, 부상 154명, 검거된 자는 681명(13명은 여자)이며 일본인이 15명 부상했다고 한다. 검거된 자를 군별로 보면, 공주 72명(여자 3명), 연기 37명, 대전 42명, 논산 87명, 부여 26명, 서천 16명, 보령 3명, 청양 33명, 홍성 52명, 예산 52명, 서산 135명, 아산 42명, 천안군 84명(여자 10명)이었다. 『한국독립운동지혈사』에는 피살 491명, 부상 885명, 피검 5천 76명으로 기록되어 있다.[20]

만세 시위 현장에서 부모를 잃고 슬픔을 추스를 시간도 없이 유관순은

<hr>

20 국사편찬위원회(1986), 『한민족독립운동사 자료집』 3, 국사편찬위원회, 3.1 만세운동 내용 중 충남 지역 만세 시위 참조.

천안 헌병대에 끌려갔다. 자신이 주도자라고 주장하는 유관순에게 일본 경찰은 공모자 이름을 말하라고 다그쳤다. 그러자 유관순은 자신이 주도 했으니 체포하라고 저항으로 일관했다. 유관순은 체포된 천안의 유치장 에 10여 일간 구금되었다가 다시 공주지방법원으로 송치되었다. 1919년 5월 9일 열린 초심에서 유관순에게는 조인원, 유중무와 함께 5년 구형이 내려졌다. 조선총독부 영구재판소 영구보존문서에서 병천 지역 만세운 동의 참여자별 형량을 살펴보면, 병천면 동면계 유관순은 5년 형을 받은 것으로 기록되어 있다. 1919년 6월 30일 경성복심법원 상고심에서 유관 순은 법정에 있는 모든 이들을 놀라게 했다. 유관순이 일제의 부당한 재 판을 받을 수 없다고 강력히 항의하며 재판장에서 판사를 향해 의자를 집어던진 것이다. 법정은 충격에 휩싸였다. 이에 판사는 법정모독죄를 추가하였고, 유관순은 서대문형무소로 이송된다.

유관순이 서대문형무소로 이송되기 전, 유관순과 함께 수감된 조인원 과의 만세 시위운동 재판 기록에서 당시의 상황을 가늠해 본다. 1919년 6월 30일 「대정(大正) 팔(八)년 형공(刑控) 제513호」 판결문은 조인원과 유

___ 유관순 판결문(ⓒ 서대문형무소)

___ 유관순의 수형기록카드

관순계 운동의 과정을 다음과 같이 정리하였다.

제1, 피고 유관순은 재 경성 이화학당 생도인 바 대정 8년 3월 1일 경성에서 손병희 등이 조선독립선언을 발표하고 단체를 만들어 조선독립만세를 외치며 각처를 행진하며 독립 시위운동을 벌이고 있음을 보고, 동월 13일 귀향하여 4월 1일 충청남도 천안군 갈전면 병천시장 장날을 이용하여 조선독립 시위운동을 전개할 것을 꾀하고 자택에서 태극기(구한국국기, 압수 영 제1호)를 만들어 이를 휴대하고 동일 하오 1시경 동 시장으로 나아가 그곳에서 수천 명의 군중 단체에 참가하여 전시 태극기를 휘두르며 조선독립만세를 외치고 독립 시위운동을 감행하여 치안을 방해하였고 피고 유중무·김용이·백운정·박만석·조만형·김상훈·조인원·조병호·박봉래는 동년 4월 1일 하오 1시경 전시 병천시장에 나가 다수 군중 단체에 참가하여 조선독립만세를 외치며 독립 시위운동을 감행함으로써 치안을 방해하였다.

일제는 병천 만세운동의 주모자로 유관순을 지목하였고 유관순의 주도로 만세운동이 진행되었다는 것을 문서로 명시하였으며, 법정 소동으로 법정모독죄가 추가되어 주도자라는 것을 확인하는 내용을 기록했다. 그렇게 유관순은 서대문형무소에 수감되었다.

4. 소녀, 서대문형무소에서 산화(散花)하다

조선총독부의 재판소는 일제가 합리적 사법을 가장해서 우리 민족을 탄압하기 위한 기구였다. 1909년 7월 12일 「한국의 사법 및 감옥 사무를 일본 정부에 위탁하는 건에 관한 각서」가 체결되면서 대한제국의 사법권은 일제에 장악되었다.[21] 동년 11월 1일 부로 대한제국의 사법권은 통감부 재판소에 이양되어 일제의 통치하에 들어갔다. 경성, 공주, 함흥, 평양, 해주, 대구, 부산, 광주에 지방재판소가 생겼고 그 관할하에 지방재판소는 92개소가 조직되었다. 1919년 이전, 일본법은 우리나라를 지배하고 있었고 조직체계는 갖추어져 있었던 셈이다. 이런 배경에서 3.1 만세운동에 관한 공식적인 기록은 철저히 일제식민통치기관에 의해 만들어졌다. 3.1 만세운동 과정에서 만세 시위로 47,000여 명이 체포되었다. 그런데 이들은 단시간에 재판을 받고 형이 언도되었는데 죄목은 판결문로 작성되어 공식적으로 기록되었다. 물론 그 대상에 학생이나 노인, 여성 등도 포함한다. 조선총독부 법무국편 『망동사건처분표(妄動事件處分表)』의 「3.1운동 각도별 남·여 검거자수」 자료를 보면 알 수 있다.[22]

전국에서 만세운동에 참여한 주도 인물들은 형무소에 수감되었다. 서대문형무소는 그들의 죄목이 기록된 수형기록카드를 보관하고 있는데

---

21 여성독립운동사 발간위원회(2016), 『여성독립운동사 자료총서 I』, 국가기록원, 38쪽.

22 조선총독부 법무국 편, 『망동사건처분표(妄動事件處分表)』(1920.01.) 자료.

3.1운동 각도별 남·여 검거자수

	도별	남자	여자	합계
1	경기도	3,208	141	3,349
2	충청북도	57	0	57
3	충청남도	668	13	681
4	전라북도	605	17	622
5	전라남도	779	6	785
6	경상북도	2,081	22	2,103
7	경상남도	2,305	72	2,377
8	황해도	2,410	85	2,495
9	평안북도	1,154	26	1,180
10	평안남도	1,495	46	1,541
11	강원도	1,150	6	1,156
12	함경북도	607	26	633
13	함경남도	1,378	5	1,383
14	조선 국경 외	165	6	171
	합계	18,062	471	18,533

수형기록카드에는 수감자의 사진과 신상이 기록되어 있다. 총 5,343장의 수형기록카드가 서대문형무소에 보관되어 있으며, 인물 한 사람당 1장, 앞면과 뒷면 총 2면으로 구성되어 있고, 한 인물의 카드가 2장 이상인 경우도 있다. 이들 수감자의 대부분은 사상범의 혐의를 받은 이가 대부분이다.[23] 대상자 중에는 여성도 포함하고 있었는데, 현재 서대문형무

---

23 여성독립운동사 발간위원회(2016), 『여성독립운동사 자료총서 I』, 국가기록원, 154쪽.

소에 남아 있는 여성 수형기록카드는 234장이 있다. 여성의 수형기록카드는 3.1 만세운동에 참여한 대상으로 인물의 기록을 확인할 수 있는 중요한 자료라고 볼 수 있다. 유관순이 수감된 서대문형무소는 형량에 상관없이 유기 또는 무기징역을 받은 모든 여성이 수감되었고, 1년 미만의 형을 받은 여성은 서대문형무소 이외의 감옥에 수감되었다. 1937년 조선총독부의 『조선총독부통계연보(朝鮮總督府統計年報)』 자료에 의하면, 전국 감옥 재감자 가운데 3%가 여성이고, 서대문형무소는 전체 여성 재감자 중의 30.34%가 수감되어 있던 곳이었다. 서대문형무소에 수감된 뒤 유관순은 재판이 있는 날은 오동마차에 태워져 정동법원으로 호송되었다. 검은 천으로 가리워진 오동마차를 타고 내려 대기실로 향하면 작은 궤짝과 같은 칸막이 방에서 대기했다. 그런데 옆 칸에서 소리가 들려왔다.[24]

박인덕: 똑똑 … 누구십니까? 나 박인덕이요

유관순: 선생님 저 유관순입니다. 저는 아버지 어머니가 왜놈에게 피살
　　　　된 것을 기억하고 독립운동을 계속하겠어요.

박인덕: 나는 빌링스 목사님의 보석금으로 내일쯤 나가게 될 터인데 몸
　　　　조심하여 뒷날 떳떳이 다시 만납시다.

법원으로 호송되는 과정, 그리고 대기실에서 스치거나 만나는 이들은 몸조심할 것을 이야기했다. 서대문형무소의 수감 실상은 참옥했다. 유

---

24 이화여자고등학교(1994), 『이화여자 100년사』, 이화100년사 편찬위원회, 163쪽.

관순은 1919년 7월 4일 경성복심법원 판결에서 보안법 위반 소요죄로 징역 5년에서 3년으로 형량이 줄어들었다. 유관순의 수형기록카드를 자세히 보면, '1902년 12월 17일생, 학생 신분, 징역 3년', '언도일자 1919년 7월 4일이며 출소일 1921년 1월 2일'로 기록되어 있다. 유관순의 출소일은 1921년 1월 2일이다. 그렇지만 우리는 출소일을 앞두고 있었던 유관순의 1년 8개월의 기간 처절했던 서대문형무소의 투쟁을 기억하고 있다. 유관순이 수감된 8호 감방에는 어윤희를 비롯하여 권애라, 어윤희, 김향화, 심영식 등이 함께 있었다. 수감된 감방에서 그들이 겪었을 고통을 가늠하기는 어렵다. 서대문형무소의 감방은 일제가 독립운동을 한 인물을 투옥시키고 고문과 탄압을 가하는 공간이었지만 독립운동가에게는 만나서 의기(意氣)를 다지고 다시 독립운동을 도모하는 공간이 되었다. 또는 함께 수감된 이들의 고문을 통해서 독립의지를 확고히 하는 공간이기도 했다. 유관순은 옥중에서도 매일같이 독립만세를 부르다가 일본인 여간수 야마사키에게 끌려 나가서 모진 매를 맞았다. 유관순의 만세 소리를 듣고 다른 감방에서 만세 부르기가 이어지고 다시 함께 끌려가 맞기를 반복했던 그들. 1919년 4월 하순, 감옥에서 유관순을 만난 독립운동가 어윤희는 다음과 같이 증언했다.[25]

관순은 학교와 가족들이 면회 오지 않는 것을 슬퍼하였고, 10월에 '양명'이란 여자가 출산으로 출옥하였다가 11월에 다시 입감하였는데 관

---

25 이화여자고등학교 교지 『겨울』(1956.03.05.).

순은 어린애 기저귀를 자기 몸에 감아 체온으로 말려 주었다.

서대문형무소에서 유관순의 존재가 다시금 주목되는 시점은 1920년 3월 1일이다. 이날은 3.1 만세운동 1주기였다. 1920년 3월 1일 오후 2시를 기점으로 유관순은 이신애를 비롯하여 수감된 많은 이들과 함께 '3.1 만세운동 1주기 옥중 만세운동'을 전개했다. 만세 소리가 시작된 감방과 그 소리에 호응하는 감방에서 만세 소리가 시작되었고 다음, 그다음 감방으로 이어지면서 서대문형무소 3천여 명 수감자들에게로 전달되었다. 그리고 다시 옥중 만세 함성은 형무소 담장 밖을 넘어선다. 그 여파는 형무소 주변에 인파가 몰려들고 전차 통행이 마비되고 경찰 기마대가 출동하는 소동으로 이어졌다. 이 사건으로 일본 경찰은 주모자가 누구인지를 색출하기 시작했고 유관순을 비롯한 애국지사들은 다시 극심한 고통과 고문을 마주할 수밖에 없었다. 소녀는 갖은 고문을 당하면서도 독립에 대한 의지를 꺾지 않았고 저항하기를 반복했다.

유관순은 결국 고문과 영양실조로 1920년 9월 28일 오전 8시 20분, 18세의 나이로 순국했다. 1920년 4월 28일 영친왕의 결혼 기념 특사령으로 유관순의 형기가 단축되어 출옥이 얼마남지 않은 시점이었다. 유관순의 사망에 대해 어윤희는 다음과 같이 증언했다.[26]

관순의 사망 원인은 아우내 만세운동 때 일본 헌병의 칼에 찔린 상처

---

26 이화여자고등학교 교지 『겨울』(1956.03.05.).

에서 고름이 계속 나오고 있었는데. 이런 환자에게 야마사키의 매질이 더해서 이것이 주된 사망 원인인 듯하다.

18세 소녀를 대상으로 일본 경찰은 갖은 고문을 했고 유관순은 저항하며 순응하지 않았다. 지금 우리는 그녀를 영웅으로 부르지만 그녀는 서대문형무소에 있었던, 의지를 꺾지 않은 18세 소녀였다. 18세 소녀를 대상으로 한 일제의 잔악한 만행을 바라보며, 얼마나 많은 이들이 분개하고 그 기억을 담은 채 독립의지를 이어 갔을까 하는 생각이 든다. 유관순의 순국 소식을 들은 이화학당 월터(J. Walter) 교장은 시신 인도를 요구했다. 하지만 서대문형무소는 이를 수용하지 않았다. 월터 교장은 일제의 만행을 미국 신문에 알려 세계 여론에 호소하겠다고 강력하게 항의했고, 그제야 항의의 여파가 확산되는 것을 우려한 일제가 유관순의 시신을 인도하였다. 우리는 수많은 이들이 서대문형무소에 수감된 이유를 기억해야 한다. 그리고 일제가 가한 행동을 또렷이 상기해야 한다. 그녀가 형무소에 수감된 것은 총과 칼에 의해서가 아닌 내 나라 독립을 향한 의지로 태극기를 들고 대한독립만세를 외쳤다는 이유라는 것을.

유관순의 수형기록표의 사진을 보고 전문가들은 심한 구타와 영양실조 등의 부작용, 갑상선 기능저하증을 앓았을 것으로 추정하고 있다. 이 소녀들의 독립을 향한 만세행진이 푸른 눈의 이방인 선교사의 눈에는 어떻게 기억되었을까. 태극기를 만들고 태극기를 들고 거리에서 나섰던 이 소녀들의 모습을 이방인들은 어떻게 기억하고 있을까. 충청 공주 영명여학교의 푸른 눈의 선교사, 윌리엄 교장은 참혹했던 3.1 만세운동의 사실을 감리교 본부에 다음과 같이 보고했다.

> 기중(其中)에 제일 참혹 난언(難言)한 것은 한 교유의 가족이 당한 사실
> 이외다. 주인 부부는 참살을 당하였고, 그의 자제는 여러 달 동안 감옥
> 에서 상처를 치료하며 고생을 당하였고, 그의 여식은 3년 징역에 선고
> 를 받았고, 그의 유자(幼子) 이아(二兒)는 무의한 가련한 경상(境狀)을 목
> 불인견(目不忍見)이외다. 큰 환난을 당하였으나 신자들이 소무퇴보(小無
> 退步)하고 일향전진(一向前進)하여 교무를 처리하는 중이외다.[27]

1920년 10월 12일, 유관순은 독립의지를 가슴에 품은 채 시신이 되어
교정에 들어섰다. 프라이(L. E. Frey) 당장(堂長)과 월터 교장은 이화학당 수
위실에 유관순의 시신을 안치한 뒤 세브란스 교의(校醫)에 의해 수습하도
록 했다. 일본 경찰은 유관순의 시신을 인도하는 대신 장지 및 장례 절차
에 대해선 철저히 당국에 따를 것을 조건으로 제시하였고 장례는 엄중한
경계 속에 진행되었다. 가족이나 학우들의 참가는 불허되었고 관계자만
이 서울정동교회에서 입관 예배한 뒤 이태원 공동묘지에 매장되었다. 하
지만 유관순이 묻힌 이태원 공동묘지가 일제의 군용기지로 개발되면서,
미아리 공동묘지로 이장되었지만 실전(失傳)되었다. 개발로 인해 무연고
분묘로 화장된 뒤 현재 서울 망우리 공동묘지에 모셔졌다. '이태원묘지
무연분묘 합장비'가 만들어지고 1936년 겨울, 비석이 세워진 땅 옆에 유

---

27 공주영명중·고등학교(2007), 『영명100년사』, 영명100년사 편찬위원회, 590쪽.

관순의 흔적은 함께 묻혔지만 온전한 흔적을 만나기는 어렵다.

우리가 3.1절이면 기억하는 영웅, 3.1 만세운동 정신의 온전한 흔적은 땅이 아닌 우리 가슴에 남겨졌다. 1920년 3월 1일 발간된 『독립신문』에는 3.1 만세운동 1주년을 기해 전국을 다시 울렸던 만세 함성을 다음과 같이 담았다. '大韓人(대한인)아 닛지 말지어다!'라고.

己未三月一日[기미년 3월 1일], 大韓(대한)의 獨立(독립)을 宣言(선언)한 날. 그날의 午後二時[오후 2시], 玉塔公園(옥탑공원)에서 처음 大韓獨立萬歲聲[대한독립만세 소리]이 發(발)한 때. 이날 復活(부활)의 날, 이때 復活의 때 半萬年歷史(반만년역사)가, 大韓의 國名(국명)이, 世界(세계)의 記憶中(기억 중)에 大韓民族(대한민족)의 存在(존재)가 오래 慟哭(통곡)의 눈물 속에 잠겼던 太極旗(태극기)와 함께 大韓民族의 自由(자유)가, 이 모든 우리의 貴(귀)한 것이, 生命(생명)과 갓히 貴한 것이 이날에 復活하엿도다. 이날에 獨立宣言書(독립선언서)에 署名(서명)한 民族代表 三十三賢[민족대표 33인], 이날에 팔을 벌이고 하늘을 우럴어 大韓獨立의 첫 萬歲를 부른 忠勇(충용)한 兄弟(형제)와 姉妹(자매), 이날에 太極을 두르고 自由를 웨치다가 피를 흘린 이에게 永遠(영원)한 感謝(감사)와 榮光(영광)이 잇슬지어다! 이러한 忠勇한 兄弟와 姉妹를 가진 大韓人(대한인)과 밋 그 千萬代(천만대) 子孫(자손)에게 永遠한 自由와 繁榮(번영)이 잇슬지어다! 이날에 日月(일월)과 갓히 밝게 霹靂(벽력)과

갓히 크게 三千里(삼천리)의 江山(강산)에 울어난 偉大(위대)한 獨立宣言書의 理想(이상)과 義氣(의기)가 速(속)히 實現(실현)되고 永遠히 빗날지어다! 二千萬(이천만)의 大韓人과 밋 그 千萬代 子孫이 永遠히 이 貴重(귀중)한 宣言書를 誦[암송]하고 또 誦하야 晝晝夜夜(주주야야)로 時時刻刻(시시각각)으로 그 속에 表現(표현)된 理想과 約束(약속)을 體[체득]하기를 實現하기를 忠實(충실)히, 黽勉(민면)히 할지어다! 이날에 부른 獨立萬歲소리가 한번 울고 슬어지는 우레와 갓지 말고 開闢(개벽)의 첫날부터 天地(천지)의 마즈막 날까지 永遠히 울리는 大海(대해)의 波濤(파도)소리와 갓흘지어다! 이날에 매즌 三章(삼장)의 피로 매즌 구든 言約(언약)을 大韓人아 닛지 말지어다! 健忘(건망)의 大韓人, 反覆(반복)하는 大韓人으로 또 한번 世界(세계)에 對(대)하야 큰 虛言(허언)하는 者(자)가 되지 말고 그 健忘과 反覆의 惡(악)을 三月一日의 忠義(충의)의 熱血(열혈)로 다 씨서 바리고 神聖(신성)한 이 「最後(최후)의 一人(1인)까지, 最後의 一刻(1각)까지」의 盟約(맹약)을 끗까지 履行(이행)케 할지어다! 虛僞(허위), 空論(공론), 巧詐(교사), 反覆, 㤼懦(겁나), 猜忌(시기), 利己(이기), 紛爭(분쟁), 懶惰[나태] 等(등) 大韓人의 個人的(개인적), 種族的(종족적) 모든 罪惡(죄악)을 이날에 흘린 팔 찍힌 處女(처녀)의 淨潔(정결)한 熱血로 씨서 바리고 태여 바리고, 實(실)과 行(행)과 忠과 義(의)와 信(신)과 勇(용)과 愛(애)와 相助相勸(양조양권)하며 相和相合(상화상합)함으로, 新國民(신국민), 新自由民(신자유민) 되기에 合當(합당)한 重生(중생)한 國民(국민)이 될지어다! 첫돌, 今年(금년) 三月一日(3월 1일)에 大韓의 兄弟와 姉妹로 하여곰 己未三月一日을 黙想(묵상)케 하고, 過去(과거) 一年間(1시간)에 매 마즌 者, 죽은 者, 피 흘린 者, 獄中(옥중)에서 惡刑(악형)을 當하는 者, 國家를 爲하야 夫[남편]를 失[잃은]한 寡婦(과부), 子女(자녀)를 失한 父老(부로), 父母(부모)를 失한 孤兒(고아)를 生(생)각케 할지어다. 그리하고 昨年(작년)에 아니 죽은 生命은 今年에 犧牲(희생)하기 爲함인 줄을 自覺(자각)하야 家財(가재)를 傾(경)하야 獨立軍備(독립군비)를 장만하며 一身(일신)을 獻[바쳐야]하야 獨立軍人(독립군인)이 되여써 明年[내년] 今日에는 新生(신생)한 大韓江山(대한강산) 三千里 坊坊曲曲(방방곡곡)에 凱旋(개선)과 獨立을 祝[축하]하는 萬歲聲이 天地를 震動(진동)케 할지어다! 아아 三月一日! 億千萬歲(억천만세) 無窮(무궁)토록 自由大韓(자유대한)의 誕生(탄생)한 聖日(성일)로 斯日(기일)을 億千萬 韓土子女(한토자녀)의 萬歲聲으로 채우게 할지어다!

참고자료

『경향신문』

공주영명중·고등학교(2007), 『영명100년사』, 영명100년사 편찬위원회.

국사편찬위원회(1986), 『한민족독립운동사 자료집』 3, 국사편찬위원회.

김기창(2003), 「유관순 전기문(집)의 분석과 새로운 전기문 구상」, 『유관순연구』 2, 천안
　　대학교 유관순 연구소.

『대한그리스도인 회보』

송현강(2003), 「충남·천안지역의 개신교 수용과 용두리 교회」, 『유관순 연구』 2, 백석대
　　유관순연구소.

『신월학보』

여성독립운동사 발간위원회(2016), 『여성독립운동사 자료총서 I』, 국가기록원.

유영옥(2012), 「대한민국을 대표하는 상징성에 대한 고찰」, 『한국보훈논총』 11-4, 한국
　　보훈학회.

이화여자고등학교 교지 『겨울』.

이화여자고등학교(1994), 『이화여자 100년사』, 이화100년사 편찬위원회.

조병옥(1959), 『나의 회고록』, 민교사.

조선총독부 법무국 편, 『망동사건처분표(妄動事件處分表)』.

F. E. C. Williams(1913), "Seven Years of Education Work in Kong Ju District", *KMF* Jul.

『황성신문』

사진 출처: 한국여성독립운동연구소.

박차정,

만주 조선의용대
부녀복무단 단장으로 활약하다

심옥주
한국여성독립운동연구소 소장

박차정(朴次貞, 1910-1944)
—
근우회 여성지도자로서 여성과 조국의 독립을 꿈꾸다

1. 철야(徹夜)의 소녀, 꿈꾸다

　일제강점기 민족의 현실은 소녀의 꿈마저 사라지게 했다. 감성적으로 꿈꾸며 동경해야 할 세상은 사라지고 일본을 향한 저항만이 피어났던 그 시절. 일신여학교 교지『일신』2집에는「철야」라는 단편소설이 소개되었다. 소설「철야」는 일제에 맞섰던 한 독립투사가 옥에 갇히고, 고아가 된 그 자녀들이 추위와 굶주림, 사회의 냉대 속에서도 당당하게 밤을 보내고 있는 내용이 담겨 있었다. 소녀의 시선으로 민족 현실을 묘사한 소설에는 일제치하의 추위와 냉대 속에서 옥고를 치르는 독립투사와 그 자녀를 통해서 우리 민족의 현실을 연상시키기에 충분했다. 얼룩진 그 시대상을 꿰뚫어 보았던 순수한 눈. 자녀들은 고아가 되었지만 당당한 모습으로 묘사하여 또래 학생들의 저항의식을 고취시키기에 충분했다. 소녀 박차정은 1925년 부산 일신여학교 고등과에 입학해서「개구리」(시),『흐르는 세월』(수필) 등 일제에 저항하는 글을 꾸준히 교지에 실은 문학소녀였다.

　소설의 내용을 살펴보면,「철야」의 주인공 '철애'는 여학교를 졸업할

___ 장례식. 경남 밀양에 안장. 가운데 남편 김원봉

예정이었다. 하지만 부친이 옥사하고 모친도 세상을 떠나면서 고아가 된
다. 철애는 동생 철호와 힘든 생활을 버티면서 죽음을 생각할 정도로 힘
들지만 굳건하게 마음을 먹고 새벽을 맞이한다는 내용이다. 박차정의 소
설「철야」는 일제강점기의 시대성과 지역성을 배경으로 하고 있다. 박차
정이 성장한 부산은 일제강점기 일본인의 주요 입거지이며 대륙으로 통
하는 관문이었다. 최초 개항장인 부산은 외부인이 조선으로 들어오는 유
일한 해로였기 때문에 해외 문물교류를 통한 운송과 수송이 빈번했다.
1904년 이후 철도와 항만, 기타 보조 시설이 건설되면서 부산은 국내에
서 무역항으로 중요한 입지에 있었다. 조선 수탈을 위한 전초 기지 역할
을 했던 부산은 일본인 중심의 상업회의소의 등장으로 본격적인 수탈 지
역으로 변했다. 한일병합 이후 일제 수탈정책으로 산미증산계획, 회사령
철폐, 대일관세 철폐, 미곡수탈 정책 등이 본격화되면서 부산은 일본식

민정책의 희생지가 되었을 뿐만 아니라 자율성도 상실하고 있었다.

1904년 한일의정서 강제 체결 이후 일본 이토 히로부미가 통감으로 부임하면서 경제침탈은 본격화되었다. 이토 히로부미는 정부의 차관 도입을 주선했고 그 여파로 대한제국의 국채보상 상환액이 1300만 원에 육박하는 위험한 현실이 이어졌다.[1] 국채의 심각성이 확연해지자 채무상환을 위한 자발적인 국민운동이 전국에서 전개되었는데, 바로 국채보상운동이다. 국채보상운동이 본격적으로 확산된 곳은 대구이지만 최초로 언급된 곳은 부산이다. 그 중심에 부산 동래와 동래 상인들이 있었다. 1907년 1월 동래부 상무회의소 '동래기영회'는 대한자강회에 관여한 개명인사와 초량객주로 대변되는 동래 상인의 주도로 시작되었다. 이렇게 탄생한 동래부 '국채보상일심회'는 발기 주체[2]가 되었고 부산상무회의소 회원을 비롯하여 상인, 학생, 신문사 기자, 승려, 기생, 농민 등이 거국적으로 참여했다. 그 가운데 부산 지역의 여성은 '부산단연동맹부인회'(1907.5.), '영도국채보상부인회'(1907.6.), '부산항 좌천리 감선의연부인회'(1907.7.)를 조직하여 적극적으로 의연 활동에 나섰다.[3] 이런 시대적 배

---

1 『제국신문』(1907.02.16.); 『대한매일신보』(1907.02.21.).
2 당시 부산항 상무회의소 내 '부산항상무회'에서 단연동맹금을 다수가 납부한 기록이 남아 있으며, 동래는 독립협회 경남지부, 대한협회, 태극학회, 교남학회 등 5개 단체와 관계를 맺고 있었다는 점을 고려하면 국채보상운동의 시작점에 대한 재인식이 필요하다. 김승(2000), 「일제하 동래지역의 민족운동과 사회운동」, 『지역과 역사』 6, 34-72쪽; 김도형(1997), 「한말대구지역 상인층의 동향과 국채보상운동」, 『계명사학』 8, 267-303쪽.
3 전국 여성국채보상운동의 참여는 공식단체와 비공식단체를 포함한 51개 여성단체가 참여했으며, 부산경남 지역은 5개 단체가 참여했다. 이들의 의연 방법은 화폐, 현금, 반찬 절약 등으로 기녀, 부실, 상인 부인, 유지, 기독교 부인, 유지 부인 등이 중심이 되었다. 심옥주(2015), 「국채보상운동의 의의와 여학생 독립활동의 재조명」, 『광복 70주년 대구시 국가유공자 예우

경하에 저항의식은 3.1 만세운동과
항일저항운동으로 이어졌다.

____ 초가집에 거주하는 호주 선교사들
(1893)

　박차정이 소설 「철야」를 실었던 시
기, 1925년은 부산진 소재의 일신여
학교가 동래 복천동으로 이전되었고
동래 기숙사가 설치되어 신축교사가
문을 열었다. 부산 소재 일신여학교
는 초기에 부산진에서 설립되어 1924년에 동래에서 개교, 1925년에 동
래 일신여학교 기숙사 및 신축교사가 개교되었다. 초기 일신여학교는 호
주선교사에 의해 1895년 10월 영남 최초의 여성근대교육기관으로 문을
열었다. 호주 선교부에 의해 '두 필지' 땅으로 1892년 3칸의 초가집을 마
련하여 부산진에서 '미우라 고아원(Myoora Orphanage)'을 설립했다. 그곳
에서 3명의 여(女)고아 양육을 시작으로, 호주 선교부는 고아들을 양육하
기 시작했고 주간학교를 병행해서 시작했는데, 이곳은 '일신(日新, Daily-
New)'으로 불리었다. 이후 일신여학교는 1895년 10월 15일 수업연한 3개
년 과정의 소학교로 설립된다.

　일신여학교는 1915년 8월에 3년 과정으로 소학과가 운영되었다. 그리
고 4년 과정의 고등과가 설치되면서 1925년 6월 10일 부산 동래 복천동
으로 이전했는데, 이후에는 동래 일신여학교라고 불리게 되었다. 동래
일신여학교는 박차정의 생가에서 도보로 10분 거리에 있었다. 암울했던

────────

　및 지원방안 세미나』, 대구광역시의회 35-49쪽.

일제강점기 교육 공간은 민족과 시대 변화를 바라보며 꿈을 꾸는 장소였고 학생들이 스스로 조국의 현실을 고민하고 토론하는 장소였다. 부산진 일신여학교가 영남 최초 근대여성교육기관으로 시작한 곳이라면, 동래 일신여학교는 일제의 탄압을 고스란히 견디면서 저항의 꿈을 키우는 곳이었다고 할 수 있다. 그곳에서 호주 선교회는 1940년 3월 30일 일제의 종교탄압 정책에 저항하며 신사참배를 거부했고, 일본 정부는 강제 철수 명령했다. 신사참배 거부를 온몸으로 견뎌 냈던 호주 선교사는 부산과 경남 일대에서만 78명이었다. 이들은 일신여학교의 선교사와 교사, 그리고 일신여학생들과 함께 폐교 전까지 끊임없는 저항을 이어 나갔다. 일신여학교는 강제 폐교된 이후 애국유지들에 의해 1940년 4월 20일 다시 설립되지만 더 이상 '일신'의 이름은 쓸 수 없게 된다. 탄압의 울타리에서 '일신여학교'는 '동래고등여학교'로 개칭되고 말았다.

2. 항일가족, 독립을 향하다

박차정의 독립을 향한 꿈은 자라나면서 자연스러운 관심사였다. 박차정의 친가와 외가에서 강렬하게 독립운동에 헌신한 독립투사가 다수 배출되었다. 박차정의 가정환경을 살펴보면, 1910년 5월 8일 부산 동래 복천동에서 부친 박용한(朴容翰)과 모친 김맹련(金孟蓮)의 3남 2녀 중 넷째로 태어났다. 부친 박용한은 동래의 신교육을 전파했던 개양학교와 서울 보성전문학교를 졸업한 뒤 도지부 주사를 맡은 측량 기사였다. 일찍이 근대문물과 사회의식이 깨어 있었던 부친은 1910년 8월 29일 국권을 상실한 소식을 듣고 망연자실했고 유서 한통을 남긴 채 1918년 1월에 자결하고 말았다. 경술국치 이후 자결한 아버지, 민족주의 성향이 강한 집안에서 성장한 어머니, 목회 활동과 항일학생운동에 투신한 오빠 박문희, 신간회와 의열단 활동을 한 박문호, 교편을 잡았던 언니 박수정, 의료 사업가로 활동한 박문하 등을 비롯한 박차정 집안은 항일의식이 고스란히 배어 있는 집안이었다.

외가 집안도 마찬가지였다. 모친 김맹련은 독립운동가 김두봉과 김주전, 박일형과 같이 부산 기장 지역에서 항일투사가 다수 배출된 명문가 집안의 출신이다. 독립운동가의 활동은 출생에서 성장까지 가정 환경이 중요한 영향을 미치며, 그 가족에게도 많은 영향을 준다. 민족의식과 항일의식으로 독립운동에 헌신한 경우는 더욱 그럴 것이다. 박차정이 8세가 되었을 때, 가족 모두가 기독교 신자였다. 개화된 집안에서 성장한 박차정의 일신여학교 입학은 자연스러운 수순이었는지도 모른다. 일신여학교는 부산을 포함한 영남 지역에서 신문물, 신교육을 주도한 여성근대교육기관으로 지역의 관심뿐만 아니라 많은 여성의 관심도 높았다. 일신여학교 출신의 여성들은 사회 진출을 했고 졸업 이후에도 영남 지역 곳곳에서 3.1 만세운동 전개의 주요한 역할을 했다.

일신여학교 출신 여성들의 활동이 영남 일대에서 확산된 배경에는 영남 일대에서 선교사 간의 교류가 활발했고 지역 간 교류를 통해서 여성의 근대교육에 대한 관심은 더욱 높아진 것이 있었다. 또한 일제강점기 저항의 시류에 따라 부산 지역 여성들의 의거 준비도 일신여학교 학생들

___ 부산 3.1 만세운동에 참여한 교사와 학생. 일신여학교 태극기와 고무신(© 부산 일신기념관)

이 주도했고 그 역할이 두드러졌다. 마산에서는 의신학교의 교사 박순천
과 김필애의 지도를 받은 학생들이 만세운동을 준비하고 의령 지역에서
는 보통학교의 여교사 강순이, 이화경, 이원경, 최숙자 등이 여성단체를
조직하여 궐기를 한 것도 이와 무관하지 않다.[4] 특히 일신여학생의 활약
이 부산 지역 3.1 만세운동의 시발점이 되었다는 점과 교사와 학생이 만
세운동을 주도했다는 사실에서 더욱 주목된다. 일신여학교 교사와 학생
은 부산 좌천동 일대에서 만세운동이 확산되는 촉진제 역할을 했다. 이
외에도 경남 통영 3.1 만세운동의 주역인 김순이는 부산 출신이지만 일
신여학교에서 수학 후 경남 통영의 만세운동에 참여하여 징역 6월형을
선고받았다. 일신여학교 교사인 김난줄과 박정수는 3.1 만세운동의 준
비 과정에서 학생들과 함께 만세를 외쳤다. 이들 역시 좌천동 거리에서

---

4 독립운동사편찬위원회(1975), 같은 책, 237, 310쪽.

태극기를 들고 만세운동을 하다가 체포되어 6월형을 선고받았으며 일신
여학생인 김반수와 심순의는 각각 5월형을 선고받는 등 교사와 학생의
활약은 두드러졌다.

대정 14년(1925) 4월 1일의 동래 일신여학교 기록 가운데 박차정의 학
적 기록부가 남아 있는 것이 확인되었다. 당시 호주는 박문호, 보호자는
모친 김맹련으로 기록되어 있다. 박차정이 입학한 1925년 4월은 동래 일
신여학교의 기숙교사가 완성되기 전으로, 기숙생 외에 통학생은 입학이
허용되었던 것으로 보인다. 당시 동래 일신여학교 수업 교과로는 수신,
이서(吏書), 영어, 조선어, 영어, 역사, 지리, 교육, 법치경제, 산술, 화학 등
이었다. 수업에 참여한 박차정의 학교 성적 기록은 이과보다 문과의 성
적이 높았고 특히 국어, 영어, 역사, 지리의 성적이 높게 나타났는데, 이
것은 박차정의 문과적 소질과 함께 소설과 시, 수필 등 사려 깊은 글의
표현과도 관련이 있어 보인다.

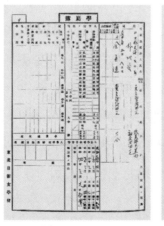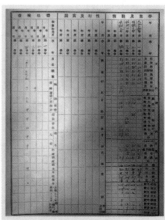

_____ 박차정의 학적 기록부(ⓒ 부산 동래여자고등학교)

박차정이 단체에서 항일 활동을 하기 시작한 것은 1924년 5월부터이다. '조선소년동맹동래지부'[5] 활동으로, 본격적인 독립 활동은 1927년부터 시작되었다. 1922년에 설립된 '동래청년회'와 1925년 '동래청년연맹'이 창립된 뒤에는 오빠 박문호의 영향을 받아 활동했다. 또한 '신간회' 동래지회와 '근우회' 동래지회가 같은 공간을 썼고 인근에 동래 일신여학교가 위치한 것에서 박차정의 활동 연관성을 살펴볼 수 있다. 부산 동래 지역의 근우회는 동래청년동맹과 적광회의 활동과도 밀접한 관련이 있었다. 특히 근우회 동래지회는 기존의 동래여자청년회를 해체하고 창립 준비를 거쳐 1928년 5월 19일 설립된 것으로 부산여성계의 주목을 받았다. 초기의 근우회 동래지회는 재정 확보를 위해 '부인상회'를 설립했는데, 그 활동성과 인근의 동래시장과 연관성도 추측할 수 있다. 설립 과정에는 권복해, 김수선, 김계년, 이가우, 송말순 등이 주도했고 이들은 초기 임원으로 서무부, 재무부, 선전부, 교양부, 조사부 등을 맡아 활동했다.

박차정이 주목받은 시기는 1929년 7월 27일부터 29일까지 서울에서 열린 전국 근우회 대회에 참석하면서부터였다. 지역별 대의원 55명이 참석한 가운데 박차정은 근우회 동래지회를 대표하여 중앙집행위원과 상무위원으로 선출되었고 선전조직과 출판부 책임을 맡으며 주목받았다. 박차정 외에도 김계년은 대의원, 김수선은 중앙집행위원 후보위원으로 선출되어 여성계몽운동과 반제국주의 반봉건운동에 앞장섰다.

일제가 박차정을 주목한 시기는 언제일까. 일제는 1929년 광주학생

---

5 『미주독립신문』(1944.11.29.).

운동 이후 서울 지역 여학생 시위의 배
후세력으로 박차정을 주목하기 시작했
다. 당시 박차정은 근우회 중앙간부인
허정숙과 신간회 소속의 박문희와 함께
보안법 위반으로 수차례의 검거가 되면
서 주목받게 된다.

―― 병상에서 신음하는 박차정 재검
거(1930.02.)[6]

광주학생운동 이후 학생들의 반일시
위와 맹휴운동이 전국적으로 확산되면
서 폭동과 파업으로 전환되고 있었다.
부산에서도 1930년 1월 10일부터 21일
까지 '중락회' 모임의 주도로 남녀 직공
2,000여 명이 참가한 파업이 시작되었
다.[8] 당시에 조선방직파업에 일부 사회
주의자들도 함께 동맹파업을 유도했으
나 영향력은 크게 미치지 못했다.[9] 그러

―― 의열단원 박차정 종심 기사
(1934.05.)[7]

나 이 파업에 박차정도 일부 관련되어
있다는 보도 기사가 나왔다.[10] 박차정은 일제의 감시가 삼엄해지면서 국

6 『동아일보』(1930.02.11.).

7 『동아일보』(1934.05.12.).

8 박재화(1993), 「1930년 조선방직노동자들의 파업연구」, 『부산여대사학』 10·11 합본호, 부산
   여자대학 사학회, 9-37쪽.

9 김정희(1996), 「일제하 동래 지역 여성독립운동에 관한 소고」, 『전통문화논집』 4, 경성대학교
   향토문화연구소, 46쪽.

내 활동에 제약을 받고 있었다. 모진 고문의 후유증으로 건강이 악화되면서 활동이 힘들다고 생각했을 때, 중국에서 의열단의 '조선공산당재건동맹'의 중앙위원으로 활동하고 있던 오빠 박문호의 권유로 중국 망명을 결심한다.

3. 만주에서 부녀복무단 단장으로 활약하다

1929년 박문호는 중국 상하이로 망명한 뒤 대한민국 임시정부 인성학교 교장 김두봉을 만났고 이어 의열단장 김원봉과 단원 박건웅을 소개받았다. 이들의 권유로 조선공산당 재건동맹에 합류한 시기에 박차정이 옥고를 치렀다는 소식을 들었다. 박문호는 고문 후유증과 감시로 고통을 받고 있다는 것을 알고 망명을 권유했다. 박차정은 김원봉이 이끄는 의열단에서 활동을 하면서 그 인연으로 1931년 3월 김원봉과 혼인을 했다. 사상적 교류가 깊어질수록 독립 투쟁 의지가 강렬했던 박차정의 모습에 김원봉은 동지애를 느꼈고 의열단 중책을 맡게 되면서 부부의 연으로 이어진 것이다.

1931년 9월 18일 일본은 만주를 침략해서 중국 침공을 위한 병참기지로 만들 구상을 하며 전투를 벌였는데, 바로 만주사변이다. 이때 박차정 부부는 난징으로 이동해서 1932년 10월 조선혁명군사 정치간부학

---

10 『미주독립신문』(1944. 11. 29.).

___ 박차정, 김원봉 부부

교를 개교했고[11] 박차정은 여자부 교관으로 활동했다. 1932년 10월부터 1935년 9월까지 운영된 간부학교에서 김원봉은 교장으로 활동하며 1기생부터 4기생까지 120명이 넘는 독립투사를 양성했다. 그 과정에 난징 시외 탕산현의 사찰 선사묘을 이용했는데, 중국 군사위원회 간부훈련반 통신대의 관리에 있었기 때문에 활동이 용이했다.

의열단 활동 과정에서 박차정은 조선혁명군사 정치간부학교에서 활동하며 임철애, 임철산 등 가명을 썼다. 간부학교에서 여자교관으로 활동하면서 단체생활 수칙과 혁명정신 등 정신교육을 담당했고[12] 간부학교의 단합을 위해 교가를 작사하기도 했다. 만주사변 이후 독립투사를 지속적으로 배출하는 간부학교의 중요성을 간파한 김원봉은 박문희에게 간부학교 1기생 모집을 요청했고 박문희는 만주뿐만 아니라 서울과

---

11 大韓民國國會圖書館編(1974), 『한국민족운동사료: 중국편』 1, 국회도서관, 827쪽.
12 편집부(1983), 『韓國獨立運動史』, 자료 3 임정편 III, 국사편찬위원회, 577-578쪽.

부산에서 입교생을 모집하는 활동을 했다. 그러던 중 박문희는 1934년 2월 3일 검거되었고 4월 5일에는 서대문형무소에 투옥되어 혹독한 고문과 심문을 당했다. 같은 해 6월 19일 징역 2년을 언도받고 옥고를 치르던 중[13] 병이 악화되면서 가석방되었지만 고문 후유증으로 1934년 10월 3일 28세의 나이로 사망하고 말았다.

박차정의 주요 만주 활동은 여성단체조직과 여성부대조직이다. 보통 여성독립운동가의 활동을 주시할 때 조력자 역할을 했을 것이라고 생각한다. 그 편견을 깬 인물이 박차정일 것이다. 박차정은 여성독립운동가의 투쟁적 면모를 보여 주는 대표적인 인물이며 지도자적 면모를 갖추고 있었다. 독립운동 과정에서 김원봉과 만주 활동을 하면서 '여성투사'적 면모가 더욱 두드러졌다. 김원봉의 만주 활동 중에서 조선혁명당 활동은 특히 주목된다. 조선혁명당은 대한민국 임시정부의 존립을 위한 독립운동 단체들이 통일연맹을 결성을 목적으로 만들어졌다.

1926년 김원봉의 주도로 창당되었지만 국제정세 변화로 인해 활동의 진척이 없었다. 1932년 이후 김규식, 신익희, 안창호, 이동녕, 최동오 등이 독립운동 단체를 조직하고 해외 단체들이 협력하는 방향으로 나아가면서 조선민족혁명당은 1935년 7월 5일 난징에서 2천 여 명의 독립운동가들이 모인 가운데 재창당된다. 그 시류에서 여성계도 활발한 활동을 했는데, 박차정이 활동한 '남경(난징)조선부인회'가 주목된다. 남경조선

---

13 한홍구·이재화 편(1992), 「軍官學校事件 眞相」, 『韓國民族解放運動史資料叢書』 2, 京沅文化史, 249-252쪽.

부인회는 조선의용대 후원, 중국항전 후원, 투철한 항일의지 고취 등 후방공작을 하는 여성의 역할이 중요하다고 보았다.

이처럼 국내외 독립운동이 활발하게 전개되는 과정에 조선민족혁명당은 좌우 입장을 수용하는 진보적인 방향으로 선회하기 시작했고 사회주의 계열에서 활동하는 독립운동가의 참여도 확대되고 있었다. 그 과정에서 박차정은 지청천의 부인 이성실, 허정숙 등과 함께 조선혁명민족당 내에 남경조선부인회를 결성하여 여성의 독립운동 참여와 민족해방운동을 적극 주도했다. 독립운동 과정에서 '부인회' 조직은 중국뿐만 아니라 미주지역과 국내로 이어졌는데 남경조선부인회는 중국에서 부녀운동을 주도하고 조선의용대를 후원하는 등 조직의 목적을 분명히 했다.

남경조선부인회는 조선민족혁명당의 산하단체로 당원의 가족이 주요 구성원을 이루었다. 부녀자의 민족해방운동은 '전조선 부녀대는 총단결할 것, 민족혁명전선에 무장참가할 것' 등의 구호를 내세웠다. 1935년 6월 창당된 '조선민족민혁당'에서 박차정은 부녀부 주임으로 활약하면서 남경조선부인회 결성의 주역으로 '만국부녀회'의 대표로 참석, 임시정부특사로 파견되었다. 1935년 6월 1일 자『삼천리』에는 국내의 이화대학에서 활동한 여성과 북경에서 활동한 김원봉의 아내로 박차정이 소개되었다.

梨花大學(이화대학)에는 朴仁德(박인덕), 金活蘭(김활난), 尹聖德(윤성덕) 等(등) 여러분이 잇섯으나, 種種(종종)의 이유로 「미쓰」대로 그냥 잇스니, 여긔 쓸맛이 업다. 北京[베이징]말이 낫스니 金元鳳(김원봉)의 안해는 朴次

貞(박차정)이라하야 華北大學(화북대학)도 다녓고 서울 드러와 槿友會(근우회)의 幹部(간부)로도 잇든 분이다. 그리고 이미 도라갓으나 北京 崔昌植(최창식)의 夫人(부인) 金元慶(김원경) 氏(씨)는 京城官立女高(경성관립여고)를 마첫슬 뿐이나, 海外遊歷(해외유력)에 그 智識(지식)이 大學出身以上(대학출신이상)이엿다 함이 定評(정설)이엿다[14]

남경조선부인회가 조선민족혁명당을 외곽에서 지원하거나 선전 활동과 지원 활동 등에 적극 참여하면서 박차정의 역할은 막중해지고 있었다. 특히 가명 '임철애'로 대일 선전방송 및 잡지글을 기고하는 등 저항의지를 선전 활동을 통해서 알려 나갔다. 당시 조선민족혁명당은 존립을 위해 중국의 지원을 받았지만 여러 방면에서 자력 조달을 모색해야 했기 때문에 상황을 알려서 해외 동포들로부터 지원금을 모급하는 등 어려운 상황을 버텨 나가고 있었다.

1938년 10월 일제의 탄압이 극심해지자 김원봉은 군사단체를 조직하고 청년들을 규합하여 조선민족전선연맹 산하의 군사 조직으로 조선의용대를 조직했다.

조선의용대는 창립 당시에는 100여 명 규모로 출범했으나 차츰 300여명으로 증원되어 3대로 편성되었고 구대(區隊)는 지대(支隊)로 명칭이 바뀌었다.[15] 조선의용대는 한국어, 중국어, 일본어 등 다국어를 구사하는

---

14 「令夫人學力等級記」, 『삼천리』 7권 5호(1935.06.01.).
15 염인호(1993), 『김원봉 연구』, 창비, 219-221쪽.

대원이 많았기 때문에 선전 업무를 맡아 일본군에게 전단을 배포하거나 확성기를 이용해서 방송을 하는 등 선무공작 활동을 병행했다. 조선의용대는 총대(銃隊)와 2개 지대로 편성되었다. 76명의 민족혁명당원으로 구성된 제1지대는 의열단 때부터 함께 활동한 중국 국민당군 대좌(大佐) 박효삼이 지대장을 맡았고 73명의 전위동맹 소속원으로 구성된 제2지대는 성자군관학교 소대장이었던 이익성이 맡았다. 조선의용대 최고사령부의 지도원으로는 이춘암, 김성숙, 유자명, 최창익이 추대되었고 신악, 김학무, 이집중과 함께 훈련소 주임은 김원봉이 겸임하였다.

1939년 10월 조선의용대 산하에 조직된 부녀봉사단 단장에는 박차정, 3.1소년단 단장은 17세였던 최동선, 의무실 주임은 한금원이 임명되었고 편집위원은 이두산이 맡았다. 미주 지역에서 '조선의용대후원회'가 결성되면서 조선의용대의 위상이 국제적으로 주목받기 시작했다.[16] 조선의용대에서 박차정의 공식적인 직함은 부녀복무단 단장이다. 부녀복무단은 22명의 대원으로 구성되어 있다. 박차정 외에도 제1지대장 장수정, 제2지대장 이화림 등이 활약했다. 부녀복무단은 전투 일선에 있는 의용대원들을 방문하여 대원들의 사기를 진작시키거나 전단이나 표어, 팸플릿 등을 살포하는 등의 선무(宣撫) 활동을 수행했고, 월간 잡지『조선의용대』와 계간 잡지『조선의용대 통신』 발행에도 관여 했다.

소화 九(구)년 一二(십이)월 八(팔)일경에 上海[상하이]의 義烈團(의열단)의

---

16 『미주독립신문』(1944.11.29.).

아지트인 金枓奉(김두봉)의 아내 趙鳳元(조봉원)은 南京[난징]의 남편의 집으로 이전했는데, 출발할 때 그녀에게서 주소인 프랑스조계 望志路 二一二(망지로313)호 林哲愛(박철애), 金海喆(김해철), 李永俊(이영준), 金白淵(김백연), 金枓奉, 趙鳳元 등의 앞으로 우편물이 올 경우는 義烈團본부의 연락장소인 南京 奇望街(기망가) 사서함 제一○호 李實(이실)의 앞으로 회송하도록 하라는 부탁을 하므로 그것을 쾌락했다. 그 뒤 금년 一(일)월 중순에 경상남도 東萊(동래)에서 朴哲愛(朴次貞) 앞으로 통신 二[두]통, 一월 하순에 런던에서 金枓奉 앞으로 잡지 一[한]권을 모두 받아서 그것을 義烈團본부의 연락장소인 전기 南京 奇望街 사서함 제一○호 李實 앞으로 회송했다.

소화 一○년 五(오)월 二二[22]일,

발송자 사법경찰관 京畿道(경기도)경부

高村正彦[고무라 마사히코]

수신자 京城(경성)지방법원 검사정

奈良井多一郞[나라이 다이치로] 귀하[17]

소화 9년(1934)의 경찰신문조서 의견서에는 같은 해 1월 중순에 경상남도 동래에서 박철애(박차정) 앞으로 통신 2통이 있었다고 기록하였다. 위 내용으로 기소처분은 되지 않았지만 박차정의 가명 활동과 국내외의

---

17 편집부(2018), 「경찰신문조서」의견서, 『韓民族獨立運動史資料集』 31, 국사편찬위원회.

활발한 교신 상황을 확인시켜 주는 부분이다. 조선의용대과 부녀복무단 활동이 국내외 교류 및 연락과 관련이 있었다는 점에서 박차정의 활동은 중국에만 국한되지 않았다는 것을 알 수 있다.

1939년 조선의용대 본부 엽홍덕이 이끄는 남로공장대원들이 북상하는 과정에서 박차정은 곤륜관 전투에 참여했다. 이때 박차정은 적의 진지 앞에서 확성기를 이용해 반전선전 활동을 전개하다가 부상을 입는다.[18] 독립을 향한 열의는 가득했지만 열악한 환경 속에서 전투와 저항을 반복하면서 많은 이들이 부상을 입고 목숨을 잃었다. 그런데 투쟁지에서 부상당한 것이 박차정에게는 치명상이 되고 말았다. 당시 만주 일대는 대한민국 임시정부의 한국광복군 창설로 인해 1942년 5월 21일 자 『신한민보』에는 '중국 정부로서 조선의용대를 해산'이라는 기사가 게재되었다.

4. 개구리 소래 소녀, 광복을 꿈꾸다

天官(천궁)에서 내다보는 한 조각 半月[반달]이
고요히 대지 우에 빗칠 때
우리집 위에 잇는 논가온대는
뭇 개구리 소래 맛처 노래합니다.

---

18 『한국독립 운동사료총서』 제2집, 5-7쪽(葉鴻德「朝鮮義勇隊在南路戰線」『朝鮮義勇隊通訊』 32기).

이 소래를 들을 때마다

넷 기억이 마음의 향감에서 흘러 넘쳐서

비상의 눈물이 떠러집니다.

미지의 나라로 떠나신 언니

개구리 소래 듯기 조화하드니

개구리는 노래하건만

언니는 이 소래듯지 못하고 어듸갓을까!

― 박차정, 「개구리 소래」

1940년 9월 17일, 대한민국 임시정부의 정규군으로 한국광복군이 창설되었다. 중국 충칭의 광복군 총사령부 성립식에는 대한제국의 육군무관학교, 일본 육군사관학교, 신흥무관학교, 만주 독립군, 임시정부의 청년, 중국에서 활동한 청년, 일본군을 탈출한 학병과 사병, 그리고 여성도 참여했다. 중일전쟁 발발 이후 군대 창설을 준비하는 과정에서 한국광복진선이 조직되었고 남녀 청년이 함께 했다. 청년공작대는 대외전략을 실천하고 청년의 일치단결로 난관을 극복하자는 의도로 조직된 단일 청년조직[19]으로, 전체 대원 34명 중 11명이 여성대원이었다. 이들은 한국독립당, 한국국민당, 조선혁명당 당원의 부인과 자녀로 이루어졌으며 10대부터 30대의 청장년층으로 구성되었다.

만주에서 활동한 조선의용대는 1942년 12월 광복군 제1지대로 편입되

---

19 『신한민보』(1939.06.15.).

었다. 김원봉은 부사령관 겸 제1지대장에 취임하였고 제1대 본부는 의용대 본부 자리를 그대로 이어받았다. 의용대 본부를 옮긴 뒤 박차정의 건강은 악화되고 있었다.

『대한민국 임시정부 자료집』에 수록된 1943년 조선민족혁명당 중앙집검위원 중요간부 명단을 살펴보면, 박차정은 소설 「철야」의 주인공인 '철애'라는 가명으로 기록되어 있다. 주요 이력으로 근우회 중앙상무위원역임, 현 조선민족혁명당 당원의 약력이 나와 있었고 본적은 경상남도, 출신은 조선고등여자학교로 소개가 되어 있다. 이 명단에는 박차정 외에도 김문숙, 김윤택, 이소원 등 여성 간부가 소개되었다.

1943년 조선민족혁명당 중앙집검위원 중요간부[20]

성명	연령	본적	출신	약력	비고
張宵海 (장소해)	61	경상남도	미국 시카고대학 법학과 석사 졸업	북평[베이징] 중국대학, 화북대학, 평민대학 등 학교의 교수, 임시정부 외무부 위원 역임. 현임 임시정부 국무위원, 조선민족혁명당 당원.	
尹澄宇 (윤등우)	33	경상남도	화북대학 졸업	현임 임시정부 의정원 비서, 조선민족혁명당 당원.	
周世敏 (주세민)	28	함경북도	중앙군관학교 특별훈련반 졸업	중앙군관학교 특별훈련반 조직훈련원 역임. 현임 한국광복군 제1지대 직원, 조선 민족혁명당 당원.	

---

20 『대한민국 임시정부 자료집』 제37권 조선혁명당 및 기타 정당의 내용 중 「중요간부이력서」에 수록된 내용에 박차정은 소설 「철야」의 주인공인 "박철애"로 기록되어 있다.

성명	나이	출신	학력	활동내용	성별
徐載賢 (서재현)	34	황해도	상하이 同濟(동제)대학 공학과 졸업	현임 大足福昌(대족부창) 철공장 공장장, 조선민족혁명당 당원.	
韓錦源 (한금원)	36	평안북도	일본 도쿄의학 전문학교 졸업	현임 한국광복군 제1지대 의무관, 조선민족혁명당 당원.	
金文淑 (김문숙)	55	서울	서울 이화학당 졸업	애국부인회 회장 역임. 현 조선민족혁명당 당원.	여
林哲愛 (박철애)	32	경상남도	조선 고등여자학교 졸업	근우회(조선 국내 부녀운동 총 지도단체) 중앙상무위원 역임. 현 조선민족혁명당 당원.	여
金允澤 (김윤석)	33	서울	북평 燕京(연경)대학 졸업	현임 成都(성도) 華西(화서)대학 교수.	여
李英茂 (이영무)	40	경상북도	운남항공학교 졸업	현임 항공위원회 폭격기훈련대 대장, 조선민족혁명당 성도구역당부 책임자.	
김건후	40	평안남도	미국 鑛學(광학) 학사	현 조선민족혁명당 당원	
李蘇元 (이소원)	35	경상남도	조선 고등여자학교 졸업	근우회 晉州(진주)지역부 간사 역임. 조선민족혁명당 당원.	여

한국광복군 내 여성대원 명단[21]

성명	소속	활동내용
김정숙	총 사령부	창립대원, 사령부 심리작전연구실 보좌관, 전단작성, 전략방송, 원고 작성 등 심리작전 수행, 임정국무위원 비서, 조선의용대 출신

---

21 심옥주(2018), 「대한민국 임시정부와 여성광복군」, 『군사사 연구총서』 7, 국방부 군사편찬연구소, 127-131쪽.

성명	소속	활동내용
조순옥	총 사령부	총사령부 총무처배속(1940), 2지대 1구대 2분대원(1942)
민영숙		총사령부 내무부원(1942), 법무부원 총무과(1942), 회계감사원(1944)
신순호		한국광복청년진선공작대, 임정 회계부(1942), 외무부 정보과(1943)
이옥진	제1지대	1지대 간부 활동, 후방공작, 선전공작 활동
전월순		1지대 대원 활동
김상엽		조선의용대출신
유증영		1지대 2구대 활동
최동선		1지대 대원 활동
김기숙		부녀복무단 활동, 조선민족혁명당원
김숙영	제2지대	2구대 3분대원 활동
민영주		광복군 창립대원, 심리작전 요원
신정숙		임시정부 3분처징모위원, 회계조장, 3구대 3분대 활동, 중국 유격대와 합동공작, 정보선전 활동, 적 후방정보수집, 공작 활동
임소녀		2구대 2분대 소속 활동
정영순		접선공작 활동, 대적공작 활동, 2지대 협조 요원
김효숙		학생전시복무단조직, 한국광복진선 청년공작대, 민족혁명단 감찰위원
장경숙		2구대 활동
백옥순		2지대 입대 후 미육군특전단 훈련 수행, 특수훈련
송영집		의료 활동 및 지하공작 활동, 광복군 2지대 본부요원(1940)
한영애		3구대, 정보수집 활동
사중득		2구대 대원 활동
유상현		3구대 대원 활동

오광심	제3지대	민족혁명당 창립 시 부녀부 차장, 제3지대 간부(1941), 서안 총사령부 소속복무, 초모 및 선전 활동
박금녀		1구대 본부구호대 활동
박기은		1구대 본부 구호반 구호분대원
지복영		광복군 초모위원회 위원 겸 비서, 임정 선전부 자료과와 선전과 복무
유순희		전방위공작 활동, 1구대 본부 구호대원(1945)
김정옥		직지구공작대 연락원, 1구대 본부 구호대원
김옥선		전방지하공작원 활동, 1구대 본부 구호대원
최이옥		1구대 구호대 활동
조명숙		부녀복무단 활동, 조선청년전위동맹
전흥순		지하공작 활동, 3지대 편입(1943), 전방위공작 활동
윤경열		적지구공작원에 입대
김영실		공작원과 한국인 탈출 지원, 공작 활동, 총사령부 주호관사처 처원
오희영		광복군창립대원, 3지대 간부 활동, 간부훈련단 1기졸업
김봉식	제5지대	5지대 활동, 2지대 구대원으로 편입(1942)
안영회		한국청년전지공작대 활동, 5지대(1940) 2지대 본부의무실(1942)
이월봉		한국청년전시공작대 활동, 광복군 5지대(1940), 2지대(1942)
박차정	조선의용대 부녀복무단	부녀복무단 단장, 조선민족혁명당원, 김원봉의 처
장수정		부녀복무단 부단장, 조선민족혁명당원, 박효삼의 처
이화림		조선민족혁명당원, 조선공산당 입당
한수은		조선민족혁명당원, 이정호의 처 포함 대원은 22명으로 확인

해방된 날, 박차정이 생존해 있었다면 '여성광복군 박차정'으로 소개되었을지도 모른다. 박차정의 삶은 치열하고 투쟁적인 순간들로 채워져 있었다. 조국독립의 꿈을 품었던 15세 소녀가 써 내려간 소설 「철야」의

___ 밀양 박차정 묘소 앞 표지판

___ 부산 금정구 소재 박차정 상

주인공 철애는 펜이 아닌 확성기를 든 독립투사로 성장했다. 박차정은 곤륜관 전투의 상처와 후유증, 그리고 지병인 관절염으로 건강을 회복하지 못한 채 해방을 앞둔 1944년 5월 27일, 34세 나이로 세상을 떠나고 말았다. 수많은 여성들이 독립운동에 참여했고 희생되었다. 그중에서 박차정은 총검을 들고 적진에 뛰어들고 적을 향해 확성기를 들었던 담대한 여성이었다. 세월이 흘러 부산의 소녀가 일본을 향해 들었던 펜은 부녀복무단을 지휘하는 지휘봉이 되고 확성기가 되어 그로 하여금 여성지도자로 성장하여 독립의 불꽃을 틔우도록 하는 힘이 되었다.

김도형(1997), 「한말대구지역 상인층의 동향과 국채보상운동」, 『계명사학』 8, 계명사학회.

김승(2000), 「일제하 동래지역의 민족운동과 사회운동」, 『지역과 역사』 6, 부경역사연구소.

김정희(1966), 「일제하 동래지역 여성독립운동에 관한 소고」, 『전통문화논집』 4, 경성대학교 향토문화연구소.

『대한매일신보』

大韓民國 國會圖書館 編(1974), 『한국민족운동사료: 중국편』 1, 대한민국 국회도서관.

『미주독립신문』

박재화(1993), 「1930년 조선방직노동자들의 파업연구」, 『부산여대사학』 10·11 합본호, 부산여자대학 사학회.

『삼천리』 7권 5호

『신한민보』

심옥주(2015), 「국채보상운동의 의의와 여학생 독립활동의 재조명」, 『광복 70주년 기념 대구시 국가유공자 예우 및 지원방안 세미나』, 대구광역시의회.

_____(2018), 「대한민국 임시정부와 여성광복군」, 『군사사 연구총서』 7, 국방부 군사편찬연구소.

염인호(1993), 『김원봉 연구』, 창비.

『제국신문』

편집부(1983), 『韓國獨立運動史』, 자료 3 임정편 Ⅲ, 국사편찬위원회.

_____(2018), 『韓民族獨立運動史資料集』 31, 국사편찬위원회.

한홍구·이재화 편(1992), 「軍官學校事件 眞相」, 『韓國民族解放運動史資料叢書』 2, 京沅文化史.

사진 출처: 한국여성독립운동연구소.

여성
독립
운동가
열전